S. FISCHER

VOLKER JARCK

Robuste Herzen

Roman

S. FISCHER

Aus Verantwortung für die Umwelt hat sich der
S. Fischer Verlag zu einer nachhaltigen Buchproduktion
verpflichtet. Der bewusste Umgang mit unseren Ressourcen,
der Schutz unseres Klimas und der Natur gehören
zu unseren obersten Unternehmenszielen.

Gemeinsam mit unseren Partnern und Lieferanten
setzen wir uns für eine klimaneutrale Buchproduktion ein,
die den Erwerb von Klimazertifikaten zur Kompensation
des CO_2-Ausstoßes einschließt.

Weitere Informationen finden Sie unter:
www.klimaneutralerverlag.de

Originalausgabe
Erschienen bei S. FISCHER
© 2022 S. Fischer Verlag GmbH,
Hedderichstr. 114, D-60596 Frankfurt am Main

Tableau: © Peter Palm, Berlin
Satz: Fotosatz Amann, Memmingen
Druck und Bindung: GGP Media GmbH, Pößneck
Printed in Germany
ISBN 978-3-10-397084-5

Für meine Eltern

»Die Welt ist einem nichts schuldig, weißt du, schon gar keine Romantik.«
   Ralf Rothmann: *Im Frühling sterben*

*

»Wer nie weint und niemals trauert
 Der weiß auch nichts vom Glück«
   Rainald Grebe/Amanda McBroom: *Die Rose*

Inhalt

Drei Blumen, große Sonne Jahre später **11**

1 *Nacht aus Rotz und Wasser* Anfang März **15**

2 *Gegen den Wind* Jahre später **45**

3 *Steine und Wünsche* März **58**

4 *Wellen* Jahre später **143**

5 *Es war Liebe* März **147**

6 *Ich kann alles erklären* Jahre später **180**

7 *Pustekuchen* April **187**

8 *Kanonenschlag* April **257**

9 *Die engsten Verwandten* Weihnachten **271**

10 **If you think you know how to love me** 1975 **292**

11 *Dach überm Kopf* Jahre später **294**

12 *Alles zum Geburtstag!* Jahre später **319**

Die Heimat geht nirgendwohin.
Und was machen wir?

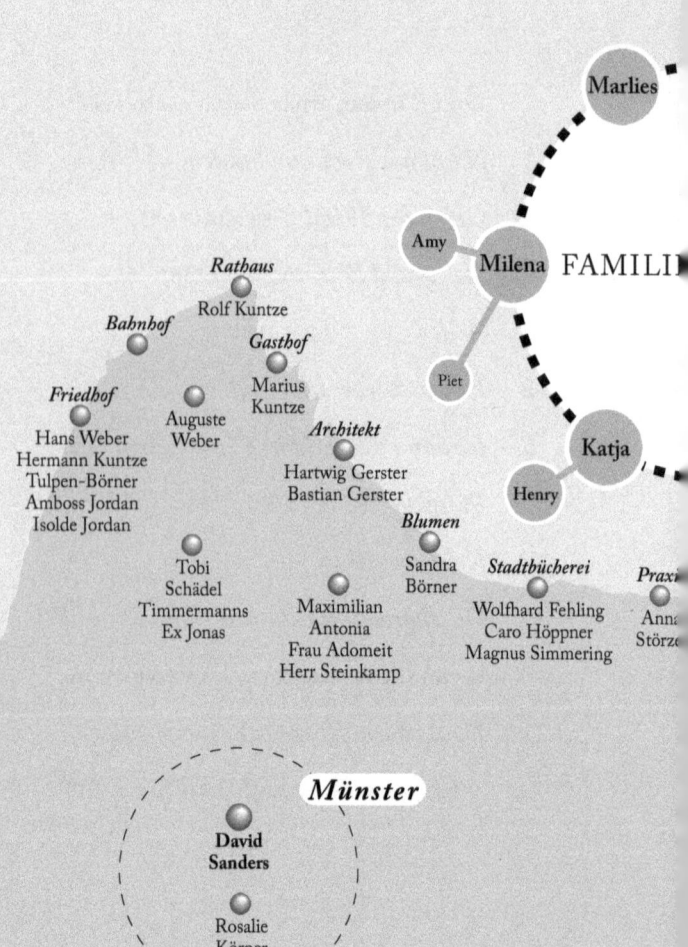

Marlies

Rathaus
Rolf Kuntze

Bahnhof

Gasthof
Marius Kuntze

Amy

Milena FAMILI

Piet

Friedhof
Hans Weber
Hermann Kuntze
Tulpen-Börner
Amboss Jordan
Isolde Jordan

Auguste Weber

Architekt
Hartwig Gerster
Bastian Gerster

Katja

Henry

Blumen
Sandra Börner

Tobi Schädel
Timmermanns
Ex Jonas

Maximilian
Antonia
Frau Adomeit
Herr Steinkamp

Stadtbücherei
Wolfhard Fehling
Caro Höppner
Magnus Simmering

Prax
Anna
Störz

Münster

David Sanders

Rosalie Körner

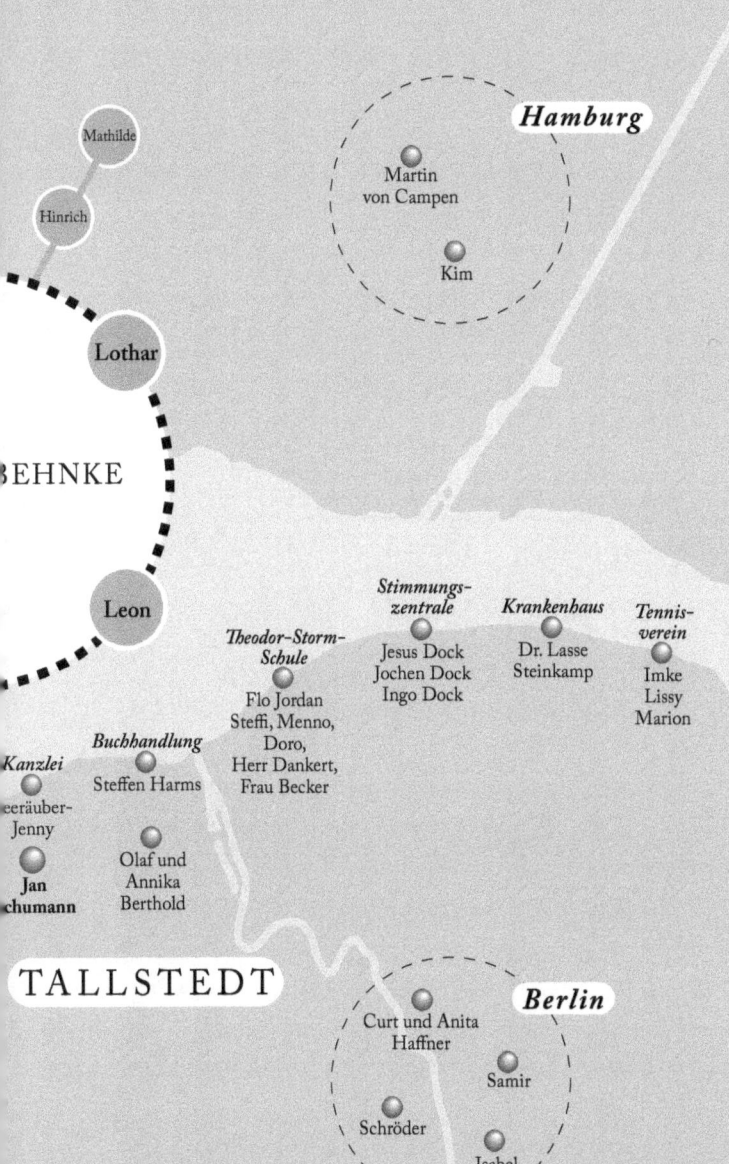

Drei Blumen, große Sonne

JAHRE SPÄTER

Der Schuhkarton ist Leben und Gedächtnis. All die großen kleinen Dinge ihrer längst erwachsenen Kinder – Katja, Leon, Milena – hat Marlies Behnke aufbewahrt bis zum letzten Tag. Der letzte Tag war letzte Woche, und jede Erinnerung wird uns gelassen überleben.

Wie ein Garagenwagen hat der Karton sich gut gehalten. Sein Platz war lange im Regal der tausend Dinge, im Abstellraum hoch oben über Weihnachtsdeko, Handstaubsauger, Ersatzbatterien, und seit dem Umzug im Sideboard unterm Fenster.

Marlies verwahrte die Fundstücke aus ihrem Leben als Chefin im Nest. Als Zuflucht und Prellbock, als Metronom und Schnuffelkissen. Das Herz des Ganzen.

Die Klappkarte, die ihre Älteste gekauft und die beiden Jüngeren reich verziert hatten, Sandalen Größe 25, Milenas letzter Schnuller. Im Laufe der Zeit dokumentierten die Geburtstagsgrüße und Wunschzettel, welche Buchstaben und Wörter sie beherrschten: verwackelte, korrigierte, geschwungene, *Das LEGO Battmen Mobil Bittebitte!* Hier der Abdruck eines abgebrochenen Buntstifts von 1990, da ein mit Lineal durchgestrichenes ~~Glük~~. Die wortkargen Teenagersätze mit fragwürdigen Kommas und dann all die erwachsen gewordenen Varianten von h und k, m und n, kaum unterscheidbar: *Viel Spaß mit den*

Walking-Stöcken, Mama!, Happy Birthday NACHTRÄGLICH!!!
oder *Wir sehen uns Weihnachten!*

Nach vielen Kuchen- und Schneeballschlachten, nach Groll plus Versöhnung und eine ganze Dynastie von Buntstiftfabrikanten später werden sie auf Marlies Behnkes tiefem Teppich knien: Katja, Leon, Milena im Stehlampenlicht, Teebecher in den Händen. Mehr oder weniger dunkel gekleidet, zu gleichen Teilen neugierig und traurig, gelangweilt, überfordert und dabei jeweils erleichtert, heute nicht allein hier zu sein, haben die drei sich unsystematisch durch die Hinterlassenschaften ihrer Mutter gearbeitet, bis sie zuletzt aus dem Sideboard – versteckt hinter Tischdecken, Blutdruckmessgerät und einer Vorratspackung FFP3 – die Pappschachtel zutage fördern und eine Blechdose, darauf ein pausbackiger Coca-Cola-Weihnachtsmann.

Der Geruch nach Holzschrank mischt sich mit dem Aroma von Rum, den Milena für alle in den Earl Grey gemischt hat, gelassen und großzügig. Sie schnuppern und schaudern und pusten, dann hebt schließlich Milena den Deckel an und kippt den Kartoninhalt wie in Zeitlupe auf den Teppich.

»Ha! Geil! Guck mal!« Leon hat die Milchzähne entdeckt.

»Das können wir nicht wegschmeißen«, sagt Katja kopfschüttelnd und betrachtet ihr Wachsmalstiftebild vom Muttertag 1980: drei Blumen, große Sonne.

Deswegen halten wir doch an Dingen fest, denkt sie beim Anblick ihrer frühen Kunst. Weil Menschen sich manchmal losreißen oder das Leben sie davontreibt. Was sonst.

»Nee«, sagt Milena, und Leon nickt dazu, »nee, das bewahren wir auf, oder? Also, einer von uns, irgendwo.«

»Und in der ollen Dose müssten die Ausstechdinger sein.«

Katja greift danach.

»Und das Keksrezept.«

»Mir ist irgendwie nicht nach Weihnachten dieses Jahr.«

»Das dürfte Weihnachten ziemlich egal sein«, entgegnet Milena, ohne ihren Bruder anzusehen, und überfliegt einige der Zeilen, die sie ihrer Mutter geschrieben hat, von den knappen krakeligen Worten, die sie anfangs mit Katjas Hilfe zu Papier gebracht hatte, bis zum doppelt unterstrichenen *Bleib möglichst lange möglichst gesund, Mama!* vom vergangenen Jahr.

Auf der letzten Karte steht wie immer bei Behnkes, seit Milena denken und gratulieren kann: *Alles zum Geburtstag!*

Heiß und stark wabert der Dampf vom Tee mit Schuss.

»Also«, sagt Katja in die matte Stille und wedelt mit der Zutatenliste, »wir müssen ja nicht beim Standardrezept bleiben, oder? Wir könnten doch mal was Neues ausprobieren ...«

An dem ›Zitronenschale-Abrieb‹ ist ihr Blick hängengeblieben. Ihre Mutter hatte ein ausschweifendes Z, die Ausrufezeichenpunkte verrutschten, und wie kann man nur so lange Wörter wie ›Zitronenschale-Abrieb‹ schreiben, wenn das Leben immer, immer zu kurz ist.

Auf der Handfläche drapiert Katja das traditionelle Sortiment von Behnkes Ausstechförmchen: Schneemann, Stern und Herz – dünnes altes Blech, darüber schimmert der schwarze Ärmel ihrer Seidenbluse.

Das ist nicht gut, wenn wir hier zu lange schweigen, sagt ihr der Kloß im Hals, und ihre Stimme sucht Halt im Harmlosen:

»Also? Neue Familienkekse? Ähm ... Trüffelpralinen?«

Ihre Schwester funkelt sie an, als hätte Katja vorgeschlagen, Milenas Kinder auf dem Weihnachtsmarkt zu verkaufen, Leon beugt sich schlichtend zwischen die beiden.

»Bestimmt auch lecker, aber macht mal lieber wie immer.«

Er stimmt einen Trommelwirbel auf dem umgedrehten Schuhkarton an. »Ich glaube ... Menschen gehen, Kekse bleiben.«

»Früher warst du nicht philosophisch.«

»Früher war keiner tot.«

»Wir sollten trinken.«

Ja, das sollten sie. Auf den Karton und die Kekse, auf Traurigkeit geteilt durch drei.

Auf alles, was unverwüstlich ist.

1

Nacht aus Rotz und Wasser

ANFANG MÄRZ

Nach vielen tausend Tagen Ehe warf Katja Schumann ihren Ring in die Dunkelheit hinaus. Mitten in der Nacht am Fluss, um vier Uhr morgens auf der Bank am Deich. Keine wache Seele weit oder breit.

Leises Klirren von Metall auf Stein. Der Ehering war nicht sehr weit geflogen, er musste nah am schlickigen Ufer zwischen den Felsen am Fuß der Böschung liegen.

Soll er verrotten.

Sie war sonst nie hier draußen. Nicht allein, nicht um diese Zeit. Sie hatte nie unterm Vollmond den Weg der Wellen verfolgt, bis sie nicht mehr zu sehen waren. Nie den Ring vom Finger genommen, um ihn irgendwo hinzuschmeißen. Als ihre Nase zu laufen begann, nahm Katja die Hände nicht aus den Jackentaschen. Viel zu kalt.

Ablaufend Wasser. Tag für Tag wich der breite Fluss von seinem südlichen Ufer zurück, als hätte er auf der anderen Seite einen Termin, den er nicht versäumen durfte. Die Ebbe, die Flut, der Strom und sein Bett: sehr alte Verbündete der Gezeiten. Mit Stern, Planet, Trabant stieg das Wasser und fiel wieder, nach seinem eigenen Kalender, und brauchte keine Erinnerung.

Taschentücher hatte Katja nicht dabei.

Wenn die ersten Menschen am Morgen zum Hafen kämen – Lieferanten, Spaziergänger, der Abiturient, der mit Steigerungsläufen für die Aufnahmeprüfung an der Sporthochschule trainierte –, dann würde Ebbe herrschen, und in den Prielen würde glitzern, was vom Wasser zurückgeblieben war. Dann würde Rolf Kuntze die sehnigen Füße ins Watt setzen, einen nach dem anderen, die Turnschuhe zusammengeschnürt um den Nacken gehängt, und durch den kühlen Schlick waten wie an jedem Freitag seit 1980. Die Zeit schlug hier nur sachte Wellen.

Nach 43 Lebensjahren blinzelte Katja nun auf den Fluss hinaus wie auf ein lange verdecktes Gemälde im Museum. Er trug die Farben der Nacht, er war die Ruhe selbst. Und sie atmete sehr tief durch die Nase, wünschte sich, dass der Wind etwas freundlicheres Wetter über den Deich in die Stadt tragen möge. Vor wenigen Stunden hatte der Frühling begonnen, meteorologisch. Und ihr Mann hatte Katja aus der Bahn geworfen, beispiellos.

Jan hatte ein Verhältnis oder wie immer man das heutzutage nannte, und Katja fand wenig Trost in der Tatsache, dass dieses Wort so albern und plüschig klang: Verhältnis. Auf jeden Fall hatte er etwas, für das man die Formulierung ›was Ernstes‹ benutzte und dabei zu Boden sah, beinah überrascht und ein bisschen gerührt von der eigenen unaufgeforderten, so selten angewandten Ehrlichkeit. Sobald Worte fielen wie ›so viel Ehrlichkeit bin ich dir schuldig‹, hieß das übersetzt: ›Scheiße nochmal, mir sind die Heimlichtuerei und das Treuegedöns zu anstrengend!‹ Und wenn Katja all das nicht geträumt hatte, dann war Jan sogar seit einer Weile, was immer das bedeuten sollte, ›verliebt‹ in dieses Verhältnis.

Ein Containerdampfer wälzte sich vorbei auf seinem Weg Richtung Nordsee. Blinkender Koloss, hoch beladen, in abblätterndem Rot und Blau. Die Schifffahrt hatte Nachtschicht, die Fahrrinne zwischen Hamburg und dem offenen Meer, sie schlief nicht.

In einer viel wärmeren, viel weniger deprimierenden Nacht hatte Katja, damals noch Behnke, von hier oben auf die vorbeifahrenden Schiffe gestarrt, kaum zu atmen gewagt, weil Jan Schumanns Lippen schon die Stelle zwischen T-Shirt-Kragen und Schlüsselbein berührten, und alles war warm und schön.

2001, dachte sie. Erster August. Oder schon der zweite. Bester August aller Zeiten jedenfalls, sie nannten ihn später ihren nackten August, und mit diesem Kitzeln hatte er begonnen: Es war perfekt, was diese Lippen taten, es war wunderbar, was sie forderten und versprachen. Das war eine gute Zeit, das war eine ehrliche Zeit. Nicht verhältnismäßig, sondern absolut ehrlich. Das war der August, in dem eine Zukunft ihren Anfang nahm, die nicht selbstverständlich war, mit der Katja sich aber schon bald sehr einverstanden erklärte. Eine Zukunft auf dem flachen Land ihrer Vergangenheit, an der vertrauten Küste, auf den wohlbekannten Schleichwegen zwischen Schulhof und Spielplatz, unter den riesigen Bäumen, in die sie Häuser gebaut hatten, hinter dem Deich, der die Stadt schützen sollte. Eine Zukunft in den Koordinaten ihrer Kindheit. Mit Jan Schumann und dem Rückenwind der guten, beherzten Entscheidung für dieses Leben: 53 Grad nördlicher Breite, 8 Grad östlicher Länge, und Katja Behnke war bereit, für immer nach Hause zu navigieren.

Die Zeit vor dem Heimatkuss: ein paar Jahre weg, die Semester und Erfahrungen in der dicken Luft vom dicken Berlin, mäßig wild, und zu keinem Zeitpunkt hatte sie die Entscheidung getroffen, auf jeden Fall nach Tallstedt zurückzukehren. Mit Mitte zwanzig und einer Matrikelnummer dreimal so lang wie Familie Behnkes Telefonnummer hatte Katja eher gehofft, ihr würde ein Grund über den Weg laufen, nicht zurückzugehen. Denn konnte in diesem Berlin nicht alles passieren? Sascha Kaminski hätte so ein Grund sein können, dachte sie, Sascha aus dem Einführungskurs, zumindest eher noch als Tilo Neumann von der Germanistikparty oder als Brian Larisco jr. Oder die freie Stelle am Germanistischen Institut, wer weiß. Doch dann fielen all die Ideen, Pläne und Optionen von ihr ab, als hätte sie nach dem Duschen ihre Haare nach vorn geworfen, den Kopf einmal kräftig geschüttelt und in ein Handtuch gewickelt, das nach Marlies Behnkes Waschpulver roch, auf dem Heizkörper vorgewärmt, direkt neben Katjas Kinderzimmer.

Wenn die Flut kommt, fiel ihr ein, ist der Ring weg. Die Deiche halten, die Beziehungen nicht unbedingt.

Sie fragte sich, wie sie so naiv hatte sein können, so blind vor Gemütlichkeit oder was immer ihr den Blick verstellt hatte auf den Riss in ihrem Leben: Sie hielt sich bis vorhin auf eine erwachsene Weise für zufrieden. Jan war nicht mehr glücklich.

Und wenn man so was nicht repariert, franst es aus, sagte eine altkluge Stimme in ihrem Kopf. Dann ist alles zu spät, zu mühsam, zu schmerzhaft.

Warum konnte sie sich, ausgerechnet jetzt, an den Druck seiner Finger erinnern, als Jan ihre Hand genommen und ihr den Ring übergestreift hatte im überheizten Standesamt?

Soll er doch verrotten.

Auch ein rauschender August musste einmal vorbei sein. Am Ende ihres ersten gemeinsamen Hochsommers hatte Jan gar nicht erwartet, dass Katja alle Berliner Zelte abbrechen und seinetwegen von jetzt auf immer zurück nach Tallstedt ziehen würde; dass sie käme, um zu bleiben. Nur dass sie nach diesem von allen Zweifeln freien Monat, ihrem nackten August in Haus und Garten, während Jans Eltern verreist waren, zumindest ein längeres Gespräch führen würden, ehe Katja zum 1. September in die Hauptstadt zurückfahren müsste – das erwartete Jan sehr wohl. Doch als er noch grübelte, wie sich mit ihr möglichst gelassen über Beziehungsstatus und Fernbeziehungsstatus diskutieren ließe und wann ihr ein Berlin-Besuch seinerseits gelegen käme, da wusste seine spätere Ehefrau längst: Jan ist ein Grund. Ob ich ihn gesucht habe oder er mich gefunden – wen interessiert das, wenn es passt und hält, wen interessiert der verblasste Anfang, wenn wir in fünfzig Jahren mit kleinen, schlurfenden Schritten und einem Lächeln die Reihen abschreiten auf dem Tallstedter Friedhof, um uns eine lauschige Stelle auszusuchen. Jan Schumann ist der Grund, ganz bestimmt ist er das. Ein Grund zu bleiben, fester Grund.

Und wenn der wegbricht, so hatte sie sich eingeredet, was soll's, dann ist Berlin immer noch da, so was wie Berlin geht niemals weg, und dann packe ich noch mal meine Sachen.

In der Jackentasche fühlte Katja das Handy. Würde ihr Mann sie zu erreichen versuchen? Sie nahm es heraus – kein Anruf, keine Nachricht – und legte es neben sich. Es schien ihr unvorstellbar, dass Jan einfach schlafen konnte, dass er nicht aufgestanden war und nicht die offene Gästezimmertür bemerkt hatte. Der Hintergrund des Displays war ein Foto aus dem letzten Jahr: Vater, Mutter, Kind auf dem Rummelplatz, ein sorglos buntes Bild von ihr mit Jan und Henry. Sie schmeckte Zuckerwatte auf der Zunge und wischte das Bild weg. Die Uhr stand auf elf Minuten nach vier.

Also gerade mal 22 Uhr in New York, wo Brian Larisco jr. vermutlich zu Hause war seit seiner Flucht aus der Berliner WG. Katja sah ihn vor einem riesigen Fernseher ein Football-Spiel verfolgen, mit der flachen Hand auf die Sessellehne einprügelnd bei jedem erfolglosen Angriff seines Lieblingsteams. Den Namen hatte sie vergessen, so was wie Heroes oder Kings, und den letzten Brian-Augenblick hatte sie verdrängt: den

Nachmittag Ende der Neunziger, an dem sie mit weißem, knackendem Plastikbecher und Teststreifen in der Hand auf der Waschmaschine saß. Brian kam herein, seine drei allerliebsten Jogginghosen unter den Arm gestopft; sie hatte nicht abgeschlossen, er vermutete alle Mitbewohner in der Uni. Vergeblich bemühte sich Katja, den Becher hinter die Weichspülerflasche zu schmuggeln, und Brian verarbeitete seine Verblüffung, indem er im Rückwärtsgehen haspelnd erklärte, dass er die Hosen ohne weiteres später noch waschen könnte, dreimal raunte er ›Sorry, Kat‹. Weg war Brian Larisco jr. Fast pünktlich schaffte Katja es noch zur Vorlesung; den Zettel, den sie auf Brians Kopfkissen drapierte – *WE NEED TO TALK* .., mit zwei statt drei Pünktchen –, den ließ er zurück, dreimal gefaltet, wie er auch das Waffeleisen zurückließ, eine abscheuliche Stehlampe und drei ratlose Mitbewohner.

Es muss doch irgendwann mal heller werden.

Schlaflos peitschten die Gedanken durch Katjas Kopf. Die Kälte kroch tiefer. Zum ersten Mal in dieser dämlichen Nacht fragte sie sich, ob Henry wohl aufwachen und seine Mutter vermissen würde.

Wie albern, dachte sie, der ist seit 2008 nachts nicht mehr aufgewacht, und wenn, dann hab ich davon nichts mitgekriegt, und wir alle schlafen bei geschlossenen Türen, friedlich bis heute.

Gestern Abend dürfte Henry nicht einmal bemerkt haben, dass seine Mutter ins Gästezimmer umgezogen war, in dem seit Jahren kein Gast mehr übernachtet hatte und wo ein Panoramaposter die halbe Wand einnahm: Sonnenuntergang über dem Watt. Der Raum war zum Bügel- und Fitnesszimmer geworden, wobei sich die Sache mit der Fitness in Grenzen hielt, weil der Hometrainer deutlich öfter zum Staubsaugen angehoben als zum Fahrradfahren benutzt wurde.

Es war Jan, der kurz nach seinem Vierzigsten beschlossen hatte, er müsse auch im Winter Rad fahren, um fit zu bleiben, und draußen sei es ihm spätestens im Oktober zu kalt. Im ersten Jahr hielt er sich an die Vorsätze und strampelte sehr regelmäßig eine konzentrierte Stunde lang, im zweiten stellte er einen Fernseher auf und trainierte ein- oder zweimal wöchentlich und nicht länger, als das *heute journal* dauerte, im dritten schließlich verlegte er sich zur Überraschung aller darauf, nur noch zu bügeln, wobei er nach dem *heute journal* direkt auf die *tagesthemen* umschaltete. Fit war er immer noch, topfit, soweit Katja wusste, aber – was wusste sie schon, verdammt, was wusste sie denn, wer konnte durch geschlossene Türen sehen, was ein anderer denkt, und welche Stellen auf Jans Haut unter den gebügelten Hemden hatte außer ihr auch eine andere Frau berührt? Was hatte er sich nur gedacht, und mit welchem Körperteil?

›Ich muss dir was sagen, Katja.‹ Leise, vorsichtig, mit geputzten Zähnen, die Hand schon am Schalter für die elektrischen Jalousien. ›Es ist scheiße, aber ich muss das jetzt sagen.‹

Klick, machte der Drehschalter, und es wurde sehr dunkel im Schlafzimmer des Ehepaars Schumann.

Nachdem er alles erzählt hatte, im Stehen, die Hände hinterm Rücken vor einem verdunkelten Fenster, alles, was sie niemals hören wollte und was in ihrem Schlafzimmer nichts zu suchen hatte, da sprach sie leise Worte wie ›kaputt‹ und ›Gästezimmer‹, ›nachdenken‹ und ›ausziehen‹.

Jetzt, ein paar finsterkalte Stunden später allein am Wasser, wusste sie nicht mehr, wie sie diese Begriffe noch halbwegs sinnvoll zu deutschen Sätzen verknüpft hatte. Und ob Jan noch etwas erwidert oder erklärt hatte, während sie Decke und Kissen nahm, beides hinter sich her über den Schlafzimmerteppich in den Flur schleifte.

Mit dem nackten Fußballen war sie auf den Schalter der Stehlampe im Bügelzimmer getreten. Das Licht erhellte ein paar einzelne Fasern der Tapete neben der Tür. Durch den halbdunklen Flur lauschte Katja, ob Jan ihr nachgehen, noch etwas geraderücken, sie um Übersprungverzeihung bitten wollte – und hörte, wie die Schlafzimmertür geschlossen wurde, sachte und final.

Ihre große, große Lust, irgendwo gegenzutreten, das Bügelbrett zum Beispiel oder die Lampe, verschwand in der nächsten Sekunde, weil ihr klarwurde, dass sie Henry um keinen Preis wecken durfte, nicht jetzt, denn dann hätte die Mutter Katja Schumann sich mit dem langen Ärmel ihres Schlafshirts durchs Gesicht gewischt und ruckartig Verantwortung dafür übernommen, dass ihr Sohn verstand, was sein Vater getan hatte. Ganz sicher hätte sie die Situation zu erklären versucht, die sie selbst noch nicht mal begreifen wollte. Denn das sollte Henry doch nie erleben: enttäuscht zu sein von den eigenen Eltern.

Von der Deichallee hörte sie Motorengeräusch und drehte sich um. Fast schon halb fünf, irgendwer musste früh zur Arbeit, der Lichtkegel eines Autoscheinwerfers erhellte für ein paar Sekunden die Straße.

Henry würde doch nicht ausgerechnet in dieser Nacht aufwachen, durstig in die Küche taumeln, um festzustellen, dass dort seine Jacke nicht über dem Stuhl hing? Nein, ihr Sohn war ein Durchschläfer, sein Vater war der Nachtpinkler.

Und während sie Henrys große, gefütterte Jacke, nach der sie, ohne nachzudenken, auf dem Weg nach draußen gegriffen hatte, so weit wie möglich über ihren langen Oberkörper nach unten zog, um sie unter die klammen Pobacken zu stopfen, da ahnte Katja, dass die eigentliche Frage lautete, ob *sie* schon bald ihren Sohn vermissen würde. Ob Henry nicht über kurz oder lang die Teenagernase voll haben würde vom Patchwork-Gependel zwischen zwei Haushalten, Kühlschränken und Elternteilen, die alles richtig zu machen versuchten, und sich für den unkomplizierteren Vater entschied.

Er ist fast sechzehn, fast halb erwachsen, sagte sie sich, er braucht keine Hausaufgabenkontrolle, keine Tierparkausflüge und kein Abendessen zu dritt.

Und meine Mütze hätte ich mitnehmen sollen.

Für ein paar verwehte Augenblicke lenkte die Sorge um Henry sie ab von der Enttäuschung über seinen Vater. Doch sie kniff die Augen zusammen, wollte in die klamme Faust beißen und um sich schlagen, Jan packen und durchschütteln, er musste doch zur Besinnung kommen.

Nein. Nein, blöderweise *war* er ein besonnener Mensch. Und bei allem, was sie nicht von ihm erwartet und ihm nicht zugetraut hätte, war ihr klar: Er hatte sich sehr gut überlegt, ob er seiner Frau gestehen sollte, was er getan hatte, und verkünden, was er zu tun gedachte. Jan Schumann, Rechtsanwalt, Vater, Mann und Fels, der Bügler und Grübler, traf keine solche Entscheidung, um sie dann wieder wegzuwerfen wie einen Briefumschlag, auf dem man sich bei der Empfängeradresse verschrieben hatte. So traurig jetzt und immer schon wahr: Der Jan, den sie geheiratet hatte, wusste, was er tat.

Und ich?

Katja schüttelte den Kopf.

Und ich?

Wenn ich ihn schon nicht aufhalten kann, wahrscheinlich, soll ich dann einfach gehen und nicht mehr zurückschauen?

Was, wenn sie ihren Sohn schnappte und mit ihm nach Berlin aufbrach? In den Oster-, spätestens in den Sommerferien? War das schon ein Plan oder noch ein ruckelnder

Amateurfilm ihrer Zukunft, aus dem die Szenen mit Jan schon mal grob herausgeschnitten waren? War Henry nicht begeistert gewesen von der Klassenfahrt, bei der er und seine Kumpels im Hostel am Rosenthaler Platz die ganze Hauptstadtstimmung aufgesogen hatten? »Wie eine Filiale von New York, Mama, ohne Scheiß!«, hatte er gesagt, was sich allerdings eher so anhörte, als würde er seine Buddies zitieren, die im Gegensatz zu ihm schon mal in Amerika gewesen waren.

Für ein paar Sekunden nahm Katja die noch halbwegs warmen Hände aus den Taschen, um sie an die Ohren zu drücken, und biss auf die Zähne.

Berlin oder nicht, ein Neuanfang, irgendwo, ohne Spuren von Beklemmung? War das nicht eine Frage, wie sie um 20 Uhr 15 im Kuschelweichfernsehen verhandelt wurde: Ist es cooler und mutiger, wenn die Frau selbst ihre Sachen packt, oder ist es tough und gerecht, wenn sie den Kerl rausschmeißt, der ihr so was angetan hat? In Filmen wie diesen hatten Frauen wie diese mindestens eine Freundin, die alle Probleme mit Empathie und Alkohol lösen konnte, oder? Und *vor* dem Fernseher blieben echten Menschen nur altmodische Gefühle wie Wut und Trotz, sie wälzten nicht filmreife Gedanken wie: Lasst mich mit eurem verständnisvollen Quatsch in Ruhe, wo nach zwei Stunden wieder alles gut ist! Ich will nämlich nicht auf Knopfdruck wieder cool oder mutig sein, sondern fürs Erste nur sauer und verletzt.

Also versuchte Katja, sich die Frauen vorzustellen, die sie in ihrer WG und an der Humboldt-Uni kennengelernt hatte: Bestimmt waren sie zu realistischen, pragmatischen Partnerinnen und Müttern herangewachsen, bestimmt hatten sie die nötige Prenzlauer Lässigkeit oder Friedenauer Gemütsruhe für das Patchwork-Leben. Sie arrangierten sich, wenn es denn so kam, mit dem Zerbröseln ihrer Kernfamilie, und von da an hatte der

Ex keinen Vor- oder Kosenamen mehr, sondern war nur noch ›Emils Vater‹ oder ›der Papa von Luisa‹; sie überlebten nicht nur, da war Katja sich sicher, sie lebten weiter und lernten neue Menschen kennen, Menschen aus anderen Bezirken, aus anderen Ländern, sie hatten mehrsprachige Babysitter und hoffnungsvolle Dates am Rande des S-Bahn-Rings mit dem attraktiven Papa eines anderen Emils. Ihnen blieb eine ganze Hauptstadt für ein ganzes Leben, denn Berlin wäre nie zu klein für einen Neubeginn.

Wenn man noch mal Anfang dreißig wäre, zu herrlichen Irrtümern bereit.

Da hörte Katja eine Stimme, die es gut mit ihr und ihrem kalten Hintern meinte: Geh nach Hause. Geh nach Hause, Mädchen, zu Hause ist es warm, wenigstens das.

Eine Mütze, denkt sie, eine Mütze *und* die angebrochene Weinflasche hätte ich mitnehmen sollen.

Oder die Notpralinen aus der Schublade neben der Couch, ihren heiligen Vorrat, ›für einmal im Monat‹. Inzwischen schmunzelte Jan nicht einmal mehr, wenn sie die Packung vor sich auf dem Sofa geöffnet stehen ließ, um in bequemer Seitenlage eine Schokonuss nach der anderen zu vertilgen.

Wo war eigentlich dieses Schmunzeln geblieben? Das liebevolle Nicken, die unaufgeforderte Wärmflasche? Wo war die niemals überhaupt nicht selbstverständliche Zärtlichkeit geblieben, Katja wusste es nicht. Sie wusste nur, sie steuerte schlimmstenfalls auf einsame Wechseljahre zu. Aber den Wasserkocher, den würde sie mitnehmen, den brauchte Jan eh nicht, oder er sollte sich halt bitte schön seine Zitrone für die Abwehrkräfte zukünftig von Anna Störzel auspressen und mit deren heißem Wasser übergießen lassen, wenn er meinte –

Das Smartphone auf der Bank vibrierte mit Xylophon.

Es war nicht mehr auf lautlos gestellt seit dem ersten Schlaganfall von Marlies Behnke, an einem diesigen Abend im Spätherbst, den Katja und Jan bei Freunden mit Brettspielen verbracht hatten. Während Henry dort auf der Couch über seinem Comic schlief, waren sie bestens gelaunt und viel zu beschäftigt gewesen, um aufs Telefon zu schauen. Irgendwann klingelte Katjas kleine Schwester Milena an der Tür und sagte mit ihrem halb abgeklärten, halb genervten Gesichtsausdruck: »Dachte mir, dass ihr hier seid. Kommst du, Katschi, wir müssen ins Krankenhaus. Mama.«

Das lag nun schon ein paar medizinisch unbesorgte Jahre zurück; wenn aber einer um diese ungewöhnliche Uhrzeit wie selbstverständlich etwas simste, dann war es meistens Leon, der Nachtmensch. Katjas Bruder, der viel länger ›Ende dreißig‹ zu bleiben schien, als es ihr selbst gelungen war, schickte in unregelmäßigen Abständen Berliner Schnappschüsse, aufgenommen an Imbissbuden oder aus dem fahrenden Rettungswagen, in dem er als Sanitäter auf dem Beifahrersitz saß. So schlug er eine Brücke zu seiner großen Schwester, deren Moabiter WG-Zimmer er seinerzeit spontan übernommen hatte. Eine Tauschaktion, Hals über Kopf, Katja verliebt und zurück in die Heimat, Leon in Aufbruchsstimmung und nur weg aus Tallstedt, schnell weg, woanders erwachsen werden, wenn überhaupt.

pause mit pommes, schrieb Leon beispielsweise unter ein Imbiss-Selfie. herrlich fettig. Oder aber fraktur im finsteren friedrichshain, wo ein zerbeultes Fahrrad im Laternenlicht der Warschauer Straße lag. vergleichsweise glimpflich. In dieser Nacht hängte er ein Foto von sich selbst an, grimassierend, mit einem Ding auf dem Kopf, an dem so etwas wie zwei Hasenohren baumelten. Im Hintergrund der Nachthimmel über der Glaskuppel des Hauptbahnhofs. Sonst nichts, kein Begleittext.

Katja klickte die Nachricht weg, tippte auf das Kamerasymbol und richtete die Linse auf den Fluss. Mehr als das unscharfe Positionslicht eines Containerschiffs würde man auf einem Foto nicht erkennen können. Sie drückte auf den Auslöser, ohne dass sie hätte erklären können, was genau sie hier für später festhalten wollte. Vom alten Turm, weit draußen vor der Hafeneinfahrt, huschte ein Leuchtfeuer zum anderen Ufer.

Ich kann doch nicht hier sitzen bleiben, überlegte Katja, bis in zwei Stunden die Sonne aufgeht und so tut, als wäre nichts gewesen. Ich kann doch nicht einfach hier sitzen und frieren und mir leidtun. Und ich kann meinen Ring nicht da unten im Wasser liegen lassen. Seinen Ring. Unseren.

Sie wusste nicht, wie viele Minuten vergangen waren, als ihr Bruder seinem Hasen-Selfie plötzlich doch noch einen Text hinterherschickte. Nur ein Wort, ohne Erklärung, dafür mit drei Ausrufungszeichen: überraschung!!! Typisch Leon.

Ein Gähnen fuhr ihr durch alle Glieder, sie merkte, wie sie zitterte, und stand auf. Tastete sich vor über die glitschigen Felsen, drei, vier Meter bis zum Watt. Neben einem Streifen Möwenscheiße: der Ehering im feuchten Sand. Katja bückte sich und griff danach, um ihn in die Hosentasche zu stecken, sie schwankte kurz, als sie sich wieder aufrichtete.

In der Ferne türmte sich jetzt erkennbar schlechtes Wetter auf. Und weil er für sie nie verstummt war, hörte Katja wie früher und wie immer die Stimme ihres Großvaters unter plötzlich verdunkeltem Himmel:

»Dat gifft Regen. Af no Huus.«

Ja, verdammt, ab nach Hause. Die Hoffnung auf ein paar Stunden Schlaf, das war es, was blieb von diesem unsagbar langen Abend. Etwas fauchte durch die Reste der Dunkelheit, und Katja nahm sich vor, zumindest ein kleines bisschen unverwüstlich zu bleiben.

Für den Heimweg und alles, was noch kommen mochte, nahm sie einen tiefen Atemzug.

*

Von der Friedrichstraße kommend, quietschte sich der Regionalexpress durch den Humboldthafen bis zum Ende von Gleis 11, um die ersten Pendler Richtung Brandenburg einzusammeln. Die trugen Thermobecher, in nicht sehr reißfesten Papiertüten ihre Schrippen für unterwegs, und auf der Rolltreppe zum Bahnsteig überflogen sie die dicksten Schlagzeilen. Hinter der Plexiglasfront döste der Himmel über dem Kanzleramt einem neuen Morgen entgegen.

Die Wartenden zogen die Mützen tiefer über die Ohren, schlangen ihre Schals und Tücher enger um die Hälse. Selbst den Unausgeschlafenen und Gleichgültigen fiel an diesem Freitag auf, dass der kleine Mann im Overall den Steinbelag neben dem Fahrkartenautomaten unter den aufmerksamen Blicken zweier Polizisten reinigte; er fegte nicht nur, wie er wohl an jedem anderen Tag routinemäßig fegen mochte, sondern er wischte, und zwar kraftvoll und hartnäckig, denn Blut war auch hartnäckig. Und es floss hier immerzu. Während dieser Frühschicht fragte sich der Mann mit dem Reinigungswagen wieder einmal, ob die Berliner und die Touristen extra zum Bluten zum Hauptbahnhof kamen, denn über andere Flüssigkeiten in allen Winkeln dieses verwinkelten Baus wunderte er sich längst schon nicht mehr.

Ein ganzes Stück entfernt saß der Notfallsanitäter Leon Behnke auf der Freitreppe am Europaplatz und war zu erschöpft, um sich über irgendwas zu wundern. Sogar die Brille mit dem Navy-blauen Gestell, klein und rund, war so weit nach vorn gerutscht, als könnte sie sich am Ende dieser Nacht nicht mehr auf der Nase halten. Leon hätte dem Putzmann sagen können, wo genau und in welchen lebensbedrohlichen Mengen die Frau vorhin ihr Blut verloren hatte, als sie dabei war, ein Ticket für sich und ihr Fahrrad zu lösen; dass diese letzte Patientin seiner Schicht inzwischen in der Charité war und er seinen neuen Fernseher darauf verwettet hätte, dass sie das ferne Ende dieses Tages erleben würde.

Doch der eine schrubbte dort oben auf den Fliesen herum und wusste nichts von dem anderen dort unten, der abwechselnd in ein Marzipancroissant und eine Käsestulle biss.

Leons Nachbarin hatte gestern weniger Glück gehabt. Er hatte noch nicht wieder geschlafen, seitdem vor zwanzig Stunden Frau Haffner vor ihrer Wohnung im dritten Stock kollabiert war; noch kein Auge zugetan seit jenem Notfall im eigenen Haus, zwei Dutzend Stufen treppabwärts. Wie kurzatmig und erleichtert zugleich Herr Haffner gewesen war, als Leon auf heftiges Klopfen hin öffnete. Denn der Nachbar hielt ihn für einen Arzt, nachdem Leon einmal in Dienstkleidung vor dem Haus aus dem Rettungswagen gestiegen war.

»Anita … auf … auf der Fußmatte!«

Curt Haffner zeigte ins Treppenhaus, und Leon las in dem flehenden Blick aus achtzig Jahre alten Augen, dass der Mann kein bisschen darauf vorbereitet war, seine Frau an diesem x-beliebigen Tag zu verlieren.

Den Notarzt solle er rufen, sofort, wies Leon den alten Mann an, während er bereits zwei Stufen auf einmal nahm, in Sekundenschnelle war er bei Frau Haffner, die gegen die Wohnungstür gesackt sein musste, sobald sie aufgeschlossen hatte, ihr Schlüsselbund lag auf dem Boden neben einer Papiertüte aus der *Eulenapotheke*. Frau Haffner, hingestreckt und regungslos, atmete nicht, Leon gab ihr von seiner Luft, so viel er konnte, tat, was zu tun war, massierte verbissen ein betagtes Herz, von

Herrn Haffner inständig beäugt, minutenlang. Es kam Leon wie eine Ewigkeit vor, eine himmelschreiend schwankende Ewigkeit, bis eine Notärztin eintraf und ihn ablöste, so dass er es übernehmen konnte, ein paar Schritte abseits seinen Nachbarn zu beruhigen, der sich unablässig die Lippen befeuchtete und überraschend kräftige Finger in Leons Unterarm grub.

»Anita ...«, stammelte er, »Anita ...«, und dann, beinahe vorwurfsvoll: »Sie musste zur Apotheke.«

Punkt zwölf Uhr fand Frau Haffner noch einmal Halt auf dem letzten glitschigen Absatz des Lebens und kehrte zurück. Notdürftig stabilisiert brachte man sie in die Klinik, und Herr Haffner wollte von Leon wissen, wann sie wohl wieder zu Hause wäre, als Arzt müsse er doch sagen können, wie lange die einen nach so einer Wiederbelebung dort behielten.

Schulterzuckend erklärte Leon, er sei Optimist, kein Kardiologe.

»Ich heb das mal auf«, sagte er und bückte sich nach Blutdrucksenker, Hustenlöser und einer Packung Taschentücher. »Hier. Sie müssen Ihrer Frau jetzt die Daumen drücken. Aber ...« – woher sollte er denn wissen, ob das noch was nützte? – »... aber das wird schon wieder! Manche Leute sind noch länger weg«, er fing Haffners Blick auf, »und werden wieder gesund.«

»Richtig ... gesund?«, fragte Haffner.

Leon zögerte nicht.

»Richtig.«

Die Frau an Gleis 11: Leon hatte sie im Morgengrauen versorgt, aber nicht verstanden. Halb benommen hatte sie auf ihn eingeredet in einer Sprache, die weder er noch sein Kollege Samir zuordnen konnten. Die gehechelten Worte klangen anders als alles, was Leon in achtzehn Jahren auf den Straßen und in den Läden dieser Stadt aufgeschnappt hatte. Und zum ersten Mal schnitt ihn der Gedanke wie die Kante eines Papiers: Wenn ich dich nicht verstehen kann, wie kann ich dir helfen? Wenn ich tue, was ich in so einer Situation hundert Mal getan habe, warum kann ich die Worte nicht verstehen, die du zu mir sagst? Ich bin dir gerade näher als jeder andere Mensch auf dem Planeten Berlin, aber ich habe keinen Schimmer, wo du herkommst. Wo hast du diese Sprache her, dein Blut ist doch so rot wie meines? Du warst niemand für mich bis zu dem Notruf vor ein paar Minuten, ich bin der nächste erreichbare Zuspruch und kurz darauf nur noch der, der dich abgegeben hat bei den Jungs und Mädels in der Notaufnahme. Der die Trage geschoben hat. Die Tür zugeschlagen. Deine Schulter berührt. Und was ich weiß, was ich über dich ganz genau weiß, ist nur das: Wir sehen uns sehr wahrscheinlich nicht mehr wieder.

Leon war groß geworden mit dem selbstverständlichen Abschiedsgruß, den sich die paar tausend Erwachsenen in seiner Welt zuriefen, wann immer sie sich vor dem Getränkemarkt, beim Spazierengehen, auf dem Deichfest getroffen hatten: Man sieht sich. Drei Silben reichten, man musste ja weiter und würde sich ohnehin wiedertreffen. Jeder ging seiner Wege und dachte nicht an die Wahrscheinlichkeit oder den Zeitpunkt der nächsten zufälligen Begegnung: ›Man sieht sich‹ stimmte eigentlich immer, denn ›Man sieht sich‹ hieß in Tallstedt so viel wie: Wer nicht stirbt, atmet weiter. Und umgekehrt.

Hier in Berlin fühlte er sich irgendwann nicht mehr wohl in der dicken Haut, die er sich zugelegt hatte, um die fiesen Winter zu überstehen. Die schweren Unfälle, die Schichten, die namenlose Verlorenheit. Wenn er am Spreeufer stand, hätte er gern in die Elbe gespuckt, vor der Fahrradampel am Potsdamer Platz fehlte ihm der BMX-Hügel seiner Kindheit, und wenn in einem Mitte-Laden ein schottischer Verkäufer, der

Bart länger als die Hose, die Sneakers anpries, die er sowieso gekauft hätte, dann sagte Leon beim Rausgehen ›Thanks, bye!‹ und dachte im Stillen: Man sieht sich nicht.

Er lernte nicht Italienisch, er studierte nicht Medizin, er sparte nicht auf die Datsche in Brandenburg. Und der Rasierspiegel betonte an jedem neuen Morgen Leons Ähnlichkeit mit Behnke senior. Bekannte und Kollegen, sie kamen und gingen, ein Nachbar aus dem Hochparterre trank und starb, eine Frau aus Tübingen flirtete und verschwand, Leon zog um und um, Berlin wurde immer noch größer und mehr, alles zwischen wild und schön, Panorama und Paranoia.

Aber Berlin, das war auch – Isabel.

Isabel aus Dortmund aus Schöneberg.

Tolle, unverbogene Isabel Romberg. Die Frau, die er Hammerfrau nannte, wenn sie nicht dabei war. Die Pfützen durchquerte mit jeder Art von Schuh und gänzlich ohne. Jede Sprache außer Plattdeutsch sprach. Die seit zehn Jahren nicht mehr in Dortmund gewesen war, ihre Mutter nicht leiden konnte, weil die ihren Vater nicht leiden konnte; Isabel, die Leons Zungenschlag und -küsse mochte, sie war schlicht zu mitreißend, sie tat ihm gut.

Warum nicht mit Isa ganz woanders …?

In der letzten Neujahrsnacht, hellwach im Bett unter Böllersalven von der Wollankstraße, hatte Leon dem gezackten Riss in der Altbaudecke ein stummes Versprechen gegeben: Wenn das nächste Mal ein neues Jahr anbricht, dann bin ich woanders. Und wenn wir es ernst meinen mit der Liebe und der Beziehung und dem ganzen verbindlichen Erwachsenenkram, dann ist Isabel dabei.

Am Taxistand vorm Hauptbahnhof hechteten die Geschäftsreisenden von den Rücksitzen. Aus seinem Rucksack holte Leon einen der Haarreife, die er auf dem Weg zur Schicht im *Nanu Nana* am Alex gekauft hatte; daran klebte noch das Preisschild, und oben draufgesteckt waren zwei plüschig lange braune Ohren. Er setzte ihn sich auf, schob die obere Zahnreihe über die Unterlippe und machte ein Foto.

Mal was anderes, stellte er fest, als die Selfies, die er sonst so zwischen zwei Rettungseinsätzen an seine ältere Schwester schickte.

Während er überlegte, welchen Text er hinzufügen sollte, kippte auf der Steinstufe neben ihm sein Rucksack um, reflexartig griff er danach – und drückte versehentlich die Pfeiltaste, die sein Hasen-Selfie vierhundert Kilometer nordwestlich durch die Morgendämmerung jagte. Seufzend packte er das Telefon in den Rucksack, um erst mal fertig zu essen; als er auf dem Beifahrersitz im Rettungswagen hastig zwei Bananen verschlungen hatte, war es noch Donnerstag gewesen, und jetzt knurrte sein Magen.

Obwohl ihm der Gedanke gleich gefallen hatte, dass Isabel aus Schöneberg längst nicht so schnell aus seinem Leben verschwinden würde wie einige vor ihr, malte er nun an einem Bild, auf dem er mit dieser unverwechselbaren Frau zu sehen wäre, Nasenspitze an Nasenspitze, die Augen geschlossen, doch so groß gezeichnet, dass kein Raum für einen Hintergrund blieb. So verliebt hätten sie überall sein können, nur wie kam man da hin?

›Herr Behnke‹, hatte sich Leon selbst befragt, als er in einem Wartezimmer eine entschleunigte Zeitschrift durchblätterte, ›wo sehen Sie sich in fünf Wochen, fünf Monaten, fünf Jahren?‹, und die Antworten lauteten immer wieder:

Auf Isas Klappsofa in der Wohnung am Kleistpark.

Auf einem See in Schweden (wir rudern abwechselnd).

In einem noch besseren Leben.

Tja, wo zum Teufel sollte das sein, und was würde Isabel dazu sagen? Das waren fürs Erste genau zwei Fragen zu viel, das waren Fragen, die er am Ende allen Hin- und Herüberlegens mit seiner großen Schwester besprechen wollte, und zwar nicht am Telefon. Katja einzuladen hätte wenig Zweck, sie hatte Mann, Kind, Job, Tennis, sie käme womöglich gar nicht oder mit Anhang. Nein, er musste sich selbst auf den Weg machen; seine Familie war nun schon seit geraumer Zeit eine Liste von WhatsApp-Kontakten, er würde sie endlich mal wieder besuchen. Sehen, wie's ihnen so ging miteinander. Ohne den ausgewanderten Mittelbruder.

Leon behielt die nahe Tramhaltestelle im Blick. Wie selten zuvor freute er sich auf sein Bett. Eine Nacht der Verletzungen war wieder mal vorbei. Routinemäßig setzte er ein Stoßgebet an den heiligen Kamillus ab in der sturen Hoffnung, dass alle überleben würden, die Samir und er in den letzten Stunden erstversorgt hatten. Und mit ihnen die arme Frau Haffner aus der dritten Etage. Nach ein paar überfälligen Stunden Schlaf würde er wie versprochen bei Herrn Haffner vorbeischauen und sich erkundigen.

Als Leon sah, wie die Bahn aus Moabit heranrollte, lief er mit letzter Kraft die fünfzig Meter zur Haltestelle und quetschte sich durch die piepsenden Türen. Die Linie 10 ruckelte ihn die Invalidenstraße entlang, und kurz vorm Naturkundemuseum fiel ihm seine Mitteilung an Katja wieder ein.

Den Kopf an die nachtkühle Scheibe gelehnt, drehte er das Handy zwischen seinen Fingern und überlegte, was er noch schreiben sollte, immerhin war das Foto ja eigentlich eindeutig. Geantwortet hatte seine große Schwester allerdings nicht, aber die schlief natürlich auch noch, musste sicher nicht früher in ihrer Bücherei antreten als sein Neffe Henry in der Schule. War das noch um acht Uhr? War das noch die heilige Uhrzeit im Dienst des öffentlichen Lebens, die lang gehasste Stunde, zu der sich ein Erwachsener vor Kindern aufbaute in der Überzeugung, ihnen etwas beizubringen, damit sie später zu mehr imstande wären, als über das Wetter zu reden?

Wo Leon aufgewachsen war, hatten Generationen von Kindern an der Theodor-Storm-Schule alles über Ebbe und Flut lernen müssen, ehe sie das erste Mal ihre Heimatstadt verließen. Ein Test zum Thema Deichbau, die Tiere im Watt, ein Referat über Leuchttürme, Exkursionen in Gummistiefeln. In einem dieser Berliner Stadtmagazine hatte Leon mal eine ganze Gummistiefel-Fotostrecke bewundert: Unter den Mauerbögen der Oberbaumbrücke posierte in abgefahrensten Modellen (aus einer Manufaktur im Wedding) ein stäbchendünner Mensch, brünett und beeindruckend, der vielleicht nie im Leben auf Wattwurm oder Strandkrabbe treten würde – ein Metropolenmensch.

Anno 1987 in Tallstedt waren Gummistiefel gelb und praktisch und normal gewesen, aber das konnte sich natürlich längst komplett geändert haben. Wobei sich andererseits, zumindest seiner Erinnerung nach, in Tallstedt selten etwas komplett änderte. Für manche ein Grund, regelmäßig, für andere, so gut wie nie dort hinzufahren.

Noch einmal tippte er durch verschmierte Brillengläser auf die letzte Nachricht in seinem Smartphone. Was seinen geplanten Besuch anging und den Anlauf zur überfälligen Aussprache mit seinem Vater, so war er sich sicher, dass sich von allen Behnkes Katja am meisten darüber freuen würde: Also schrieb er überraschung, lächelte vorfreudig ein schiefes Lächeln und setzte ein, zwei, drei Ausrufezeichen – senden!

Man sieht sich.

*

Es polterte in jener Nacht, als Katja Schumann ihren Ring warf, es rumpelte in der Sekunde, in der Leon Behnke in die Käsestulle biss, und lauter noch rumste und knarzte es aus dem Treppenhaus vor der Wohnungstür von Milena Behnke, die wachlag und nicht ahnen konnte, dass auch ihre älteren Geschwister gerade nicht schliefen, auf dem Deich und in Berlin, drei Stunden vor Sonnenaufgang.

Lärm, dann wieder Ruhe. Scharren und Krachen, womöglich schräg obendrüber, dann nichts mehr. Und wieder von vorn.

Erleichtert wunderte sich Milena, dass ihre Tochter bei dem Radau nicht aufgewacht war, was für ein selig tiefer Schlaf. Und fragte sich, welcher Einbrecher so lärmend ungeschickt zu Werke ging. Timmermanns von gegenüber waren auf Gran Canaria, vermutlich rollte irgendwer gerade deren Tresor die Stufen hinab. Sie musste feststellen, dass sie keine Angst empfand bei dem Gedanken an fremde Menschen jenseits der Wohnungstür, hier drinnen waren sie und Amy ganz bestimmt sicher, und sie könnte auch später behaupten, nicht aufgewacht zu sein. Doch sie mochte die Timmermanns, weil die wiederum Musik und Kinder mochten, obwohl sie selbst keine hatten. Von einem Einbruch in ihrer Stadt hatte Milena überhaupt erst ein einziges Mal gehört, das war Jahre her, und weil es zwei Häuser in nur einer Woche betroffen hatte, sprach man seinerzeit von einer Serie.

Sollte sie den Polizeinotruf wählen? Die würden doch sicher eine Ewigkeit brauchen, um den Tallstedter Dorfsheriff aus dem Bett zu klingeln, und falls der gestern seine Skatrunde hatte, dann zwei Ewigkeiten. Könnte sie die Kerle nicht wenigstens erschrecken und vertreiben? Wäre es doch angebracht, ein bisschen Schiss zu haben, dass die Typen sich nacheinander mehrere Wohnungen vornehmen und von aufwachenden Bewohnern nicht aufhalten lassen würden?

Rums. Pause. Rums.

Milena hielt die Luft an.

Sie hatte so überhaupt keine Lust, beraubt oder überfallen oder sonst was zu werden.

Nicht heute, dachte sie, ich hab echt andere Sorgen.

Rums.

Am späten Abend hatte sie ein letztes Mal ihre Mails gecheckt und fassungslos auf die Betreffzeile gestiert: Beschwerde wegen Nötigung am 27. 2. d. J. Warum um alles in der großen, weiten Welt musste ein mäßig begabtes Kind eine über die Maßen paranoide Mutter haben? Und wer bitte schrieb ›d.J.‹? Und vor allem: Was genau sollte Nötigung überhaupt sein? Außerdem hatte sie sich entschuldigt und das sogar so gemeint. Lächerlicher Vorwurf also. Sie würde ihren hilfsbereiten studierten Schwager fragen müssen, wie man dagegen vorging. Nur falls diese Mutter im Einzugsgebiet von Tallstedt das Gerücht säte, dass die Musiklehrerin Frau Behnke ihre Schüler schlecht behandelte, dann allerdings würde ihr der Anwalt in der Familie gar nichts nützen, dann könnte Milena einpacken. Gitarre, Klavier, Metronom – einmotten und was anderes machen. Aber was? Oder woanders hin. Bloß wo?

Grimmig war Milenas Optimismus, und geradeaus zu leben war sein Zweck.

Sie stellte sich das zerfurchte Gesicht von Albert Steinkamp vor, dem Mann, der ihr das Klavier- und Gitarrespielen beigebracht hatte. Jahrelang hatte er aus dem störrischen Milena-Charakter funkelnden Ehrgeiz und Disziplin herausgekitzelt, ihm hatte sie endlose Stunden auf dem Klavierhocker zu verdanken – und dass sie aus einem Talent einen Beruf hatte machen können, weil sie keine Ruhe gab, bis sie das Gefühl hatte, dass sie das Instrument beherrschte und nicht umgekehrt.

›Also manchmal‹, hatte Herr Steinkamp über seinen roten Rollkragen hinweg gemurmelt, ›da frage ich mich, ob du wirklich die Musik liebst oder ob du es einfach nur hasst, wenn etwas nicht funktioniert. Du bist nicht nur fleißig, Milena, du beißt dir die Lippe kaputt.‹

Heftig hatte sie genickt und heftig weitergeübt; hatte, als sie ungefähr zehn war, sogar einmal das Thema aus *Forrest Gump* eiserne vier Minuten durchgespielt, obwohl bei den ersten Noten eine fette Spinne hinter dem Klavier an der Wand hochkroch. Sie erschrak, ließ das Tier nicht aus den Augen, schlug die Tasten wie Alarmknöpfe, atmete flach – und beherrschte das Stück seit jenem Tag ohne einen Blick aufs Notenblatt, wie sie sogleich voller Stolz ihrem Vater im Garten erzählte.

›Eine Spinne, tatsächlich?‹ Ihr Vater hatte die Pflanzenschere kurz sinken lassen, um seinen frühgrauen Bart zu kratzen, dann seine Jüngste gleichmütig angesehen und ihr versichert, das Tier werde sicher den Weg nach draußen finden.

›Aber ... vier Minuten, Papa! Und alle Noten richtig!‹

Doch da war Dr. Lothar Behnke schon wieder vertieft ins Stutzen von Feuerdorn und Berberitze.

Nötigung, pah!

Wahrscheinlich war es von ihr nicht klug und zugleich für den zehnjährigen Maximilian irritierend gewesen, dass Milena beim letzten Unterricht das Notenheft zu einem Papierrohr zusammengerollt und damit auf ihre flache Hand geschlagen hatte – aber im Gegensatz zu Maxi war sie dabei wenigstens in John Lennons Takt geblieben. Die Rolle zischte wohl etwas zu nah am Ohr des Jungen vorbei, der sich immer weiter in die Tasten duckte, ›Nothing to kill or die for‹, und ja, es war nicht Milenas geduldigster Tag, das hatten Maxi und das Notenheft zu spüren bekommen. Aber was hätte sie tun sollen? Sie konnte ja schlecht den Jungen anbrüllen, ›Ich hab Hormone und du hast kein Taktgefühl!‹, dabei war es exakt das, was sie an jenem Nachmittag gefühlt hatte. Am Ende der Stunde aber hatte sie sich und ihr schlechtes Gewissen wieder im Griff, Maxi bekam ein Fleiß-Snickers und einen Talent-Lolli.

»Sorry wegen … dem Notenheft«, sagte sie. »Du hattest aber keine Angst, dass ich dich treffe, oder?«

»Bisschen«, krächzte Maxi.

Mit einem Seufzer ließ sie die Schultern fallen und tätschelte seinen Arm.

»Bisschen Angst haben wir alle ab und zu. Ich auch, weißte? Sogar John Lennon!«

Kein Schmunzeln auf Maxis Gesicht.

»Es gibt blöde Tage, oder? Alles wieder gut?«

Maxi schlug die hellen Augen nieder.

»Kann ich … Bounty statt Snickers?«

»Klar!«

Die Nötigungsmail war schon die zweite Nachricht in kurzer Zeit gewesen, die Milena um ein Haar umgehend und impulsiv beantwortet hätte. In seiner Mittagspause hatte nämlich David eine ganze Fotoserie geschickt: ein Bürogebäude von außen mit schicker Glasfassade; Echtholzparkett auf langen Korridoren, Sitzecken mit pastellfarbenen Sofas und Wasserspendern, eine ›Conference Lounge‹, so stand es auf der Glastür. Und David schrieb: Das isses, unser Büro ab Mai! So krass! Das neue Zuhause für die INGE-Familie! Wir starten hier noch mal richtig durch, yippie! Kuss!

Unter dem letzten Ausrufezeichen verrieten mehrere Emojis, wie sehr David sich freute, dass die junge Firma expandieren würde, um von Münster aus für die ganze digitale Welt noch mehr ›Innovative Games & Entertainment‹ zu programmieren. Inge war der Name der Patentante, die ihm genug Geld vererbt hatte, um aus seinen Ideen ein Geschäft zu machen. Die *INGE*-Familie, das ›Wir‹, das waren seine befreundeten Rund-um-die-Uhr-Kollegen. Und das ›Hier‹, von dem ihr Freund schrieb, lag drei Autostunden von Milena entfernt. Montags und freitags meistens mehr.

Sie hatte einen erhobenen Emoji-Daumen zurückgesendet. Und nach kurzem Zögern einen Kuss mit Herz, dazu wie immer der rote Telefonhörer, der nachtblaue Mond, Weinglas und altes Radio: seit Monaten ihr verliebter Code für das Fernbeziehungstelefonat am Abend, untermalt mit Maroon 5 und dem Bio-Wein vom *Edeka*.

Da saß sie also mit ihrem Optimismus und scrollte sich durch die Bilder, die David von seiner Zukunft und dem ›Zuhause‹ in Münster gemacht hatte.

> Wir starten hier noch mal richtig durch, yippie!

Wir hier aber auch, Schatz, hatte Milena gedacht. Wir auch. Yippie.

Noch einmal polterte es, jetzt ganz nah.

Schließlich griff Milena nach ihrem Handy, schwang sich aus dem Bett und ging bei ausgeschaltetem Licht zur Wohnungstür, wo auf dem Schuhschrank die wuchtige Stabtaschenlampe lag. Als sie die Hand danach ausstreckte, hörte sie aus dem Hausflur sehr deutlich die Worte »Schädel, was is jetzt, Alter?«.

Gott sei Dank. Die Stimme kannte sie nicht, aber ›Schädel‹, das musste wohl Lukas Schedler aus dem zweiten Stock sein, den sah sie so gut wie nie, doch er wohnte hier schon länger als Milena und würde wohl kaum die Nachbarn ausrauben.

Milena legte ihr Ohr an die Tür. Eine Antwort von Lukas hörte sie nicht, stattdessen noch mal die unbekannte Stimme:

»Ja, logo warte ich, wo soll ich denn hin, Kollege?! Und bring bloß Bier mit!«

Die Taschenlampe wog schwer in ihrer Hand. Beruhigt, dass dort draußen weder der dämlichste noch der lauteste Einbrecher aller Zeiten stand, sondern offenbar irgendein Bekannter ihres Nachbarn, drückte Milena langsam die Klinke herunter.

Sie hatte die Wohnungstür noch nicht ganz geöffnet, da flüsterte es schon »Sorry!« und »Oh, Scheiße, doch zu laut, ne?«.

Dem Typen dort auf der Treppe mit der schweißdurchtränkten Mütze, der nur zwei Schritte entfernt eine Kommode auf Unterarmen und Oberschenkeln abstützte, hätte Milena womöglich, als Kumpel von irgendwem, auf einer Party begegnen können – mit umgedrehter Mütze, ohne Schweiß. Seine Oberarmmuskulatur war offensichtlich regelmäßig im Studio, das Shirt über der Trainingshose konnte er in M tragen, weil ihm noch ein paar Jahre blieben, ehe jedes Bier und jeder Burger den unvermeidlichen Männerbauch formen würden. Gesehen hatte Milena diesen Mann in Tallstedt noch nie.

»Du wohnst auch hier, ne?«, fragte er überflüssigerweise, und während er »Tobi! Hi!« hinterherschob und die rechte Hand von der Kommode nahm, um sie Milena entgegenzustrecken, flüsterte die zurück: »Wieso ›auch‹, wo wohnst du denn? Was machst du hier überhaupt? Ich heiß Milena.«

Er musste die Hand zurückziehen, bevor Milena einschlagen konnte, weil das Holzmöbel von der vorletzten Treppenstufe abzurutschen drohte. Mit einer Kopfbewegung deutete Tobi ein Stockwerk höher.

»Ich komm aus Fehrmoor, ich zieh bei Schädel ein, der ist ... Fuck, ist das Drecksding schwer! Mann! Fuuuck!«

Sein lautes Flüstern war jetzt schon eher ein nicht mehr ganz so leises Fluchen, seine Stirnfalten wuchtig, und Milena horchte auf der Türschwelle in ihre Wohnung hinein, ob in Amys Zimmer immer noch alles ruhig war.

»Sorry«, sagte sie, »ich würd dir ja helfen, aber meine Tochter schläft, und das Teil sieht heavy aus. Ich ... ähm, ich brauch meine Hände noch.« Sie zeigte ihm wie zum Beweis ihre langen, schlanken Finger. »Musikunterricht.«

»Ach, du bist das.«

»Hä?«

»Mo-ment!«

Mit angehaltenem Atem und einer knurrenden Kraftanstrengung wuchtete Tobi seine Kommode einen halben Meter weiter auf den Absatz, wo er sie endlich absetzen konnte.

»Fuck, Alter!«

»Wieso, was bin ich?«

Die automatische Treppenhausbeleuchtung erlosch, Milena drückte auf den Schalter über ihrer Klingel.

»Der Kollege hat schon erzählt, tagsüber ist Geklimper und ... klingt nicht immer nach Talent oder so.« Mit dem T-Shirt-Ärmel wischte Tobi sich den Schweiß von den Wangen.

»Ach so.« Milena gähnte, strich das dunkelblonde Haar über ihre Sidecut-Stoppeln. »Und du bist Lukas' Freund oder ...?«

»Nee! Quatsch!«

»Ich hab nix gegen Männer, die bei Männern wohnen«, erklärte sie und musterte die dunklen Flecken auf Tobis Klamotten, »soll jeder machen, wie er meint.«

Er verzog keine Miene. »Mein Cousin ist der. Also zweiten Grades oder so.«

»Ja, und wo ist der jetzt, und warum hilft der dir nicht? Und warum musst du das überhaupt mitten in der Nacht machen, wenn normale Leute pennen wollen?«

Tobis genervter Grunzlaut und das Augenrollen ließen vermuten, dass er sich eigentlich auch zu diesen normalen Leuten zählte oder dass ihm für Erklärungen aktuell die Lust fehlte.

»Geht mich nix an«, sagte Milena schnell und machte einen Schritt rückwärts auf ihre Fußmatte, »viel Spaß noch!«

»Nee! Hast ja recht. Und tut mir echt leid wegen dem Lärm. Wir haben mein Zeug gestern Abend hergefahren, aber als wir dieses kackschwere Ding da ausladen wollten, ruft seine Mutter an, sein Alter wär zusammengeklappt, Infarkt oder Schlaganfall oder was, und dann ist er direkt ins Krankenhaus und hat vergessen, mir seinen Schlüssel dazulassen, der Pfosten.«

Er versuchte ein Lächeln, bei dem aber nach Milenas Geschmack etwas zu viel von seinem Zahnfleisch ins Bild geriet.

»Hab ich halt hinten im Transporter zwei Bierchen gezischt und bin eingepennt.«

»Echt? Krass.«

»Bin ich irgendwann aufgewacht, hat der Kollege 'ne Dings geschickt, 'ne WhatsApp: ›wird noch untersucht!‹, sonst nix, und ich denk, super, um sieben muss ich ja die Karre wieder abliefern, gibt sonst schön Ärger, also schlepp ich das Kackteil eben allein da hoch, kann ja nich so schwer sein.«

Milena schenkte ihrem neuen Nachbarn ein nett gemeintes Milena-Grinsen, bei dem sie die Spitze ihrer schmalen Nase ein bisschen nach oben zog.

»Kann es dann wohl doch«, sagte sie.

»Hä?«

»Kann schwer sein, meine ich, so ein Schrankding.«

Nickend schilderte Tobi, dass diese antike Kommode früher bei seiner Oma im Gästezimmer gestanden habe, da hätten schon seine ersten Werder-Bremen-Trikots drin gelegen, wenn er die Oma in den großen Ferien besucht habe, und darunter dann später seine ersten Pornohefte – er feixte –, und er sei nach ihrem Tod ziemlich traurig gewesen und das gute alte

Holzding ein Trost. Jetzt, wo er ein halbes Jahr lang in Tallstedt wohnen müsse wegen des Jobs, den sein Onkel ihm für die diesjährige Touristensaison besorgt habe, wolle er auf dieses sehr persönliche Möbelstück nicht verzichten.

Als Milena sich gerade mit einem vieldeutigen »Na dann …« verabschieden wollte, bekam Tobi einen Anruf von Lukas. Tobis Antworten (»Ja geil« und »Na also, Alter«) und seinem hochgereckten Daumen konnte sie entnehmen, dass der zweite Cousin für die restlichen sechzehn Stufen des Möbeltransports bereits auf dem Weg war. Und sein Vater stabilisiert.

»Alles klar«, Milena nickte ihm zu, »Nacht, Tobi!«

Sie wusste, sie würde jetzt, falls sie nicht sofort wieder einschlafen könnte, das Internet durchsuchen bis Sonnenaufgang nach ungewöhnlichen und schönen Vornamen. So was wie Amy, nur anders.

»Jo, man sieht sich.«

Tobi hob zum Abschied die Hand, da rutschte ihm sein Smartphone aus den schweißnassen Fingern, Milena machte einen reflexartigen Schritt nach vorn zur Treppe, beide griffen sie zeitgleich in die Luft, wobei Tobi gegen die Kommode stieß und für einen Moment das Gleichgewicht verlor, mit einem rudernden Arm traf er Milena so am Knie, dass auch sie ins Straucheln geriet und neben die oberste Stufe trat.

Sie knickte weg, auch der andere Fuß fand keinen Halt, plötzlich war ihre Hüfte hoch in der Luft, mit einem Knacken ging das Licht aus, Milena schrie auf, sie fiel.

Kopfüber.

2

Gegen den Wind

JAHRE SPÄTER

Keine Sekunde lässt sie ihn aus den Augen. Milena ist beruhigt. Ihre Mutter würde die Kindersportkarre und alles, was drin ist, mit Klauen und Zähnen verteidigen. Und Marlies Behnkes Gesicht spricht Bände über die Gefahren, die hier lauern, über die Entschlossenheit, mit der sie den Buggy vom Typ *Rattle and Dream* vor Taschendieben, Entführern und anderem Großstadtgelichter beschützen wird.

Die harte Holzlehne der Sitzbank im Rücken, packt Milena Amys Trinkflasche aus und beobachtet, wie ihre Mutter die stufenlos verstellbare Sonnenhaube zum wiederholten Mal neu justiert – beinahe, aber eben nur beinahe, geräusch- und erschütterungsarm. Sollte sich Ostwestfalen unter der Mittagssonne nur noch ein bisschen weiterdrehen, dürfte es das beim nächsten Sonnenschutzgeruckel mit dem Nickerchen gewesen sein.

»Wann geht's denn jetzt los, Mama?«, will Amy wissen.

»Musst du so ruckeln?«, sagt Milena zu ihrer Mutter und zu Amy: »Gleich!«

»Ich ruckel überhaupt nicht«, protestiert die Großmutter.

»Du kannst auch die Bremse feststellen. Wenn du da die ganze Zeit festhältst, krieg ich selber noch Schiss, dass er geklaut wird.«

»Geklaut?«

»Schiss sagt man nicht«, wirft Amy ein.

»Nee, Süße, Scheiße sagt man nicht, Schiss darf man sagen, wenn man doll Angst hat.«

Amy setzt die knallgelbe Plastikflasche ab. »Du hast Angst?«

»Ja, ich nicht, die Oma.«

»Milena …!«

»Wovor denn Angst, Oma? Also ich kann zum Beispiel jetzt so gut schwimmen, dass ich keine Angst hab, dass ich aus dem Boot, also von der Segelschule, dass ich da rausfalle.«

Marlies lächelt ihre Enkelin an und zischt dann Milena zu: »Es steht heute bei euch in der Zeitung.«

Amy springt auf. »Da sind schon Kinder, Mami! Bei dem Boot!«

»Mama …«, seufzt Milena, wirft einen Blick zum Büro des Hafenmeisters und stellt Amys Rucksack auf der Sitzbank ab, »das Mädchen war zwölf, das da entführt wurde, und ihre Eltern haben zwei Brauereien und mehr Kohle, als sie ausgeben können. Wer soll uns denn bitte erpressen? – Warte, Schatz, ich komm mit, ich muss dich da anmelden!«

Marlies Behnkes Mund wird schmal, ihr Ton fast vorwurfsvoll: »Dein Freund hat auch viel Geld.«

»Mein *Mann*.«

»Ach so, ja.« Ihre Mutter stopft die seitlich rausgerutschte Wolldecke zurück in den Buggy. »Es gab ja eine Hochzeit.«

»Mamiii! Ko-homm!« Amy winkt, sie ist schon zum Steg vorgelaufen.

»Zum siebzehnten Mal«, erklärt Milena augenrollend, »wir holen die Feier nach! – Gleich, Amy! Vorsichtig am Wasser, okay?!«

Schweigen von der anderen Seite der Bank.

»Herrje, Mama! *Du* warst nicht eingeladen, *niemand* war eingeladen.«

»Deine Schwester war eingeladen«, erwidert Marlies leise.
»Die war meine *Trauzeugin*.«
»Hm.«
Milena wird lauter. »Wie oft noch: Da waren nur wir, mit den Trauzeugen und dem Standesbeamten! Und wir hatten alle Masken auf, okay? Sogar die Kurze. Wir haben Ja gesagt und Danke schön, fünf Minuten hat das Ganze gedauert, bei geöffnetem Fenster! Ich hab gefroren, Davids Trauzeugen ist die Brille beschlagen, und dann haben alle unterschrieben, dass wir verheiratet sind – fertig!«

Marlies schaut nicht zu ihr rüber, sie starrt auf den *Rattle and Dream*, ihre Unterlippe zittert, Milena atmet sich ein paar Dezibel runter.

»Mit einem desinfizierten Kugelschreiber, Mama. Das war so was von nicht der schönste Tag in meinem Leben oder wie das heißt, das war –«

Sie bemerkt, dass ein ungleichmäßiges Beben durch die Schultern ihrer Mutter geht, sie streckt unwillkürlich die Hand aus und hält dann inne, schluckt kurz und sagt: »Nächsten Sommer, Mama. Nächsten Sommer gibt's 'ne anständige Hochzeit, versprochen. Wenn ... wenn's richtig warm ist.« Mit dem Kinn deutet sie zum Kinderwagen: »Mit zwei Blumenkindern.«

Und zu leise, als dass ihre schluchzende Mutter es hören könnte, sagt Milena gegen den Wind, der über den Aasee weht: »Ich hatte halt Angst, dass du dich auch ansteckst.«

Ihre Mutter schnieft, Milena zeigt beidhändig zum gegenüberliegenden Ufer: »Da drüben ist voll der schöne Biergarten. Der schönste in ganz Münster.«

Marlies holt ein Taschentuch hervor.

»Und da kann man auch Livemusik ...«

Nach einem Schnäuzen tupft ihre Mutter sich unter jedem Auge eine Träne weg. »Wollt ihr ... wollt ihr denn nicht zu

Hause feiern?«, fragt sie, ohne ihre jüngste Tochter anzuschauen.

»Doch, Mama. Hier *sind* wir zu Hause.«

Und ehe ihre Mutter etwas entgegnen kann, ehe sich in der Sportkarre mit einem dünnen Röcheln und Schmatzen das Ende des Mittagsschlafes ankündigt, fügt Milena mit dem Milena-Grinsen hinzu: »Aber Flitterwochen machen wir natürlich in Tallstedt!«

*

»Ja, hab ich jetzt so 'n buntes Dingens gewonnen oder nicht?«

»Ey! Du kannst mich nicht einfach überholen, ohne zu würfeln!«

»Ich glaub, mein Pinüpsel ist kaputt …«

Den Ellenbogen auf die zerkratzte Tischplatte gestemmt, grinst Leon in die Runde, beobachtet gebannt die drei Mitspieler und das Geschehen auf dem Brett.

»Zie-hen, Mann! Du musst erst eine Karte ziehen! Außerdem heißt es ›Spielfigur‹ und nicht ›Pinüpsel‹!«

»Kack mich doch nicht an!«

»Wenn du die Regeln nicht verstehst!?«

»Die Regeln, Freunde«, brummt Leon nun wie Rubeus Hagrid dazwischen, »sind ja noch nicht ganz ausgefeilt. Ihr müsst euch also gar nicht ankacken.«

Er lächelt alle nacheinander an, Isabel, Samir und Schröder schauen eher genervt, verwirrt, empört zurück.

»Deswegen die Testrunden, Leute«, erklärt Leon weiter. »Um die Regeln zu verfeinern. Und Regel Nummer eins ist immer noch: Es darf auch Spaß machen.«

»Regeln, Regeln«, schnauft Schröder, indem er sich zurücklehnt und die Arme auf seinem Winterhalbjahrbauch verschränkt, »du wärst auch 'n prima Gesundheitsminister geworden. Weißte, manchmal glaub ich, du bist gar kein Spieleautor oder wie das heißt, sondern hast einfach nur unfassbar Spaß, wenn wir uns hier die Köppe einhauen, weil nicht geklärt ist, ob man zuerst würfeln und dann so 'ne blöde Karte ziehen muss oder andersrum.«

Leons Kollege Samir lacht sein helles Lachen.

»Autor! Weil er Sachen ausschneidet und auf Würfel klebt?!«

»Und unlogische Regeln erfindet«, stimmt Schröder ihm zu. »Dann bin ich auch Autor, wenn ich 'ne SMS ohne Kommas schreib. – Äh, Isa? Ich würd noch so 'n Pils nehmen.«

»Musste aufstehen und dir eins holen. Und kein Mensch schreibt mehr SMS.«

Schröders Kinnlade fällt ins Bodenlose.

»Du bist doch viel näher am Kühlschrank.«

»Und du bist immer näher am Chauvinismus«, gibt sie zurück.

»Machismo, meinst du.«

»Boah. Warum wohne ich immer noch mit dir zusammen?«

Wie nebenbei bemerkt Leon halblaut: »Weil du mit mir nicht zusammenziehen wolltest, Isa. So, ich fänd's super, wenn wir noch mal von vorne spielen, und ich schreib mit, wo die Würfelregel bei den Extrakarten hakt, ja?«

Isabel schüttelt den Kopf.

»Es ging ja wohl nicht ums Wohnen, Leon, sondern ums Kinderkriegen.«

Mit einer fahrigen Bewegung nimmt Leon die Brille von der Nase und pustet lautstark Staub von den Gläsern. Für ein paar frostige Sekunden schwebt Wortlosigkeit über dem WG-Küchentisch, ehe Samir als Erster die Sprache wiederfindet.

»Also, ich krieg langsam Hunger.«

»Sehr richtig.« Schröder steht auf, holt ein Bier und eine

Packung Rucola aus dem Kühlschrank, öffnet beides, dreht sich fragend zu den anderen. »Nudelsalat, oder?«

»Couscous?«, antwortet Leon, Isabel sagt zeitgleich: »Kartoffeln!«, und Samir schlägt vor, eine Pizza zu bestellen.

»Also«, versucht Leon es noch einmal mit gepresster Stimme, »eine letzte Testrunde *vor* dem Essen?«

»Meinetwegen.« Schröder hat sich gerade wieder hingesetzt, da trifft ihn Isabels Blick. »Was denn?«

»Mein Bier ist auch leer, Schröder.«

Leon steht auf. »Mein Gott! Ich bring dir eins mit.«

»Letztes Mal hatte ich die *Fantasia*«, sagt Samir, »fünfunddreißig Zentimeter, mit Sardellen. Und mit dem geilen Chiliöl.«

»Sorry.« Schröder hebt entschuldigend die Hände, als Leon neue Flaschen auf den Tisch stellt.

»Samir, kannst du bitte nicht so gucken wie in der *Parship*-Werbung, wenn du ›geiles Chiliöl‹ sagst?«

»Sorry, Isa.«

»Was ist *Parship*?«

Alle starren Schröder an, der wartet zwei Sekunden ab, dann sagt er:

»War Spaß!« Mit beiden Daumen zeigt er auf sich: »Premiummitglied seit 2015. So, und jetzt lasst uns dieses Dorf da vor dem Dämon schützen, damit's was zu futtern gibt!«

Während Samir sehr gründlich die Karten mischt, die Schröder nach Kategorien sortiert hat, nimmt Leon drei große Schlucke Bier, schlägt eine neue Seite in seinem Notizbuch auf, dreht einen kurzen Bleistift zwischen den Fingern, legt ihn schließlich sehr langsam ab und schaut dann seiner Ex-Freundin in die Augen.

»Weißte was? Ich find's kacke, dass das jetzt so stehenbleibt: ›Leon ist schuld.‹«

»Hä?«

»›Leon ist schuld, dass die Beziehung auseinandergegangen ist, weil Leon ja unbedingt so was Langweiliges wie eine Familie wollte.‹ Oder?«

Irritiert sieht Isabel ihn an. »Was 'n los mit dir?«

»Was mit mir los ist?«

»Ja, ich meine, wir hatten das doch geklärt: besser, wir trennen uns und bleiben so was wie Freunde, treffen uns weiter mit den Freaks hier zum Spielen, fertig. Kein Stress und keine Vorwürfe.«

Ohne seine Karten mischenden Finger aus den Augen zu lassen, murmelt Samir: »Und jetzt seid ihr beide Single.«

Die beiden beachten ihn nicht, Schröder verfolgt das Gespräch mit offenem Mund.

»Ich meinte nur«, knurrt Leon, »ich hab mir das damals nicht so ... so leichtgemacht.«

»Ach, aber ich, oder was?«, schnaubt Isabel. »Du weißt genau, ich *wollte* mit dir zusammenziehen! Ich fand die Bude im Wedding super für uns. Aber wer musste beim Besichtigungstermin mit dem Vermieter diskutieren, warum im *Kinderzimmer* kein Rauchmelder installiert ist?«

»Da *war* auch keiner!«, entgegnet Leon, und Schröder entschuldigt sich eilig mit den Worten, er müsse das Badfenster schließen, damit es nicht reinregne.

»Leon, ich wollte kein Kinderzimmer, ich wollte ein Arbeitszimmer.«

»Wozu? Du kellnerst und machst Stadtführungen!«

Isabel schnappt nach Luft.

»Außerdem«, setzt Leon nach, bevor sie etwas sagen kann, »hättest du das früher sagen können.«

»Ach ja? Und *du* hättest früher sag-«

»Ey!« Samir schlägt mit der flachen Hand auf den Tisch.

»Mann!« Murrend streckt er Leon und Isabel je die Hälfte des Extrakartenstapels entgegen. »Mischen! Beide. Und ich will nix mehr hören.«

Schröder lugt um die Ecke, berichtet, dass er das Fenster geschlossen habe, obwohl es nicht nach Regen aussehe, noch nicht, und dass er jetzt auf sein Zimmer gehen wolle, um zu arbeiten, man ihn aber ruhig stören könne, falls es doch noch was zu essen gebe.

»Hiergeblieben«, kommandiert Samir und erhebt sich von seinem Stuhl, »du willst nicht arbeiten, du willst Sport gucken, und wir sind hier noch nicht fertig: Wir haben unserem Freund und … Spieleautor versprochen, dass wir dieses *Paddelgau* zu viert durchtesten, und da–«

»Es heißt *Pudagla*«, wirft Leon ein, doch Samir redet einfach weiter, »… und danach geh *ich* mit Schröder Pizza essen, dann könnt *ihr* zwei Knallköppe …« – Isabel blitzt ihn an – »… endlich mal ein korrektes Trennungsgespräch führen.«

»Wir *sind* getrennt«, behaupten Leon und Isabel zeitgleich.

»Ja, nee! Eben nicht. Ihr *habt* euch getrennt, aber ihr *seid* es nicht!« Samir untermalt seine Worte mit den Händen, als wolle er das noch weiter und weiter ausführen, dann aber schließt er die Standpauke mit einem seufzenden »So!« und schaut in die Runde.

»Hat er recht …«, murmelt Schröder anerkennend.

Hat er vielleicht wirklich recht, überlegt Leon, lässt die Karten sinken und schielt zu seiner Ex-Freundin hinüber, die keine Kinder wollte und will, die ihn gepackt und geliebt hat mit ihrem coolen leichten Sinn; die nie gemacht war für das renovierte Reihenhaus mit dem Salzteigtürschild. Eine Schneise nach Berlin hat sie geschlagen mit blitzender Klinge, hat die ersten zwanzig Isabel-Romberg-Jahre hinter sich gelassen, um nicht zurück nach Dortmund zu schauen. Ihre Unversöhnlichkeit wollte er bewundern, doch das geht wohl jetzt endgültig nicht mehr. In regelmäßig schmerzhaften Abständen begreift Leon, dass er in dieser unterkühlten Realität eine tollere Frau schwerlich finden wird, eine, die nur darauf wartet, von einem längst nicht mehr ganz jungen Sanitäter geschwängert zu werden, der sich jetzt in seiner Freizeit Brettspiele ausdenkt.

Ihre Blicke treffen sich an diesem Sonntag ein letztes entschlossenes Mal, als könnten sie sich noch allzu gut an früher erinnern und mühelos die Zeit anhalten.

Dein warmes Braun, mein Blau, wir passen doch gut zusammen, flüstern die Augen.

Scheiße, Mann, wir hätten doch, spricht Isa wieder einmal ohne Worte, auch ohne Kinder glücklich sein können.

Ja, aber.

Leon muss an den alten Haffner denken, der kinderlos gestorben ist.

Ach, Isa, denkt er bitter und gewiss, ich würde es dir auf ewig übelnehmen, wenn ich eines Tages frustriert, todtraurig vor einem Spielplatz stehe. Vor einem Leben, das anders hätte sein können. Ich möchte einem Kind, meinem Kind etwas beibringen über diese Welt. Etwas teilen. Du warst die beste Frau, Isa. Ich suche noch die richtige.

Na schön, so steht es ehrlich auf ihrer Stirn und tut weh, dann also noch einmal: Viel, viel Glück, Leon.

»Also«, hören sie von irgendwoher Samirs Stimme, »ich hab keine Ahnung, wie man hier gewinnt und wofür der Teufelsstein oder dieser ... Bürgermeisterwürfel gut ist oder warum ich so ... so Getreidepunkte sammeln soll, aber ich baue jetzt einfach eine Mauer um das Kloster, und wir retten *Pudeldings* vor dem fiesen Riesen, okay?«

»*Pudagla.*« Schröder räuspert sich, damit Samir eine Atempause einlegt und weil Leon und Isabel längst unrettbar verloren scheinen in dem Wettstreit, wer von ihnen dem verletzten Blick des anderen länger standhalten kann.

»Lass uns …«, beginnt Isabel nach einer Ewigkeit, und Leon vollendet mit einem schweren Nicken leise ihren Satz: »… erst mal nicht mehr treffen.«

»Ja.«

»Ja.«

*

Der Mann an ihrer Seite ist wieder mal verwirrt.

Spontan und »bitte, bitte unbedingt« möchte Katja, dass sie noch nicht direkt zum *Haus Dolo* fahren, sondern zur Buchhandlung in dieser beängstigend schmalen Straße hinter der alten Schule, wo man beten muss, dass einem auf dem Kopfsteinpflaster nichts entgegenkommt, das breiter ist als ein Islandpferd oder ein E-Roller.

Martin von Campen mag diese Frau, die hier geboren und erzogen wurde, trainiert und respektiert, geliebt und verlassen – er mag sie sogar inzwischen sehr, also, sagt er sich, kann er auch die Altstadtgassen ihrer Heimat mögen. Schließlich konnte er sich ja auch an Katjas Eigenarten gewöhnen (wie sie sich an seine): wie sie sich aus einem Zwiegespräch davonstiehlt, die Haarsträhne im Mundwinkel, wie sie von Menschen, die er nicht kennt, nur den Vornamen erwähnt, wie sie schneller zappt, als er gucken kann, vor dem Waschen Dinge aus Hosentaschen zu entfernen vergisst und von neuen Klamotten die Preisschilder mit den Zähnen abreißt. Und ihre kurzfristigen, bisweilen anstrengenden Planänderungen – vielleicht wird er sie bald schon lieben als das Aufregendste, was ihm seit seiner zweiten Scheidung und der Olympia-Eröffnungsfeier passiert ist, wer weiß. Ein bisschen Aufregung tut ja gut. Ganz viel Katja tut Martin von Campen mehr als gut.

An diesem Frühlingstag möchte sie einen alten Freund besuchen, hat sie gesagt, einen sehr guten Freund: Steffen Harms, den dienstalten Tallstedter Buchhändler. Und einen Roman abholen, den sie bei ihm bestellt hat. Danach beginnt der Kurzurlaub, vier Tage zwischen Couch und Bett, morgen holt Katja das vor zehn Jahren ausgefallene Klassentreffen nach. Jeden Morgen Lust auf Frischluft: im Gleichschritt zum Deich, am Fluss entlang, so weit die dicken Sohlen tragen, an der Ufertreppe bleibt sie manchmal stehen und zieht Martin nah an sich heran, auf einen Kuss mit viel Salz und Wehmut bei auflandigem Wind.

Die neue wasserabweisende Jacke liegt im Kofferraum neben Martins großem, zeitlos schickem schwarzem Schirm mit dünnen Karos und irgendwo weit darunter, gut versteckt zwischen Socken und Mütze, die Schachtel mit dem Ring.

Unnachahmlich fröhlich geht Katja mit ihren großen Schritten auf den Buchladen zu, der im zweitältesten Gebäude der Stadt untergebracht ist, zeigt lachend auf das Plastikkrokodil mit der Sonnenbrille im Schaufenster, und auch Martin gefällt die Deko für die Sommerbücher.

Er beobachtet Katja aus dem Augenwinkel, heute spürt er wieder dieses Einverständnis mit jedem Umweg des Schicksals, das späte gute Gefühl in seinem Leben, auf dem ihr Name steht: Wie du lachst nach all der Scheiße, wie du kämpfst und wie du bist. Dass dich das Universum noch so froh gemacht hat. Dass ich ein Teil davon sein darf.

Sie reisen, so viel sie können, sind unterwegs, um all die Dinge zu tun, die man lange Zeit nicht tun durfte oder wollte. Pflegen Freundschaften in Biergärten bis spät in die bibbernde Nacht, haben das Leben, das so zögerlich wieder angelaufen war, zu einer Liveveranstaltung erklärt, schulterzuckend und beherzt ihre Wünsche und Pläne zusammengeworfen: wegfahren und wegfliegen, Städte und Strände erobern, als hätten sie persönlich den Tourismus neu erfunden, stundenlang an der Elbchaussee Sachen essen, die man selbst nie kochen würde, ins Schauspielhaus, ins Thalia und bei Premierenfeiern mit polierten Schuhen über den Teppich schweben, dicht beieinander, lustvoll angewidert das Gesicht verziehen, wenn der Schaumwein am Gaumen prickelt, während die Stehtischnachbarn aufs Bühnenbild schimpfen. In Museen und auf dem Oberdeck des Sightseeingbusses noch was dazulernen für die nächste Weihnachtspartie *Trivial Pursuit* mit Leon und David; die Familie umarmen, Bowling mit Martins Kollegen, tanzen in ein neues Jahr. Wann immer es geht ohne Angst leben. Für ihre guten alten Impfausweise mit all den neuen Stempeln haben sie schicke Lederhüllen, Kopien der Patientenverfügung sind bei Martins Tochter und Katjas Sohn deponiert.

Warum nicht Tallstedt? Falls er sich an diese alte kleine Stadt mit dem nassen Wind gewöhnt – und dass er sich oft vor demselben Spiegel rasieren wird, in dem Katjas Vater zehntausend Mal beobachtet hat, wie die Augen müder, die Stoppeln grauer werden. Kleine feine Urlaube zwei Stunden von Hamburg, das heißt immerhin auch, zwei Stunden entfernt vom eitlen Getöse der Märkte. In Hamburg tuten die großen Schiffe extralaut – ›Seht her, ich bin ein Containerschiff, zu dick für diesen Hafen!‹ –, an Tallstedt fahren sie nur mit fünfzehn Knoten vorbei, auf dem Weg in das offene Meer, das noch größer ist als sie, und verschwinden an einem gelassenen Horizont.

Mit der Nase an der Scheibe klopft Katja gegen das Glas und winkt ins Ladenlokal hinein.

»Steffen ist da!«, teilt sie fröhlich mit.

»Das sollte er sein«, entgegnet Martin, »ihm gehört doch der Laden?!«

»Ist eigentlich Mittagspause, aber er lässt uns rein.«

Sie macht eine Schlüsselgeste und schiebt Martin zur Eingangstür, an der ein Plakat für die Lesung der neuen Stadtschreiberin wirbt.

»Mittagspause?«, fragt Martin. Da bewegt sich etwas hinter der Tür, und ihnen öffnet ein Mann Mitte fünfzig, mit drei Fingern frisiert, oft in der Sonne, bemerkenswerte Nase.

»Steffen!«

»Katja.«

»Steffen, das ist mein ... das ist Martin. Von Campen.«

»Tach. Steffen. Harms.«

Der Buchhändler hebt grüßend die Hand, Martin tut es ihm nach, weiß nicht, ob er duzen oder siezen soll, und sagt deswegen: »Schönes Krokodil!«

3

Steine und Wünsche

MÄRZ

Vielleicht war es das beste Ende eines guten Lebens: Auguste Weber starb wirklich schnell, die älteste Frau im ältesten Haus von Tallstedt.

Das Wohnrecht hatte sie ausgeschöpft bis in ihr 96. Jahr, doch nun gab die schiefe Guste, wie all diejenigen sie nannten, die selbst noch keinen Buckel hatten, ihren Grund und Boden zur weiteren Nutzung frei, für andere und momentan noch jüngere Leute.

Als an diesem Tag ein Stechen ihre Brust durchfuhr gegen elf Uhr dreißig, da wusste sie gleich Bescheid, und die letzten drei Kartoffeln ihres Lebens stampfte sie nicht mehr. Eine Weile blieben sie noch warm, so wie Guste, bis schließlich Bastian Gerster sie durchs Küchenfenster entdeckte, eine halbe Stunde nach Schulschluss, als er ihr wie jede Woche die neuen Supermarktprospekte persönlich aushändigen wollte. Zwei Euro bekam er nämlich immer von Frau Weber zugesteckt und eine Tüte weiße Schaumzuckermäuse. Bastian erschrak beim Anblick der krummen Frau, ihr Kopf so grau auf der Tischkante, ihr Kartoffelstampfer mit dem fleckigen Holzgriff lag auf dem Küchenboden.

Das Leben hatte dieses Haus verlassen.

Wie oft hatte man ihr einen Umzug in die Seniorenresidenz hinterm Stadtpark schmackhaft machen wollen; die schiefe

Guste aber, unnachahmlich in Zuversicht und Eigensinn, hatte jedes Mal dankend abgelehnt:

›Ich zieh nich aus, die hol'n mich ab.‹

Also musste Auguste Weber irgendwann am kurzen Küchentisch zusammensacken, um sich nie wieder aufzurichten. Denn man würde ihr winziges uraltes Haus erst abreißen können, wenn sie es nicht mehr bewohnte. Irgendwo lagerten schon Pläne, Stein und Stahl für den dreigeschossigen Neubau. Irgendwo atmeten schon, mit all ihren Wünschen und Ideen, die Menschen, die noch einmal umziehen wollten, um dann hier, am Ende der Straße, 95 Jahre alt zu werden – mit Glück.

Als einer der Ersten würde Jochen Dock von Gustes Tod erfahren, weil der Tallstedter Bauunternehmer auf die eine oder andere Weise stets früh informiert war. Angeblich konnte er Neuigkeiten wie Nährstoffe aus der Seeluft filtern. Dass die schiefe Guste nun nie mehr Wohnraum benötigen würde, hieß für den kahlen Geschäftsmann im schwarzen Hemd, er würde seine Bauprojekte neu priorisieren: Hier am Stadtpark hatte er nämlich erstanden, was sein Kompagnon gerne ein Filet ohne Gräten nannte: die Art von Grundstück, dessen Lage auf ewig großartig bleiben würde – zumindest solange niemand den Tallstedter See zuschüttete, um dort einen Baumarkt hochzuziehen.

Wo die alte Frau gelebt hatte, würden Wohnungen entstehen, Premium-Appartements, um es wirtschaftlich auszudrücken, die sich für gutes Geld verkaufen oder vermieten ließen, und gutes Geld, meinte Jochen Dock, war eine gute Sache, wenn es den Besitzer wechselte und alle zufrieden waren. Er war ein Besitzer und meistens zufrieden, und selbst wenn die schiefe Guste ewig gelebt hätte, was viele in Tallstedt durchaus für möglich gehalten hatten, so hätte Dock genug zu tun und zu bauen und zu besitzen gehabt, um jeden Dienstagabend seinen Tenniskollegen mit entspanntem Investorenstolz zu berichten, an welcher Stelle er das Stadtbild gerade wieder einmal veränderte und so dem Immobilienkarussell neuen Schwung gab. Woche für Woche war es ihm ein Rätsel, wie wenig Neid sie alle kannten, nur neugierig waren sie, wo jemand aus- oder um- oder einzog, wo etwas frei wurde, das vielleicht geeignet wäre für jemanden, der jemanden kannte, den man kannte.

Dr. med. dent. Lothar Behnke spielte zwar im Gegensatz zu seiner ältesten Tochter kein Tennis, kannte den Baumeister Dock dennoch gut, zumindest die Tücken seiner weit verzweigten Wurzelkanäle, die er gegen Ende seiner Zahnarztlaufbahn über Monate behandelt hatte. Jochen Dock hatte die dazu erforderlichen kleinen Gerätschaften ganz und gar nicht gemocht; unruhig war er hin und her gerutscht, dass die Plastikauflage auf dem Lederstuhl gequietscht hatte. Er nannte es nicht Angst, er nannte es Respekt, und diese Termine bei Dr. Behnke hatten zu den respektvollsten in seinem Erwachsenenleben gehört. Während sie einmal darauf warteten, dass die Wirkung der lokalen Betäubung einsetzte, kam die Sprache auf den für zwei Menschen zu groß gewordenen Familiensitz der Behnkes; Jochen Dock hatte sich zu jener Zeit gerade das Vorkaufsrecht für das Grundstück in der Seestraße gesichert, hatte der schiefen Guste ihr Häuschen abgekauft und in die Hand versprochen, er werde erstens nach ihrem Tod dort ›nicht so was Hässliches hochziehen‹ und werde ihr zweitens in den Jahren bis dahin an jedem 22. Dezember einen Weihnachtsbaum frei Haus liefern aus der Baumschule seines Schwagers, ›aber‹, verlangte Guste, ›nicht so klein und krumm!‹.

Für Lothar Behnke und seine Frau Marlies eröffnete sich bei jenem Gespräch zwischen Zahnmark und Provisorium die

Chance auf einen schön gelegenen Altersruhesitz ganz nah bei Töchtern und Enkeln. Mit Hausmeisterservice und Fahrstuhl. Nie wieder Treppensteigen oder Rasenmähen. Betäubt und per Handschlag besiegelte der Bauunternehmer den Vorvertrag, die alten Behnkes sollten ganz oben das schönste aller schönen Appartements bekommen, den famosen Seeblick sollten sie haben, die große gelbe Tonne und zweimal im Jahr eine Dachrinnenreinigung auf Docks Kosten – wenn nur endlich, endlich die Nerven in den Wurzelkanälen Ruhe gäben für immer.

*

Nachdem sie sich im Gästebett aufgesetzt hatte, tippte Katja die erste Nachricht dieses Morgens an ihre Schwester: Erschütterung heute etwas besser? Wann ist noch mal Besuchszeit? Ich hole vorher Amy bei Mama ab. Deine Prellungen werden bestimmt wunderschön bunt! Hast mir einen ordentlichen Schrecken eingejagt, Kröti. Hab dich lieb, bis später, dein Notfallkontakt xx

Was sie nicht schrieb: *Gut, dass ich eh gerade vom Deich zurückkam und noch nicht im Bett lag, als das Krankenhaus anrief.* Sie vermied auch den Satz: *Ach übrigens, Jan betrügt mich mit unserer Frauenärztin.* Das würde sie Milena persönlich erzählen. Und zu guter Letzt schrieb Katja auch nicht: *Apropos Frauenärztin: Lasse meinte, deinem Baby ist zum Glück nichts passiert. Hab so getan, als wüsste ich Bescheid.*

Lasse war Dr. Lasse Steinkamp, inzwischen Oberarzt im Tallstedter Krankenhaus, und hatte Katja seit der Fünften in Bio abschreiben lassen. Und in Mathe. Und hätte auch sonst so ziemlich alles für sie getan.

Im Erdgeschoss fiel, etwas lauter als sonst, die Haustür ins Schloss. Rasch sprang Katja vom Bett auf, stieß mit dem Knöchel gegen den Hometrainer, zischte verärgert und schob den Fenstervorhang ein Stück zur Seite. Es fiel kaum Licht ins Gästebügelfitnesszimmer. In der Garageneinfahrt sah sie Jan, mit dem Rücken zum Haus, er hatte gerade die Kofferraumklappe geöffnet und stellte eine Sporttasche ins Auto, dann schwang er sich auf den Fahrersitz, startete den Motor, etwas lauter als sonst, und fuhr davon.

Dann war es also acht Uhr, höchstens Viertel nach. Dass er jeden Samstag zur Schwimmhalle gefahren war oder dass er dort mit seinem Kumpel Olaf verabredet war, das mochte gelogen sein, aber auf die Uhrzeit, zu der Jan das Haus verließ, konnte Katja sich wenigstens verlassen. Und dass sie es nun bis zum Nachmittag für sich allein haben würde.

Die Besuchszeit im Krankenhaus begann um drei.

Kaltes Wasser, Unmengen davon, und ein bisschen Zeug aus der Kosmetikkiste, damit brachte Katja ihr Gesicht rasch in einen Zustand, den sie ihrer Schwester plausibel machen konnte: »Frühblüher. Weißte ja. Heftigste Allergieattacke seit Ewigkeiten! Aber jetzt sag mal, wie haste geschlafen? Schönes Zimmer haben sie dir gegeben.«

Zwei Stunden danach, wieder zurückgezogen zwischen Hometrainer und Panoramaposter, war Katja fast weggedöst, als sie eine hupende Autokolonne hörte, Blechbüchsen am Auspuff, irgendwer wollte oder musste an diesem Samstag heiraten, noch ehe die warmen Hochzeitsmonate anbrachen. Sie stellte sich eine strahlend fröstelnde Braut vor: am Portal der Marktkirche, dann mit wackligen Knien auf dem Weg zum Altar, beim Countdown zum Bekenntnis.

Getraut mit Gottes Hilfe, nun ja, den Rest muss man dann irgendwie allein hinkriegen.

Vor einer Stunde vielleicht, rechnete Katja nach, waren die schönsten Silben eines jungen Lebens im Tallstedter Kirchenschiff verhallt: zweimal ›Ja‹ und die Lizenz zum Dosenklappern, und in zwölf Jahren schläft dein Mann mit deiner Frauenärztin auf der Volvo-Rückbank bei laufender Standheizung. Was sich für ihn falsch und stark zugleich anfühlt, weil das aufregend ist und so guttut. Weil er fest daran glaubt, dass es sein Leben verlängert. Weil er dich nicht mehr so lieben kann, als würde er dich begehren. Das Bekenntnis hat seine Lippen schon vor langer Zeit verlassen. Jetzt geht auch der Mann. Und über kleinere Wogen von Mitleid krault seine Erleichterung kraftvoll hinweg. Weil Gefühle nicht bleiben, was Gefühle mal waren. Und du passt kaum noch in das weiße Kleid von damals. Klingt scheiße, oder, fröstelnde Braut?

Das Gehupe verklang hinter der Kurve Richtung Klärwerk, die Kolonne war sicher auf dem Weg zum Gasthof *An den Birken*, und wer vorhin den Brautstrauß gefangen hatte, würde nachher die Broschüre mit den Buffetvarianten einstecken.

Zwei oder vier oder drei Stunden vergingen, als sei alles egal. Dämmerung.

Komm schon, Tag, geh bitte einfach zu Ende, dachte Katja, die nun aufstand, weil ihr der Rücken weh tat, und zur Borkumer Straße hinausschaute.

Ein Fahrrad mit defektem Rücklicht. Als der Fahrer den Lichtkreis der nächsten Laterne erreichte, erkannte Katja die typische Haltung: x-beinig, kerzengerade und zügig unterwegs, das war Lasse, wahrscheinlich auf dem Heimweg vom Spätdienst.

Ihr gefiel die Vorstellung, dass er noch kurz nach Milena gesehen hatte, bevor er das Krankenhaus verließ, um zu seiner Familie zu fahren. Den Schleichweg nahm er sicher immer noch, gleich hinterm Schwesternwohnheim in die Brückenstraße und am Kreisverkehr mit dem blauen Kiesbett vorbei,

Tallstedts längste Spielstraße entlang über zwölf Bremsschwellen bis zu dem Haus am Feldrand: ein Reetdach obendrauf, ein Trampolin hinten im Garten für Louisa und Leander, unterm Carport Simones geputzter Käfer in Toffeebraun metallic. Ob das ein gutes Gefühl war, Tag für Tag zu Hause auf einen Arzt zu warten? Und der dann kam, war ein Mann und Vater wie Lasse Steinkamp, ein kerzengerader, treuer Doktor der Ehrlichkeit.

Gleich am Montag würde Lasse sein Fahrrad zur Reparatur bringen, kein Zweifel, und dann heller leuchten als zuvor.

Nach der Schulzeit hatte Lasse aus Hamburg Postkarten an Katja nach Tallstedt und später Berlin geschickt, Fotos vom Hafen oder der Alster, eng geschriebene Grüße zwischen zwei Anatomievorlesungen: Es waren die letzten Jahre ohne Mails und Chats, und Lasse wollte mit Stift, Papier und Sondermarken in Katja Behnkes Gedächtnis bleiben. Mit Stempel vom 1. September 1997 schrieb er: *Ab heute kostet eine Postkarte schon 1 DM. Freue mich trotzdem, von Dir zu lesen. Dein (alter Freund) Lasse. PS: Sehen wir uns Weihnachten?*

Natürlich. Natürlich sahen sie sich an Weihnachten, denn an jedem 23. Dezember tranken Abiturienten aller Jahrgänge in der *Feuerzange* neben dem Rathaus bis zum frostigen Grauen des Morgens auf das Beste von früher; die Durstigsten von ihnen sollten sich übrigens nur ein paar Stunden später im Buchladen von Steffen Harms begegnen, um Last-Minute-Geschenke für ihre Verwandten zu kaufen, und verstohlene Blicke verrieten sehr schnell, wer nach der letzten Runde noch mit wem geknutscht hatte. Von all den frohen Wiedersehen dachte Katja nur ungern an das von 1998 zurück, als sie, ein paar Schnäpse jenseits ihrer Hemmschwelle, die Hände auf Lasses Wangen gelegt und seine Frage, ob sie denn nun all seine Postkarten aufbewahrt habe, mit einem langen Kuss beantwortet hatte, den sie nur noch zum Bezahlen unterbrochen und dann an einer Bushaltestelle fortgesetzt hatten.

Nein, sie hatte nichts aufbewahrt. Nur für eine Weile hatte sie seine Karten behalten und sie immer dann entsorgt, wenn auf ihrem Schreibtisch kein Platz mehr für Teekanne und Salatschale war. Lasse war so nett und treu und freundlich, aber seine Zuneigung hatte etwas Schlaksiges, und Katja schaffte es nüchtern nie, in dem vorbildlichen Mitschüler den leidenschaftlichen Mann zu sehen.

Ob er gar nicht nach Hause wolle, hatte sie in jener Schnapskussdezembernacht an der Haltestelle gefragt, als ihre Lippen rissig und ihre Füße kalt wurden.

»Nö«, sagte Lasse grinsend.

»Vielleicht ... Sorry, Lasse, vielleicht ist das hier gar nicht so 'ne gute Idee ...«

Er seufzte. »Willst du jetzt nach Hause? Alleine?«

»Ja!«, stieß sie hervor, ließ seine Hand los und sprang auf. »Frohes Fest!«

Damit war sie davongeeilt, den Blick starr auf die Fugen zwischen den Gehwegplatten gerichtet, sie hatte gezittert, aber nicht geschwankt. Nach ein paar Schritten hatte Lasse sie eingeholt, ging zwei Meter neben ihr, sie wich seinem durchdringenden Blick aus und war doch froh, dass sie den Kilometer bis nach Hause um drei Uhr früh nicht allein zurücklegen musste. Als sie ihre Schlüssel hervorkramte, blieb Lasse stehen, hob die Hand wie ein Schülerlotse und sagte: »So. Sicher angekommen. Schüs.« Ein weicher Abschied, die Zunge übermüdet, im Herzen nüchtern.

»Lasse?« Katja drehte sich an der Haustür noch einmal um.

»Ja, bitte, schöne Frau?«

»Die waren alle sehr nett, die Postkarten. Echt.«

Da hatte er aufgelacht und war davongeschlurft.

Ab 1999 schrieb er nur noch zum Geburtstag und dann gar nicht mehr. Im Praktischen Jahr lernte er schließlich Simone aus der HNO-Ambulanz kennen, am 23. Dezember hatte er nun meistens Spätdienst, und eines Tages liefen sich die Ehepaare Schumann und Steinkamp im Baumarkt über den Weg, wo sie die Nummern aussuchten, messingfarben brüniert, für die Häuser, die sie gerade bauen ließen: eine 72, eine 88 – »Macht's gut, ihr auch, man sieht sich!«.

Je länger sie hier lebte, desto weniger konnte Katja sich vorstellen, wie hinter den Mauern der Eigenheime die Gefühle und Gemeinschaften ins Wanken gerieten. Wie ein Ehepaar Steinkamp oder Wer-auch-immer in Schwierigkeiten versackte, die nichts mit Kindern oder Großeltern zu tun hatten. Eheprobleme – so was mochte es geben, aber wieso hörte man nie davon? Höchstens mal in geraunten Halbsätzen von Imke oder Marion nach dem Training.

Hätte jemand Katja nach einem Paartherapeuten in Tallstedt gefragt, dann hätte sie nicht sagen können, ob einer der beiden ortsansässigen Psychologen etwas so Exotisches wie Paartherapie überhaupt anbot.

Das Citybike von Lasse Steinkamp war längst außer Sichtweite, die Borkumer Straße ein schläfriges Stück Asphalt.

Das Unscheinbare des heutigen Abends, der da draußen so tat, als sei alles noch wie immer, beschäftigte Katja wie eine Denksportaufgabe; sie ging die Möglichkeiten durch, was sie und Jan unter normalen Umständen heute getan hätten.

Nichts Besonderes vermutlich.

Hätten sie über Henry geredet, über seine Mathenachhilfe? Über die Mitschülereltern, die Schwiegereltern, die Vorstandssitzung im Sportverein, den Auffahrunfall im Kreisverkehr oder den Lachs im Auflauf? Und warum?

Wie selbstverständlich nah sie sich wohl ungestört gekommen wären? Henry-frei, sturmfrei. Wenn ihr Ehemann sich nicht in eine alleinstehende Gynäkologin verliebt hätte, drei lächerliche Luftlinienkilometer entfernt von der ungeputzten Scheibe, durch die Katja jetzt die anbrechende Nacht betrachtete – voller Vorwurf und Unverständnis, dass Menschen manchmal Dinge taten ohne Rücksicht auf andere, nichtsahnende Menschen in ihrer Nähe.

Wie wohl diese Welt ohne die Anna Störzels wäre?

Katja musste das Fenster aufreißen, für einen Moment wenigstens, sie hatte das Gefühl, zu ersticken an Salzwasser und Vergeblichkeit. Fünf, sechs tiefe Nasenatemzüge reichten, dann wusste sie, dass sie sich irgendwann beruhigen, aber fürs Erste nicht würde schlafen können.

Gegen 23 Uhr, endlich, war der Hunger akuter als die Traurigkeit, und sie verließ entschlossen das Obergeschoss. Unten lief *das aktuelle sportstudio*.

»Katti?«

Jan schaltete das Interview mit dem Bundestrainer stumm.

»Katja?«

Nein. Sie war nur kurz und körperlich im Erdgeschoss. Nicht reden, nicht jetzt.

»Katja?«, wiederholte Jan und stand vom Sofa auf, »Katja?«, breitete dazu ratlos die Arme aus und verharrte in dieser seltsamen Pose, während sie in den Abstellraum ans Regal mit den Vorräten ging, wo sie sich Knäckebrot, Silberzwiebeln, Erdnüsse, Cola, Nutella, Weißwein unter die Arme klemmte, um damit wortlos wieder Richtung Treppe zu verschwinden.

Er wolle doch nur vorschlagen, rief Jan ihr nach, dass sie Henry erst nächste Woche informierten. »Warum ihm die anstehende Klassenfahrt verderben, reißen wir uns halt am Sonntagabend noch mal zusammen, oder?« Das würden sie doch hinkriegen, Henry könne ja nichts dafür.

Katja hielt auf halber Treppe inne, drehte sich um und bewegte den Kopf auf und ab, als befürchte sie, dass er runterfallen könnte wie auch das Silberzwiebelglas. Sie hatte keine Lust, die drei Worte ›Ich auch nicht‹ auszusprechen. Wozu? Ab jetzt ging es um Henry, ums Zusammenbeißen der Zähne, die Begrenzung des Schadens. Also nickte sie einmal sehr deutlich und murmelte »Gute Nacht«.

Nach Mitternacht, bei Cola und Nutella-Knäckebrot, griff Katja wie so oft zu einem Lieblingsbuch, *Blumenfriedhof*, verglich die Verwerfungen in ihrem Tallstedter Kosmos mit dem, was den Figuren in dem Roman widerfuhr, und sprach zur Bettdecke: Es gibt Schlimmeres.

Zu jeder Zeit gab es, so sicher das Universum größer war als die Belange der Menschen, etwas Schlimmeres, irgendwo für irgendwen.

Also musste man die Kraft aufbringen, den Kopf zu heben, wann immer das Kinn wieder auf die Brust gesackt war. Da hinschauen, wo vorne sein müsste.

Immer wenn die Schrift vor ihren Augen zu verschwimmen begann, drifteten Katjas Gedanken ab auf der Suche nach einem brauchbaren Plan. Am Ende von Seite 44 plante sie eine Party mit ihrer Schwester und ihren Freundinnen, denn sie war 43 und würde als Nächstes 44 werden, das musste gefeiert werden – überhaupt müsste viel mehr gefeiert werden: mit Hugo und vielen Salaten, mit einem Pavillon vor der Terrasse, und Jammern wäre verboten. Sie nahm einen Kugelschreiber vom Nachttisch, weil sie sich ›Einladungsmail!‹ notieren wollte und ›Zelt!‹, doch einen Zettel hatte sie nicht zur Hand und schrieb stattdessen einfach in das Buch hinein: *Scheiße, alles wird gut!*

Starrte auf ihre Kugelschreiberhand und wollte, wollte, wollte recht behalten.

All die kleinen Entschlossenheiten machten Katja schließlich müde, das Buch rutschte ihr aus den Händen, übergangslos fiel sie in einen Schlaf mit herrlich belanglosen Träumen.

Sonntagabend. Das Zusammenbeißen der Zähne. Henry war wieder zu Hause, Zeit für die Familienpizza. Jan saß im Wohnzimmer wie immer, Katja kam aus dem Obergeschoss, als sei nichts gewesen. Noch mit dem Rucksack in der Hand fragte Henry, ob seine Tante aus dem Krankenhaus entlassen worden sei, und dann fiel ihm auch wieder ein, dass es seiner Mutter nicht gutging, als er sie zuletzt gesehen hatte.

»Besser, Mama? Oder ...?«

»Ja, besser, danke.«

Am Freitagmorgen hatte Henry Katjas Notlüge noch mit den Worten kommentiert: »Hä? Du hattest doch noch nie Migräne?!«, danach war er verschwunden zur Schule und dann gleich weiter zu Paul wegen Fußball, zu Yasha wegen Handball oder zu wem und weshalb auch immer diese Teenager ständig unterwegs waren; irgendwo schlugen sie ihr Samstagnachtlager auf und schickten eine Nachricht, dass Pauls Vater für alle gegrillt oder Yashas Mutter ihnen was vom Thai-Imbiss spendiert habe. Alles war in Ordnung, wenn die Jungs satt waren und gemeinsam zockten, bis die Controller glühten.

Nichts war heute in Ordnung bei Schumanns, doch sie spielten das Spiel vom vertagten Problemgespräch.

Es war Tradition bei Schumanns seit 2014: Bei einer schwarz-rot-goldenen Riesenpizza hatten sie die Wartezeit bis zum Anpfiff des WM-Finales verbracht und während der Verlängerung abwechselnd nervös auf den Pappkarton getrommelt, hatten bis zum erlösenden Abpfiff gemeinschaftlich geschworen, sich eine Hündin zuzulegen und Evita zu taufen. Die Sache mit der Hündin war in Vergessenheit geraten, doch seit jenem Fernsehjubeltag gab es – in letzter Zeit mit wenigen Ausnahmen bei pubertärem Gegenwind (›Keinen Bock‹ oder ›Hab schon Chips gegessen‹) – jeden Sonntag eine sehr große Nummer 113: Pizza Mario mit Oliven ohne Stein (für Jan), frischen Tomaten (Katja) und gelben Paprika (Henry). Dabei erfüllte jeder wortlos routiniert seine Aufgabe, sobald sie das Moped vom Lieferservice auf die Auffahrt knattern hörten: Jan schenkte Wein und Wasser ein, Henry verteilte die Servietten und holte den Pizzaschneider, Katja griff im Flur in die Blechkiste mit den Zwanzigeuroscheinen und öffnete dem Pizzaboten die Haustür.

Essen mussten sie ja, verdammt. Also schön: Von irgendwoher holte Katja die Energie und Disziplin, das Programm abzuspulen, verstohlen beobachtete sie, wie auch Jan bemüht war, sich rein gar nichts anmerken zu lassen. Das muss er monatelang trainiert haben, dachte sie, und Henry und mir ist nichts aufgefallen.

Sie ließen ihren Sohn in Ruhe essen und gähnen, und die 113 war seltsamerweise lecker wie immer.

»Willst du das Stück da nicht mehr, Papa?«

Wortlos schob Jan den Rest seines Pizzadrittels zu Henry rüber.

»Cool. Danke. Voll Hunger.«

Jan beobachtete ihn beim Vertilgen der Oliven, lächelnd, geduldig, und stellte schließlich die rituelle Frage der Woche: »Und, Großer? Irgendwelche Probleme, über die wir reden müssen?«

Irgendwann letztes Jahr hatte Henry darauf nuschelnd etwas erwidert, das klang wie »... Probleme, pfft ...« und »... versteht ihr eh nicht ...«, woraufhin sein Vater langsam zu erklären angesetzt hatte, er sei auch mal so jung gewesen wie Henry jetzt, und er wisse schon, es sei nicht leicht, wenn man merke, dass –

Da hatte Katja sich glucksend ein Stück Tomate aufs Knie gespuckt und so laut angefangen zu prusten, dass Mann und Sohn sie fragend ansahen, und während sie noch nach Luft schnappte, suchte sie auf ihrem Smartphone, um Jan die englische Originalversion seiner väterlichen Ansprache von 1970 vorzuspielen. Cat Stevens plärrte aus dem Telefon: ›I was once like you are now, and I know that it's not easy ...‹

Während Jan errötete, stimmte plötzlich Henry in Katjas Lachen ein, bis er merkte, wie peinlich seinem Vater das Ganze war, und dann wuchtete er seinen Teenagerkörper aus dem Couchpolster, leckte sich Fett von den Fingern und legte einen Arm um Jans Schulter, die Stirn an seine Schläfe.

»Krasse Musik hattet ihr damals, Papa. Das war sicher auch nicht immer leicht. Aber trotzdem: danke.«

Und dann tat Henry, was er nach Katjas Erinnerung seit seinem zwölften Geburtstag nicht mehr getan hatte: Er gab seinem Papa einen schmatzenden Kinderkuss auf die Wange, Katja erwischte mit der Handykamera noch so gerade Jans ungläubig dankbaren Blick, ehe auch er zu grinsen begann über sich und Cat Stevens und die immer gleichen gut gemeinten Sätze, die Väter sagen wie zum ersten Mal, wenn ihnen das Leben über den Kopf wächst, das sie selbst in die Welt gesetzt haben.

Nun war dieses Vater-Sohn-Foto nur noch ein abrufbares digitales Rechteck, ein Datensatz früherer Harmonie. Während Katja sich die Szene wieder ins Gedächtnis rief, informierte Henry kauend darüber, dass er voll keine Lust habe, seine Tasche zu packen. Ob er sich ein Ladekabel leihen könne.

Sein Vater nickte und sagte an Katja gewandt: »Wir haben noch eins in der Ersatzdingsschublade, oder?«

Jaja, dachte sie.

»Noch jemand stilles Wasser?«

Jaja.

»Die Pizza war schon mal wärmer, oder? Hm?«

Jaja. Die Pizza ist so warm wie immer, wenn hier jemand kalt geworden ist, bist du es.

Bald hatte ihr Sohn seiner Meinung nach genug gegessen und auf Jans Nachfragen Bericht erstattet: von einem haushoch gewonnenen Handballspiel, von der langen Filmnacht bei Yasha mit Döner und *Avengers* und nein, nicht mit Alkohol, gar nicht.

»Und, bringst du uns was mit aus Köln nächste Woche?«, fragte Jan.

»Mitbringen? Souvenir oder was?« Henry zog die Brauen hoch, doch Katja zuckte nur die Schultern.

Jan erklärte, er lasse sich gern überraschen und freue sich auf ein schönes Mitbringsel.

»Du magst doch sonst keine Überraschungen«, erwiderte Henry und gähnte.

»Ach was!« Jan lachte ein verzerrtes Lachen. »Ich liebe Überraschungen.«

Plötzlich legte er seinem verdutzten Sohn eine Hand in den Nacken und zog ihn zu sich, was in einer etwas verunglückten Umarmung mündete.

»Komm gesund wieder, Großer, okay?«

Katja bemerkte Henrys Irritation, stand auf, hielt ihr Weinglas umklammert.

»Ähm, Papa, sehen wir uns morgen nicht mehr beim Frühstück oder was? Ich fahr ja nur nach Köln, nicht Nordkorea oder so.«

»Frühstück«, schmunzelte Jan, »doch, klar, Frühstück. Sehen wir uns. Oder – ich kann dich auch am Bahnhof absetzen, wenn du –«

»Ich fahre ihn«, hakte Katja ein und sah an Jan vorbei auf die Bücherwand. »Wie besprochen.«

Henry sagte, er sei platt, müsse jetzt also noch packen und dann einfach nur pennen.

»Nacht«, sagte Katja.

»Nacht«, sagte Jan.

»Nacht«, sagte Henry und: »Ähm, ich kann ja mal gucken nach so 'nem Souvenirding oder so.«

Sobald ihr Sohn in seinem Zimmer verschwunden war, schnappte sich Katja die Pappschachtel, ging damit aus dem Haus und ließ sie in die Mülltonne fallen. Der Abend war böig, unklar, ungemütlich. Familie Schumann hatte ihre letzte Pizza Mario restlos verputzt.

Irgendwie, beschloss Katja und klopfte mit der flachen Hand auf den Mülltonnendeckel, irgendwie und irgendwann wird es eine neue Familie geben, dann halt zu zweit. Sie streckte sich und holte Luft. Mit Henry würde sie eine andere Tradition begründen, mit einer anderen Pizza. Ohne Jan, ohne Groll und Gram, ohne Oliven.

*

Curt Haffner sagte nie »Ach«, sondern stets nach kurzem Zögern »N...ach«.

»Sind Ihnen die Würfel nicht zu klein?«, hatte Leon den alten Mann wieder einmal gefragt, ehe er den ersten von fünf Vollmilchschokokeksen in seinem Mund verschwinden ließ.

»N...ach!«

»Ich kann größere Würfel kaufen.«

»Im Internet?«

Herr Haffner zeigte sich fasziniert, was Leon alles im Internet bestellte: Wein, Fußmatte, Rasierklingen – und jetzt auch noch Würfel? Den schwarzen amerikanischen Shopping-Freitag hatte Leon ihm erklärt und dass der längst eine ganze Woche dauerte; dass er mit seinen Onlinebestellungen die Zusteller unterstützte, denen er oft auf seinen Tagschichten begegnete, wenn sie warnblinkend Zufahrten blockierten – aber die machten ja auch nur ihren Job, genau wie er.

»Gehen Sie manchmal noch einkaufen?« Haffner betonte es wie ein seltenes Hobby.

»Na, ich geh doch für *Sie* einkaufen«, entgegnete Leon und setzte einen geschlagenen Stein zurück aufs Backgammonbrett.

»N...ach, das weiß ich doch«, der Alte schleuderte einen Fünferpasch und marschierte mit vier seiner weißen Steine vorwärts, »ich meine: in ein Kaufhaus? Ja?«

Seine roten Würfel mit der Faust umschlossen, legte Leon den Kopf schief und wartete auf den tieferen Sinn von Haffners Frage.

Der Mann mit den weißen wilden Brauen hob den Blick vom Brett: »Nein? Zum *Karstadt* oder so? Unterstützen Sie auch die Leute vom *Karstadt*, die nicht auf dem Gehweg parken und ... die nicht bei Ihnen klingeln, nur weil Sie als Einziger immer zu Hause sind? Oder«, er hob überraschend zackig eine Hand, um zu signalisieren, dass seine Frage noch nicht am Ende angekommen war, »wann waren Sie zuletzt im *KaDeWe*, Leon? Na?«

»Im *KaDeWe*?«

»Das werden Sie doch kennen?! *Kaufhaus des Westens?* Nein? Aber der Ku'damm sagt Ihnen was?«

Curt Haffner kicherte so, wie er manchmal kicherte, wenn ihm am Schluss einer Partie der rettende Einserpasch gelang, und wie so oft wurde daraus ein brüchiges Husten, das er im

Sommer mit Apfelsaft, im Winter mit Salbeitee zu besänftigen versuchte.

Leon ließ die Würfel noch nicht auf den Filz fallen. »Brauchen Sie was aus dem *KaDeWe*, Herr Haffner?«

Haffner winkte ab. »Ich? N...ach was. Das meiste, was ich brauche, gibt's doch in der Apotheke. Und, na ja, was Sie mir vom *Rewe* besorgen, ja, n...ach, danke übrigens.«

»Jederzeit.«

Leon landete mit einer Zwei und einer Vier kurz vorm inneren Feld.

»Aber wir können auch«, er deutete mit knappem Nicken zum Rollator neben der Heizung, »mit Carsharing zum Ku'damm, wenn Sie da unbedingt noch mal ... Ich meine, wenn Sie da schon länger nicht mehr gewesen sind?«

Während er mit der sicheren Ruhe, die seinen Fingern geblieben war, Stein um Stein herausnahm, erzählte Haffner, wie er ›damals‹ – ein vager Abschnitt auf dem Zeitstrahl seiner Anekdoten – in der Pause zwischen Vormittagsprobe und Abendvorstellung vom Renaissance-Theater mit einem Beleuchter zum *KaDeWe* geradelt war, um in der Feinkostetage Sachen zu probieren, die es in der Theaterkantine nicht gab. Der Kollege habe Fisch gemocht und dazu Wodka, und im Sanitätsraum hinterm Inspizientenpult konnte man sich unauffällig ein Stündchen schlafen legen, an staubstillen Nachmittagen.

»Da ist die Vier!«, triumphierte Haffner, und Leon wies ihn nicht darauf hin, dass es eine Fünf gewesen war. »Müssen Sie nicht zum Dienst, Leon? Oder zu Ihrer Verlobten?«

Beides, dachte Leon, als Haffner der siegbringende Wurf gelang, und zwar in dieser Reihenfolge, aber – »Verlobt sind wir nicht, Herr Haffner, nur«, er zögerte auf der Suche nach dem treffenden Ausdruck, »ziemlich fest zusammen.«

»Fest zusammen?« Haffner schnaubte spöttisch. »N...ach! Wie mit Sekundenkleber? Wie Nut und Feder? Und auch noch *ziemlich*?«

Anstatt zu antworten, klappte Leon das Backgammonbrett zu und verstaute es wieder in Haffners Bücherregal zwischen Tschechow und *Anton Reiser*.

Mit einem Räuspern richtete sich der Alte in seinem Sessel auf. Er wolle ja nicht indiskret werden, aber wenn es doch eine gewissermaßen feste Verbindung sei, dann solle Leon sich ruhig verloben und eine Hochzeit feiern – nicht groß, aber ehrlich –, denn eine verheiratete Frau, so sprach er leise und zupfte an den Gardinen, die werde ihm nicht davonlaufen, wenn es mal ungemütlich würde.

»Sie wissen, was ich meine mit ›ungemütlich‹?« Jetzt fixierte er Leon wie bei der entscheidenden Prüfungsfrage.

»Ich … muss echt los«, entschuldigte sich Leon, nahm Handy und Wohnungsschlüssel. »Aber morgen Nachmittag besuchen wir dann ja wieder Ih–«

»Jaja!«, fiel Haffner ihm ins Wort, »jetzt gehen Sie mal. Gehen Sie mal.«

Und erst als die Tür ins Schloss fiel, rief er Leon hinterher: »Was ist mit Revanche?«

Er lauschte, nahm sich zwei Kekse auf einmal aus der Schale, die Anita auf dem Trödelmarkt am Bode-Museum erstanden hatte.

»Kriegen Sie, Leon«, murmelte er dann, immer leiser werdend, ehe er wegdöste, »Sie kriegen Ihre Revanche. Und … n...ach, größere Würfel … wären wirklich gut.«

*

Als die Wehen einsetzten, träumte sie noch. Als sie aufwachte, wusste sie endlich, dass sie wirklich schwanger sein wollte.

Milena wollte dieses Kind nicht verlieren bei einem beschissenen Treppenhausunfall, sie wollte dieses Kind nicht hergeben. Es sollte bei ihr sein und bleiben. Und David auch.

Mit geschlossenen Augen tastete Milena nach ihrem Telefon am Rand der Matratze, tippte darauf und äugte ins Halbdunkel. Eine Lavalampe auf dem Fußboden neben der Wäschetruhe hatte sie eingeschaltet gelassen. Zwölf Minuten nach Mitternacht, verriet das Display. Vor zwei Stunden war sie ja erst ins Bett gegangen. Milena wollte weiterschlafen, die Schmerzen wegschlafen, aber noch viel lieber wollte sie warmen Kakao. Und die Fetzen ihres Traums abschütteln.

Mühsam stand sie auf, vermied es, das linke Bein zu stark zu belasten und den rechten Ellenbogen zu ruckartig zu bewegen. Die Kratzer und Flecken am verstauchten Arm: einer für jede Stufe, wenn sie richtig gezählt hatte. Sie tastete nach der Beule am Kopf. Beule noch da. Sie legte eine Hand auf den Bauch. Beule noch da.

Auf Socken humpelte sie übers nachtkühle Laminat und warf einen Blick in Amys Zimmer. Ihre Tochter hatte im Schlaf die Disney-Decke mit Bambi und Klopfer zwischen den Knien festgeklemmt. Alles ruhig auch im Treppenhaus, dem neuen Nachbarn war sie seit seinem lauten Einzug mit Omas Pornokommode nicht mehr begegnet. Tobi hatte gewartet, bis kurz nach dem Notarzt auch Katja eintraf, um sich um Amy zu kümmern, die der Schrei ihrer Mutter aus dem Schlaf gerissen hatte. Und eine Flasche Sambuca stand am nächsten Tag vor ihrer Tür, unter der ein quadratischer Notizzettel klemmte: *Du hast krass Glück gehabt glaub ich. Gute Besserung Tobi!*

In der Küche schaltete Milena wieder mal versehentlich die Dunstabzugshaube ein und erwischte erst im zweiten Versuch die LED-Leuchte. Sie ließ die Milch im Topf nicht aus den Augen, und das Muster aus Schlingen und Schatten, das sich auf der Oberfläche bildete, nachdem sie umgerührt hatte, erinnerte sie an ihre erste Begegnung mit dem nagelneuen Herzschlag ihrer Tochter.

Amy auf dem Ultraschallbild, als sie noch nicht Amy hieß, Milena auf einem Behandlungsstuhl, als sie noch nicht ahnte, wie das werden könnte: Leben in die Welt setzen. In nur ein paar Monaten alles verändern – Mutter, Vater, Kind –, Marlies und Lothar Behnke noch mal zu Großeltern machen, ihren großen Bruder überholen. Was da jetzt noch schwer erkennbar zappelte, würde demnächst atmen, gleich danach trinken, und dann könnte es schnell gehen – zwischen Stehen, Sprechen, Gitarre- oder Klavierspielen und der Abifahrt lägen gerade mal Tausende von Sekunden oder Tagen, nur ein Windstoß in der Zeit.

Die Milch war warm, aber noch nicht kochend, so musste das sein, das Schokopulver wartete als kleiner steiler Hügel am Boden des Bechers mit dem Notenschlüsselmotiv, ein Geschenk von Milenas Mutter.

Ob denn nicht viele weinen müssten in so einem Moment, hatte Milena, gerade mal dreißig, die Frau in Weiß gefragt, die mit dem Gerät über die kalte Salbe auf ihrem Bauch entlanggefahren war, und die hatte heftig und fröhlich genickt: Völlig normal sei das und auch sehr menschlich und schön. Milena hatte nicht geweint, nur fast, und entschieden, das Kind solle einen Namen mit A bekommen. A wie Anfang.

Amy war ein wunderschöner Ultraschall gewesen. Der Fotoausdruck klebte an dem schweren Spiegel, an die Wand in ihrem Schlafzimmer gelehnt, den Jonas auf dem Trödelmarkt entdeckt hatte und den Milena so liebte. An dem Tag, an dem ihr Nicht-mehr-Freund seine Sachen zusammenraffte, wobei Milena ihm in jeden Winkel der zweieinhalb Zimmer gefolgt war, hatte Jonas den Spiegel sogar schon am Rahmen gepackt, da traf ihn ein Milena-Blick, den niemand geschenkt haben wollte. Er mochte für eine Zehntelsekunde darüber nachgedacht haben, den Klebestreifen von der Ultraschallaufnahme abzulösen und sie Milena in die Hand zu drücken, um dann den Spiegel abzutransportieren; doch schließlich hielt er kurz die Luft an, ließ die Arme sinken und verließ das Schlafzimmer. Und die Wohnung in der Bremer Straße. Und alles, was hätte sein können.

Milena war felsenfest erleichtert, nachdem Jonas sich endlich abtransportiert hatte. Der Spiegel blieb, wo er war, und das erste Foto ihrer Tochter auch. Sie googelte ›alleinerziehend‹ und druckte eine Seite mit fünf Tipps der Caritas aus; sie schrieb die Namen auf von Dingen, die sie organisieren, und von Leuten, die ihr helfen würden. Sie erklärte ihren Eltern, sie komme zurecht, und ihrer Schwester, dass sie Schiss habe. Aber nur ein bisschen. Dann setzte sie sich ans Klavier und hämmerte, das erste zahnlose Lachen ihres Kindes vor Augen, Beethovens Neunte in die Tasten, bis ihre Finger schmerzten. Molto vivace.

Weit unten in der Tasche ihres Bademantels vibrierte Milenas Handy. Mit dem heißen Kakao setzte sie sich wie in Zeitlupe auf den Küchentisch, die Füße auf dem Stuhl, und las, was ihr Bruder geschrieben hatte: wir sehn uns ostern! cool? lg lego

Sie konnte sich gar nicht erinnern, wann Leon, der Klötzchenarchitekt, zuletzt seinen alten Spitznamen benutzt hatte.

Der Becher wärmte angenehm Milenas Hand. Wer, wenn nicht der Mitten-in-der-Nacht-Kakao sollte dieses Narbenpuckern verscheuchen? Den Bauch beruhigen und das Herz.

Vielleicht höre ich Musik und bleibe hier sitzen, überlegte Milena. Bis Amy aufwacht.

Sie gähnte.

In Milenas Traum hatte ihre Tochter ihr die Hand gehalten, und irgendein Arzt rief die Treppe hinunter, dass Milenas Wohnung jetzt zu klein sei, dann sang Amy alle Schlaflieder, die sie kannte, für den neuen Bruder.

Und wer ist der Vater, hm, hä, ja, also?, fragte der Traumarzt, woraufhin Milena zwischen zwei Wehen vergeblich versuchte, Davids Namen zu buchstabieren.

Das Letzte, woran sie sich erinnern konnte, war, dass sie plötzlich in einem verwilderten Garten steht, ihr Vater verlangt, dass Milena endlich die Kerzen auf der Torte ausbläst, hechelnd holt sie immer wieder Luft, immer wieder, und will pusten, pusten mit aller Kraft – aber da ist gar keine einzige Kerze.

will übrigens auch mit papa sprechen, endlich mal wieder. geht's dir denn gut Kröti?

Noch eine WhatsApp von Leon, bevor sie die erste hatte beantworten können. War in Berlin heute Tag der alten Spitznamen? Und ›Kröti‹, so hieß sie doch für ihn schon lange nicht mehr.

In den frühen Neunzigern hatte sie ausdauernd mit ihrem Hintern zur Musik gewackelt, als der Vorspann zu *Arielle, die Meerjungfrau* durchs Wohnzimmer trällerte. Milenas Vorbild war die tanzende Schildkröte. Also nickte sie begeistert, als Katja vorschlug, sie ab jetzt immer Schildkröte zu nennen, irgendwann verkürzte ihr Bruder das zu Kröte, natürlich, und seither hat die große die kleine Schwester selten anders als ›Kröti‹ gerufen. Aber Leon, sobald er nach Berlin gezogen war, schrieb nicht ›Kröti‹, sondern ›Milena‹ oder ›Schwester‹ oder monatelang gar nicht. Und jetzt wollte er nicht nur zu Besuch kommen, sondern sogar aufwischen, was er vor fünfzehn Jahren verschüttet hatte? Wow.

alles super, log sie mit den Buchstaben ihrer Smartphone-Tastatur, schön dass du kommst, Lego ;-))

Dann stellte sie den halb ausgetrunkenen Becher ins Spülbecken, löschte das Licht und humpelte wieder ins Schlafzimmer. Das nächste Gähnen stimmte sie zuversichtlich, bald wieder einschlafen zu können, und die Socken zog sie nicht aus.

*

Die ganze Tischtenniskneipe dampfte. Samstagabend in der Kanzowstraße am Prenzlauer Berg – es klirrte und schwirrte im Altbau-Erdgeschoss. Leon, außer Atem, war zum dritten Mal in der vorletzten Rundlaufrunde ausgeschieden und steuerte aus dem Hinterzimmer vom *Käseigel* auf die Bar zu. Als er einen satten Schweißtropfen vom Brillenglas geschüttelt und die Bügel wieder hinters Ohr gesteckt hatte, spürte er das Vibrieren seines Handys in der Hosentasche und erkannte in derselben Sekunde gestochen scharf, wie so ein Kerl aus einer herrenlosen Jackentasche kackdreist ein paar braune und blaue Scheine fischte, unbemerkt offenbar von allen außer Leon. Der war mit fünf Schritten bei dem stoppelhaarigen Typen, tippte ihm von hinten auf die Schulter: »Ey! Sach ma!«

Der Stoppeldieb, halb so alt wie Leon, löchrige Jeans, drehte sich ertappt um, sein Blick ging zu Boden, zwischen seinen Fingern zerknüllte er die Scheine, die ihm nicht gehörten. Er trat auf der Stelle, murmelte etwas wie »... willst *du* denn ...«, da hatte Leon auch schon taxiert, wie schwächlich der andere war, sprang nach vorn und schubste ihn mit der flachen Hand Richtung Klotür. Strauchelnd verfing Stoppel sich in einem Barhocker und ging zu Boden, konnte sich nur einhändig abstützen, schrie auf und hatte jetzt die Aufmerksamkeit von einem Dutzend Gäste – und von Isabel Romberg, die an diesem Abend hinter dem Tresen stand und zapfte.

»Leon! Was is'n los?«

Sie umrundete die Theke, starrte ihren Freund und den Jungen mit der Lochhose an.

»Der hat geklaut, das Arschloch! Aus der Jacke!« Leon zeigte hinter sich.

»Was denn geklaut?«

»Ja, Kohle! Zwanziger, Fuffziger! Bleib bloß liegen, scheiß Wichser!«

Der Gestürzte aber rappelte sich wieder auf und hielt sich den Ellenbogen, alle Augenpaare waren auf ihn gerichtet, da kam von den Toiletten eine Frau, die Isabels jüngere Schwester hätte sein können, und bemerkte offenbar, dass ihre Jacke am Boden lag. Jemand informierte sie, sie sei beklaut worden, alle waren gespannt auf ihre Reaktion, und eine Sekunde später hechtete der eben noch erstarrte Dieb Richtung Ausgang.

»Hey!«, rief Isabel, ihre vermeintliche Schwester fragte: »Wie jetzt, beklaut?«, und Leon ballte die Fäuste, stürmte hinterher, erwischte den Flüchtenden und trat ihm mit Anlauf und voller Wucht so in die Kniekehlen, dass er gegen die Wand knallte und die Bundesliga-Stecktabelle herabriss. Blut, Geschrei, ein Wimmern, Euroscheine auf schmutzigem Parkett, Hertha BSC total geknickt. Und Leons Puls war am Anschlag.

»Wichser!«, schrie er atemlos, »dämlicher Wichser!«, bevor ihm schwarz vor Augen wurde und er sich an Isabel festhalten musste.

Wenig später hatten sich die Gemüter halbwegs beruhigt. Rasmus, der in der Küche aushalf, und sein Freund, der währenddessen beim Rundlauf gewann, hatten dem Dieb, den sie als

›traurige Wurst‹ bezeichneten, auch den letzten Zwanziger aus den verkrampften Fingern gelöst und ihn wieder auf die Beine gestellt, so dass er das Taschentuch selbst an sein Nasenloch drücken konnte. Nachdem Leon sich drucksend entschuldigt und den Dieb notdürftig medizinisch versorgt hatte und sobald geklärt war, dass die bestohlene Frau keine Anzeige erstatten, nicht auf die Polizei warten, sondern mit ihren Leuten noch zum Helmholtzplatz weiterziehen wollte, schickte Isabel die blutverkrustete Wurst mit Hausverbot zurück in die Nacht, Rasmus in die Küche, seinen Freund an die Platte und ging mit Leon vor die Tür.

»Bisschen überreagiert«, sagte sie, und es war keine Frage.

Bei Diebstahl, gestand Leon und versenkte die Hände in den Hosentaschen, reagiere er empfindlich. Ja, überempfindlich. Ihm fiel wieder ein, dass sein Telefon vorhin –

»Du hättest dem Typen das Knie zertrümmern können.«

»Der wäre abgehauen.«

»Du hättest ihn eingeholt. Oder Rasmus. Der ist im Leichtathletikkader.«

»Das wusste ich nicht.«

»Hab ich dir erzählt, Leon.«

»Ja?« Er versuchte, ihr ohne Blinzeln in die Augen zu schauen, und räusperte sich. »Isa. Ich ... hab so was auch mal ...«

»Was?«

Lauter wiederholte Leon: »Ich hab auch mal geklaut. Früher.«

»Wie? Geklaut, echt? Wo? Und was heißt ›früher‹?«

Isabel zog mit einem Ruck das Gummi aus ihren Haaren und band den Pferdeschwanz neu.

Leon merkte wieder, wie gern er ihre entschlossenen Bewegungen beobachtete. Seufzend zählte er auf: »Supermarkt, Biergarten, Stadtbibliothek. Wo halt Taschen offen rumstehen.«

Isabel wartete einen Moment, als wolle sie Leon Gelegenheit geben, den Scherz aufzulösen, dann sagte sie: »Das wusste ich ja gar nicht.«

»Hab ich nie erwähnt.«

»Erzählen wir uns also nicht alles? Oder war das nicht wichtig genug?«

Leon schaute zu ihr hin und wieder weg, er spürte, wie ihm ein abgebrochenes Lachen aus dem Mund fiel. »Doch, schon. Ich meine ... sollten wir, auf jeden Fall.«

»Und was heißt jetzt ›früher‹?«

»Pfft, vor zwanzig Jahren oder so. Als ich neu war in Berlin. Da gab's noch nicht überall Videoüberwachung.«

»Und du hattest Geldprobleme?«

»Ja. Nee.« Leon konnte die Röte in seinem Gesicht fühlen.

»Nee?«, fragte Isabel überrascht zurück.

»Ich hab irgendwelche Jobs gemacht, bevor ich mit der Ausbildung angefangen hab. Hat irgendwie gereicht. Meine Mutter hat mir auch was überwiesen.«

Eine Gruppe von sechs oder sieben Leuten kam die Straße entlang und auf sie zu, und man hörte helles Gejohle von der Rundlaufplatte, als sie die Eingangstür zum *Käseigel* öffneten.

»Du hattest genug Geld und hast trotzdem geklaut?«

»Mhm.«

Wie oft hatte Leon versucht, diesen pubertären Widerspruch mit sich selbst zu klären. Und verdrängt. Denn irgendwann hatte er ja aufgehört, einfach so, sagte er sich. Also war das Ganze wohl nicht mehr als eine Phase gewesen, Teil seiner Eingewöhnungsschwierigkeiten als Junge vom Lande, ein oder besser *sein* Berlin-Problem, aber das war doch ewig her. Und er nahm sich vor, ihr jetzt auch den Rest zu erzählen, den Rest, der zu dieser Wahrheit gehörte – doch in diesem Moment stieß ein Zapfhahnkollege von Isabel die Kneipentür auf und beorderte Leons Freundin zurück an die Theke, ihre Schicht sei noch nicht rum und die Tischtennisspieler krass durstig.

»Du wirst gebraucht, Isa, und dein Sani läuft dir ja nicht weg.«

Ich brauch sie aber auch, dachte Leon. Und nein, ich lauf nicht weg, trotzdem – ich kann nicht ernsthaft mit 37 noch Geheimnisse vor dieser Frau haben.

Er wollte Isabel einen raschen Kuss geben, doch die hielt ihm nur für eine Zehntelsekunde die Wange hin, ehe sie ihrem Kollegen Richtung Tresen folgte. So beschloss Leon, in dieser Nacht noch eine Runde Rundlauf zu gewinnen, dann mehr zu trinken als nötig und, sobald er wieder nüchtern wäre, ehrlicher zu sein. Vor allem mit sich selbst.

Das wird schon schwer genug, sagte er sich. Aber damit muss man anfangen.

Endlich nahm er sein Smartphone aus der Tasche, das einen verpassten Anruf meldete: Curt Haffner hatte keine Nachricht hinterlassen.

*

Zwei Einträge im elektronischen Kalender wurden beim Hochfahren des Dienstcomputers um 8 Uhr 22 angezeigt: Henry Klassenfahrt, stand da und: 17 Jahre!. Katjas Sohn saß jetzt im Zug auf dem Weg nach Köln, und sie hatte vor drei Tagen ihr Dienstjubiläum verpasst.

Vor ihr auf dem Tisch lag das Buch mit der Signatur 1-GRE-5, das irgendwer wohl am Freitag kurz vor Feierabend noch zurückgegeben und das Katjas Kollegin nicht mehr weggeräumt hatte: Der Roman trug den Titel *Geschichte einer Ehe*. Sehr lustig. Verstohlen blickte Katja sich um, ob jemand, der schon von der Sache erfahren hatte, sich einen ganz schlechten Scherz erlaubt hatte, aber sie war ja um diese Zeit die Einzige in der Bücherei, allein mit ›Wolfhard‹, dem Erdbeerkaktus neben ihrem Telefon.

Der Kaktus geht nicht kaputt, nur der Topf.

Die Familie geht nicht kaputt, ratterte es durch ihre unausgeschlafenen Gedanken, nur die Ehe. Blütezeit: kurz bis mittel; pflegeleicht: na ja. Mit dem abgestandenen Mineralwasser von letzter Woche goss sie die Kaktuserde.

Die Ehe, dieses Ding aus Papier mit einem Ring aus purer Zuversicht. Jan und sie hatten nie daran gezweifelt, dass sie niemals aneinander zweifeln würden. Lass uns aufeinander bauen, so ging ihr unausgesprochener Pakt, wir zwei wollen doch dasselbe vom Leben: besser füreinander als allein, du kannst sein, was mir fehlt, und du denkst zu Ende, was ich gerade sagen wollte. Völlig klar war außerdem: Wir bleiben, wo wir sind, weglaufen gilt nicht, wir leben hier, Tallstedt forever. Sie würden in der vertrauten Erde ihre Wurzeln schlagen. Zwei Urlaube im Jahr plus Option auf eine Städtereise, eine fest vereinbarte Zahl von Besuchen bei Jans Familie auf der anderen Flussseite – das war okay, das würden die Gelegenheiten sein, bei denen sie bewusst darauf achteten, ob das Schild am Ortsausgang tatsächlich von beiden Seiten beschriftet war. Ansonsten galt: Das Wasser kommt und geht, wir lieben uns, wo wir sind.

So kannten sie den Wind und keine Angst vor schweren Böen – Ende zwanzig, Anfang dreißig – unempfindlich waren sie, alle beide.

Sie wussten immer, sie würden ein Haus bauen, ein eigenes Dach über dem Herzen mussten sie haben: fünf Zimmer oder mehr, ein Abstellraum für Bier und Bohrmaschine, ein Garten für Zierapfel und Tischtennis mit den Kindern, neben dem hellen Eingangsbereich ein WC in frohen Farben nur für die

Gäste, die gern zu ihnen kämen; denn es wäre so nett bei ihnen, und nett war noch etwas Gutes, als Hartwig Gerster die ersten Linien für sie auf seinem Architektenpapier zog.

Katja überprüfte den Drehgriff an ihrem Stuhl, irgendetwas gefiel ihr nicht an ihrer Sitzposition: zu tief, zu schräg, zu hoch. Zu was auch immer. In der Hoffnung, dass an diesem Vormittag niemand hereinkäme, fixierte Katja abwechselnd die Glastür und die Uhr mit dem Digitalthermometer an der Wand über den löchrigen Blättern der Zimmerpflanze: 8 Uhr 32 bei zehn Grad Celsius, Luftfeuchtigkeit: 78 Prozent.
12,7 Jahre verheiratet, 1 Haus, 1 Sohn, 1 Tandem.

Hartwig Gersters fertige Zeichnung hatte im Obergeschoss drei Schlafzimmer vorgesehen: ELTERN, KIND 1, KIND 2. Schöne, schlanke Architektenbuchstaben, Druckbleistift für die Ewigkeit. Wo genau sie ihre Kopie des Plans aufbewahrten, fiel Katja nicht ein; Jan würde es wissen, der hatte diese männliche Art von Überblick, die einem unbeschrifteten Leitz-Ordner seinen Inhalt ansah. Immerhin hielt sie es in diesem beklemmenden Moment für möglich, dass sie bei einem Blick auf die Skizze ihres Zuhauses glasklar erkennen könnte, warum sie es versäumt hatten, ihre Familie dem Entwurf ihres Architekten anzupassen: Kind 2 hatte es niemals aus dem Planungsstadium heraus in das vorgesehene Zimmer geschafft.

Noch immer stand der Kalendereintrag in der Mitte von Katjas Bildschirm. Siebzehn Jahre im literarischen Zentrum ihrer Stadt. Damals war sie schon darauf eingestellt gewesen, sich auf unabsehbare Zeit mit Volkshochschulkursen und Nachhilfestunden über Wasser zu halten, bis sie irgendwann auf eine der Bewerbungen, die sie in den ganzen Landkreis und darüber hinaus geschickt hatte, eine positive Antwort bekäme. Doch dann folgte ganz unerwartet die Tallstedter Stadtbibliothekarin dem Lockruf eines vorzeitig eingeläuteten Lebensabends an der Riviera di Ponente, den ein romantischer Firmenerbe aus Arenzano ihr zu finanzieren versprach, und gab die Schlüssel zur Bücherei in jüngere Hände, die erst wenige Signaturschilder und Bestandslisten berührt hatten: Katja Behnke übernahm, frohen Herzens.

Nun würde sie dort ihren Dienst tun, wo sie schon früher freiwillig so viele Stunden verbracht hatte. Am letzten Tag der großen Ferien 1986 nämlich hatte Katja, eben zehn geworden, den damaligen Bibliothekar zum ersten Mal gefragt, wann er denn in Rente gehen werde.

Sechs Wochen lang war sie mit der schönsten Regelmäßigkeit die Stufen zum Lesesaal mit den Kinder- und Jugendbüchern hinaufgesprungen, vorbei an dem immer etwas unschlüssig dreinblickenden Herrn Fehling, um sich ein paar Stunden später mit dem Leihausweis und einem Satz neuer Leseabenteuer vor dem Leiter der Stadtbücherei Tallstedt aufzubauen: »Die hier bitte schön!«

Das große Fenster neben dem Ausleihtresen war weit geöffnet, ein ungewöhnlich warmer Sommerwind wirbelte die Teppichluft auf. Buchausleihe und -rückgabe, das waren hier zwei Metallschilder auf demselben breiten Schreibtisch in einem halben Meter Abstand, dazwischen der vorgebeugte Oberkörper des Bibliothekars und, wie die Statue eines schlafenden Löwen, ein wuchtiger Klebebandabroller.

»Mhm. Das sind aber mehr als fünf, junges Fräulein. Oder?«

Die dünnen Haare in parallelen Linien über der Stirn arrangiert wie kleine Ackerfurchen, musterte der Wächter der tausend Schätze Katjas hohen Kinderbücherstapel.

Sie erschrak, weil sie fürchtete, nicht alles mühsam Ausgewählte mit heimnehmen zu dürfen, sondern die Bücher sechs, sieben und acht zurück in die Regale stellen zu müssen. Und wie immer, wenn sie nicht wusste, was sie am besten tun oder sagen sollte, griff sie mit drei Fingern nach einer ihrer welligen Strähnen, zog sie ganz stramm über die Wange und verharrte, bis das Problem von allein verschwände.

»Mhm.« Der mächtige Bücherverleiher verzog keine Miene. »Na. Da wollen wir mal nicht so sein. Ausnahmsweise. Oder?«

»Danke, Herr Fehling!« Katja ließ ihre Strähne zurückschnellen.

»Mhm.«

»Ich bring die auch auf jeden Fall ganz bald zurück.«

»Mhm. Schon in Ordnung.«

Katja strahlte. »Wenn ich groß bin, mache ich auch Büchereileitung.«

Ein seltsames Geräusch kam aus dem Gesicht von Herrn Fehling, womöglich von Mund und Nase zugleich erzeugt.

»Also«, ergänzte Katja schnell, »wenn Sie mal nicht mehr arbeiten müssen, meine ich.«

»Mhm.«

»Sie ... Sie hören doch irgendwann auf mit Arbeiten, oder?«

Herr Fehling stempelte die Leihkarten ab, präzise, nachdrücklich, er verwischte nichts.

»Irgendwann hört jeder auf.«

Diesen Worten ließ er ein langes Ausatmen folgen und schaute an Katja vorbei, sein Blick verlor sich irgendwo zwischen der Märchen- und der Hobbyabteilung und streifte wie in Zeitlupe die Pilz-, Tier- und Wanderbücher, als gehe zwischen ihnen die Sonne für immer unter.

Den Stempel unschlüssig über dem aufgeklappten Kissen pendelnd, stützte Herr Fehling die Arme auf seinen Tisch und sagte nach einer Ewigkeit: »Du musst ab und zu über deinen Bücherstapel drübergucken, Frollein. Ob noch alles da ist.«

»Alles?«, fragte Katja, »was denn ›alles‹?«

»Na ja, alles«, schnaufte er, »die Leute, die Welt ...«

Da lachte sie und schulterte kopfschüttelnd ihre Büchertasche.

»Aber Herr Fehling, wieso sollte die Welt denn weg sein, plötzlich? Ich muss los, tschüs!«

Wolfhard Fehling, guter alter Büchermann. Manchmal dachte Katja noch an ihren Vorvorgänger, wenn sie sich auf die Federn ihres Schreibtischstuhls plumpsen ließ.

Sie spürte, wie etwas Kratziges sich zwischen Atem- und Speiseröhre festzukrallen schien. Routiniert überprüfte sie, ob sie genug Taschentücher in der Schublade ihres Rollcontainers hatte. Die Vorräte von der letzten Heuschnupfensaison müssten reichen, für heute.

»Geht's dir besser, Katja? Auch Kaffee?«

»Guten Morgen! Danke. Besser. Lieber Tee.«

Ihre Kollegin war, so kam es Katja zumindest vor, aus dem Nichts aufgetaucht, sie musste durch den Seiteneingang vom Parkplatz gekommen sein. Plötzlich stand die unnatürlich blonde Carolin Höppner in gestärkten Frühlingsfarben vor ihr. Erst als Katja auch den frisch aufgebrühten Kaffee roch, wurde ihr klar, dass Caro, ihre Aushilfe und Krankheitsvertretung, sich schon eine Weile unbemerkt in der Teeküche zu schaffen gemacht haben musste, um nun mit tadelloser Laune nachzufragen, ob Katja sich von dem Migräneanfall erholt habe, der sie noch am Freitag außer Gefecht gesetzt und zur Krankmeldung gezwungen hatte.

»Hast du genug Ingwertee getrunken? Ich hab neuen gekauft. Bist du sicher, dass du wieder fit bist?«

Diese Eigenart an Carolin war gewöhnungsbedürftig: Sie beließ es grundsätzlich nicht bei einer Frage, so dass man sich im Gespräch mit ihr sehr konzentrieren und sich meistens für die Beantwortung einer der Fragen entscheiden musste. Da sie schon seit einiger Zeit zusammenarbeiteten, gelang es Katja inzwischen manchmal sogar, alle Fragen mit einer einzigen Antwort zu erschlagen, was die Chance eröffnete, direkt im Anschluss und möglichst ohne Atempause selbst eine Frage unterzubringen, bevor Carolin die nächste einfiel.

»Ingwer ist immer gut, Caro, war viel los?«

»Hm?«

»Als ich nicht da war, am Freitag. Was passiert? Alle Bücher noch da?« Ein schwaches Zucken in Katjas Mundwinkel.

»Wie immer.« Carolins Lächeln wirkte verlegen. »Nichts passiert, und den Rest hatte ich im Griff, glaub ich.«

Und damit verschwand sie hinter ihrem Computermonitor, während Katja auf ihre eigene Benutzeroberfläche starrte.

›Nichts passiert‹ – es gab Tage, über die man nichts Besseres hätte sagen können. Vielleicht sollte sie was halbwegs Konstruktives aus diesem Montag herausschlagen: für Jan und sich schon einmal eine Excel-Tabelle anlegen, Sachen auflisten wie Tatsachen, festhalten, dass sie das große Wandbild bekäme, das seine Eltern ihr zum Vierzigsten geschenkt hatten; wie viele Kisten sie bräuchten für die Weine, die sie nicht mochte, für die Saftpresse, die sie nicht benutzte, für die Gegenstände in den Regalen, die eindeutig Jan gehörten.

All das muss ja irgendwie geklärt werden, überlegte sie, während sie mit ihrem Stuhl vor- und zurückrollte.

Und wen kennen wir in Tallstedt, der ein Tandem fachmännisch in der Mitte durchsägen kann?

*

Immer noch etwas wacklig auf den blau gefleckten Beinen, verließ in diesem Moment Milena die Praxis mit einem Mutterpass, wie sie ihn vor fünf Jahren schon einmal bekommen hatte, und einem maximal seltsamen Gefühl, wie sie es sich nicht hätte vorstellen können. Offiziell schwanger – und wo blieb jetzt bitte schön die Euphorie? Als hätte da gerade jemand die Führerscheinprüfung bestanden, der doch viel lieber Fahrrad fuhr.

Eigentlich konnte Milena gar nicht anders als geradeaus denken, Kurven mochte sie nicht. Mit 28, genau wie mit acht oder achtzehn, hatte sie sich noch die schwierigsten Dinge als die einfachsten vorgestellt. Was gelingen sollte, würde gelingen. Denn das Leben war für sie nichts, was eventuell danebengehen konnte, sondern etwas, das unweigerlich schnurrte. Die Sache mit Jonas vernarbte langsam. Amys Fragen nach ihrem Vater kamen selten, aber manchmal nahmen sie Milena die Luft. Ein Kindsvater, über den man in Abwesenheit zumindest Neutrales zu sagen versuchte, damit seine Tochter sich vielleicht später ein eigenes, gerechtes Bild würde machen können. Eine anstrengende Leerstelle im Alltäglichen. Milena wusste nicht und wollte nicht wissen, ob der Papa auch so gut im *Memory* war, ob er auch alle hellblauen Sachen so gern mochte wie Amy und am liebsten Tee mit Honig trank, wenn es kalt war. Ob er wohl den neuen Eisladen in Tallstedt gut fände und die Streusel im *Pinocchio-Becher*.

Ja. Vielleicht. Kann sein.

Manche Nacht hatte Milena verflucht, weil niemand da war, mit dem sie sich abwechseln konnte, um Amy mit ihren frischen, drückenden Zähnen zurück in den Schlaf zu trösten. Die müde Milena, das war die, die manche Frauen aus der Schwangerschaftsgymnastik beneidete um die halbwegs geduldigen Begleiter; die erschöpfte Milena, die genervte Milena, die nicht immer ihre Mutter oder Schwester um Hilfe bitten wollte, die, die nicht als ›alleinerziehend‹ in die Familiengeschichte eingehen wollte neben einem so stabilen Elternpaar wie Jan und Katja. Sich noch einmal verlieben in einen besseren Mann, der sich möglichst zeitgleich in sie und Amy verliebte – das klang aussichtslos, musste aber in der Logik von Milena Behnke möglich sein.

David sollte der sein, der das Unmögliche ein bisschen möglicher machte. Darum wollte sie kämpfen, wenn es sein musste. Für sich und ihre Tochter und – jetzt erwartete sie nach dem glimpflichsten Sturz in der Geschichte der Treppenhäuser ein zweites Kind, unversehrt, doch konnte sich noch nicht ungebremst freuen, ehe sie rausgefunden hatte, wie sehr der Vater sich mit ihr freuen würde und ob er vorbeikäme, und zwar schleunigst und nicht erst in ein paar Wochen.

Am Sonntagmittag, als Katja sie aus der Klinik abgeholt hatte, da hatten sie sich auf dem Weg zum Parkplatz in Schwesternlichtgeschwindigkeit verständigt:

»Ich bin schwanger.«

»Ich weiß.«

»Aber David weiß es noch nicht.«

»Okay ...«

»Morgen hab ich Termin bei der Störzel.«

Nur kurz hielt Katja inne, als wolle sie etwas nachfragen oder einwenden, dann aber lächelte sie und öffnete Milena die Beifahrertür.

»Du machst bestimmt alles richtig, Kröti. Und sag, wenn ich was tun kann, ja?«

»Den Sitz zurückschieben.«

»Hm?«

»Damit ich das Bein ausstrecken kann.«

Da hatte Milena sich ein bisschen weniger allein gefühlt und sich vorgenommen, erst mal Verständnis für jede denkbare Reaktion von David aufzubringen, denn sie konnte ihm ja schlecht vorschreiben, dass er ihren gemeinsamen Leichtsinn an jenem langen Winterwochenende jetzt immer noch aufregend fand, wo der ungeplante Folgen nach sich zog.

Was würde er sagen und tun?

Bloß nicht so viel nachdenken, das war nichts für Milena, denn hinterm Vorhang des Grübelns hatte der Pessimismus seine Schlaglöcher gegraben, da wollte sie ungern reintreten und sich ihre Überzeugungen verknacksen. Es musste alles gutgehen, es war ja schon mal alles gutgegangen. Immerhin waren sie und ihre Tochter seit Jahren ein unschlagbares Team, das von Amys Erzeuger nicht mehr brauchte und wollte als den beruhigend pünktlichen Zahlungseingang.

David war nicht Jonas – zum Glück nicht. Der hatte es ja fast genossen, dass sie sich aufregte, weil er keinen Bock hatte, sich wie ein erwachsener Mann und Vater zu benehmen. Hatte den Spieß so rumgedreht, als hätte nicht er ein Problem mit Geld und Ehrlichkeit, sondern als wäre Milena eine feige und gleichgültige Mutter, weil sie ihren Zahnarztvater nicht um einen Kredit für das Wohnmobil bat, von dem Jonas träumte. Zinslos, versteht sich. Die Milena von heute konnte ihr jüngeres Ich nicht leiden, denn die Jüngere hatte, zumindest für ein paar Wochen, blauäugig abgenickt, was Jonas ihr eingeredet hatte: Wir schaffen das mit dem Kind, wir beide zusammen. So hatte er am Anfang geklungen, als Milena gesagt hatte, sie habe mehr Angst vor einer Abtreibung als vor der Geburt. Und im dritten Monat dann hatte Jonas ihr Vorwürfe wie Messerstiche verpasst, gegen die sie sich erst zu wehren begann, nachdem sie sich in den großen Schwesterarmen leergeweint hatte: Selbstsüchtig sei sie, hatte nämlich Jonas plötzlich behauptet, überredet habe sie ihn zu dem viel zu frühen Kind, in die Enge getrieben und ihm jede Alternative verbaut mit ihrer scheiß Moral.

Katja hatte ihr gesagt, sie dürfe ab jetzt heulen, so viel sie wolle, aber sich nichts mehr gefallen lassen. Hatte ›Kröti & the Baby‹ starkgeredet wie ein Musikmanager seine hoffnungsvollste Nachwuchsband. Hatte ihr viel Tee gemacht und noch mehr Mut.

›Du hast eine Familie, die dir helfen kann. Was willst du mit einem Idioten, der dir weh tut?‹

Milena konnte sich gut an Katjas Sätze erinnern, denn bis dahin war doch die Antwort noch so einfach gewesen: Eine okaye Familie haben, *das* wollte sie. Wo zwei große Menschen zusammenhielten und einen kleinen auffingen, und wenn der eine Eins-a-Tonleiter spielte, dann sollte er Lob vom Vater bekommen, verdammt nochmal, und nicht nur Bonbons vom alten Klavierlehrer!

Doch schließlich hatte Milena sich damals eingestanden, dass es ihr als Frau ohne Jonas so viel besser gehen und sie als Mutter ohne Jonas immer besser klarkommen würde. Inzwischen war der Mann, in dem sich die Milena von 2014 so ekelhaft getäuscht hatte, zum Glück weit genug weg, um ihm nicht mehr über den Weg laufen zu müssen. Nur war David, der nach all dem Hin und Her jetzt so wohltuende David, eben leider auch weit weg. David, der ein besserer Jonas zu sein versprach, vom ersten Augenblick an.

Es war eine dieser groß angekündigten Partys gewesen, die sich pflichtschuldig bis Mitternacht schleppten und erst gegen Ende so richtig gut wurden, als die Eltern des Dreißigjährigen gegangen waren, als die Zurückhaltenden beim Mischungsverhältnis ihrer Longdrinks nicht mehr so genau hinschauten und als die letzten Tanzmuffel ihre Bewegungshemmungen über Bord warfen. Als das gemeinsame Schwitzen auf engem Raum einen eigenen, befreienden Rhythmus und Sinn bekam. Weil sie losließen und lostanzten, all die Endzwanziger und Anfangdreißiger, die in dieser Nacht den ersten ernstzunehmenden runden Geburtstag von Benny Höppner feierten, den sie immer noch ›Polo‹ nannten wegen seiner Klamotten von früher, obwohl er inzwischen nicht mehr diese gebügelten Knopfkragenhemden trug, sondern nur noch Shirts mit Rundhalsausschnitt, kurz im Sommer, lang im Winter, ganzjährig ungebügelt.

Irgendwie hatte Benny es im letzten Frühjahr geschafft, seinen älteren Cousin David zu überreden, dass er, dieses eine Mal wenigstens, den eigenwilligen Heimatgroll über Bord schmiss und zum Fest anreiste.

Milena dagegen hatte von ihrer Freundin Sandy nicht lang überredet werden müssen, sie auf diese Riesenparty in der *Stimmungszentrale* am Stadtrand zu begleiten; sie war froh, dass sie einen Abend für sich hatte, mit noch jungen, aber schon erwachsenen Leuten. Und dass Amy anstandslos bei den Großeltern übernachtete.

Skeptisch zu Beginn, hörte sie mittlerweile dankbar zu, wenn Enkelin und Oma detailliert berichteten, was sie gespielt und dass sie auch den Opa zum Mitspielen bewegt hatten. Amy lernte ein bisschen was über die Pflanzen und Tiere in Opas Garten, die ihr in den Vorlesebüchern wieder begegneten, ehe sie irgendwann, »ganz alleine!«, ihren Lieblingsschlafanzug überstreifte. Dann legte sie sich bei halb offener Tür in das Bett, in dem früher ihre Mama geschlafen hatte.

Mittlerweile gelang es Milena besser, sich von den Gedanken frei zu machen, was wohl ihre Eltern mit ihrer Tochter besprachen, wenn sie selbst nicht dabei war; ob und wie sie die

Kleine ausfragten, weil sie wissen wollten, wie Milena zurechtkam mit der Arbeit und überhaupt, so ganz ohne Mann. Denn Amy war klug, aber ehrlich – und bekam alles mit, auch wenn Milena versuchte, sich nichts anmerken zu lassen, wenn der Musikunterricht sie schlauchte und wenn der Blick auf den Kontostand ihr diesen konstanten, lästigen Kopfschmerz bescherte. Amy war ein Fan von Oma, Opa, deren großem Haus mit Garten, und bei ihr, gestand sich Milena ein, war das früher doch nicht anders gewesen. Und jede noch so gute Zweiermannschaft konnte Unterstützung gebrauchen.

Also soll die Kurze sich da austoben, und ich denke mal für ein paar Stunden an was anderes als an Alleinerziehung.

Aus den paar Stunden sollte eine Nacht werden, und nach dem Aufwachen schickte Milena eine knappe Nachricht an Marlies und Lothar, ob Amy noch bis zum frühen Nachmittag bleiben könne. Bis dahin hatten Milena und David dreieinhalb Mal miteinander geschlafen. Das erste Mal in ihrer Küche, nachdem sie mit den Gedanken so tief in seine Worte versunken und für einen Moment so durcheinander gewesen war, dass sie zusammenzuckte beim blubbernden Zischgeräusch des Wassersprudlers, weil sie fürchtete, es könnte Amy aufgeweckt haben.

David versicherte ihr kichernd, sie habe ihm eben noch versichert, ihre Tochter sei bei den Großeltern, dann wurde sie rot, dann wurde sie geküsst, dann lagen sie halb ausgezogen auf dem schmalen Holztisch.

»Warum gehen wir denn nicht ins Bett?«, fragte Milena, und ihre Stimme ging vom weißen Rum nach oben.

»Weiß nicht«, entgegnete David, »musst du sagen. Ist dein Bett.«

»Stimmt. Gleich ... gleich können wir rüber ...«

Damit legte sie ihre Lippen fest auf seine, öffnete den

Mund – und sie gingen erst eine halbe Stunde später ins Bett, ein bisschen verrenkt, mit dem gesprudelten Wasser.

Von ganzem Herzen außer Atem, waren sie nicht betrunken genug und viel zu aufgekratzt, um schon einzuschlafen. Also redeten sie eine stockfinstere Stunde lang über das Leben mit dreißig, mit Amy, über Polo Höppners Gäste und Geschenke, über die Parallelklassen, in die sie erschreckend viele Jahre zuvor gegangen waren, ohne so richtig Notiz voneinander genommen zu haben; über Münster und BWL, Start-ups und Computerspiele, über Autofahr- und Kerzenmusik, über das Tallstedt von 1999, an das David sich erinnern konnte, und das Tallstedt, in dem Milena lebte in diesem Hier und diesem Jetzt.

Mit dem verwirrenden Gefühl, nun schon viel mehr übereinander zu wissen, vertrauter zu fragen, zu flüstern und zu streicheln, genossen sie den Sex beim zweiten Mal, als hätten sie gerade erst verstanden, dass sie tatsächlich mit voller Absicht in ein paar Stunden nebeneinander aufwachen und dass keiner von ihnen sich vor der schnapsschweren Nacktheit des anderen davonstehlen würde. Dass sie sich nicht am Montagmorgen auf dem Schulhof aus dem Weg gehen müssten, dass sie ganz erwachsen waren und tun konnten, was sie wollten, alles anfassen, was da war, bis die Lider flackernd niedersanken, weil der Körper irgendwann ausruhen musste, nachdem der Mensch ihn zum Trinken, Tanzen und Vögeln benutzt hatte.

Das dritte Mal gleich nach dem Duschen. Mit Musik und Streifen von Tageslicht auf den zerknautschten Decken, die jetzt nach ihnen beiden rochen: Milena und David und David und Milena und die Flüssigkeiten einer pulsierenden Nacht. Das war der Anfang, das war *ihr* Anfang, und er war gut. Und da waren immer noch Kondome übrig in der Packung.

Beim vierten Versuch brachen sie ab, als bei David plötzlich auch die Nase rot anschwoll und er, weil die Hände nicht frei waren, seinen Kopf neben Milenas ins Kissen grub zum Niesen.

»Sorry«, sagte er danach mit Blick zum gekippten Schlafzimmerfenster, »ich glaub, das sind die scheiß Frühblüher. Kann ich zumachen?«

Milena nickte, dann fiel ihr Blick auf die Uhr an der Wand.

»Fuck, schon halb vier! Amy! Wir ... ich ... wir machen nächstes Mal da weiter, okay?«

David sagte, dass das okay sei, und nieste noch zweimal, dann klaubten sie Kleidungsstücke zusammen und nutzten die Hektik des Aufbruchs, um sich für das folgende Wochenende zu verabreden. Vielleicht würde Katja mal wieder mit ihrer Nichte in den Zoo fahren wollen, spekulierte Milena, und dann könnten sie ungestört hier weitermachen, wo sie eben aufgehört hatten. Mit- und bei- und ineinander, wie hatte ihr das verdammt nochmal gefehlt, dass sich einer unter ihren Händen so gut anfühlte, als gehörte er nirgendwo anders hin.

Ihr Fernbeziehungssommer und ihr Fernbeziehungsherbst schienen zu verfliegen, auf dem Kalender nur Zahlen aus Seifenblasen. David riss Kilometer um Kilometer herunter, um bei Milena zu sein, um Amy besser kennenzulernen, zweimal im Monat, wenn sein Job es ihm erlaubte, denn meistens war er ein Chef ohne Wochenende. Zugleich schwärmte er oft von Münster und der Firma und betonte im selben Atemzug, dass er nicht gern in Tallstedt war, aber furchtbar gern ›bei euch Ladys‹, wie er sagte.

»Ist es denn soo schlimm in unserer kleinen Stadt?«, fragte Milena und versuchte, die Worte leicht klingen zu lassen, leicht, wie man sich nach einer beherzten Entscheidung fühlt.

»Es ist *deine* kleine Stadt, Milly. Nicht meine.«

»Nicht deine?«, fragte sie etwas hilflos zurück und musste an Jonas denken und an die Übelkeit der Enttäuschung.

Sie standen sich gegenüber, Davids Blick ging an ihr vorbei.

»Ich meine nur«, erklärte er, »leben könnte ich hier nicht mehr.«

»Was ... hältst du von einem Grundsatzgespräch, David Sanders? Immerhin sind wir seit ... also, es ist ein halbes Jahr, meine ich, dass wir ... zum ersten Mal.«

Sehr langsam legte David seine Hände auf Milenas Rippen, atmete aus und sah ihr in die Augen. »Zusammen, Milly, wir sind zusammen. Seit wir das erste Mal miteinander geschlafen haben. Also, dreieinhalb Mal, genau genommen.«

Milena verkniff sich ein Schmunzeln und runzelte die Stirn. »Jetzt klingst du aber sehr offiziell.«

»Ich wollte nur klarstellen«, seufzte er, »dass ich gerade alles gut finde, wie's ist. Also dich vor allem, aber auch Amy. Alles, sogar die Fahrerei.«

»Sogar die Fahrerei.«

»Yep.«

Seine Finger wanderten über ihren Oberkörper, Milena wich einen Zentimeter zurück.

»Aber, David, das ... kann doch nicht so bleiben. Wenn du mich ... uns ... das alles auch nach einem Jahr noch gut findest, was dann?«

»Was dann?«

»Dann fährst du zwischen deiner Spielefirma und der Fernbeziehung in deiner Geburtsstadt hin und her, ich weiß nicht, wie viele Kilometer jeden Monat, nur damit du dich nicht entscheiden musst?«

David ließ seine Hände sinken.

»Und du?«

Milena hörte einen Unterton, den sie noch nicht kannte – da kam Amy in die Küche gestürzt, weil sie die Heftseite präsentieren musste, die sie mit ganz vielen Farben ausgemalt hatte: ein Haus, ein Baum mit Schaukel, die nicht ganz runde Sonne und drei Blumen.

Am letzten Sonntag im Oktober spazierten sie an dem Wohnblock im Hanseviertel vorbei, in dem David gewohnt hatte, als seine Eltern noch lebten, und von da aus mit Amy zum Spielplatz am See. Als die außer Hörweite war, setzten sie ihr Gespräch zum x-ten Mal fort, redeten aber wie so oft erst ausführlich über all das Tolle zwischen ihnen. Über alles, was gut war, so wie es war, über Treue und Leidenschaft und die besten langen Abende seit der Erfindung von Playlists, Weißwein, Eiskonfekt.

Bis dann Milena schließlich, ohne abzusetzen, fragte, warum er bitte schön nicht mit ihr und ihrer Tochter zusammenleben wolle, und zwar zum Henker nicht nur von Freitagabend bis Montagfrüh.

Und wieder einmal erwiderte David: »Die Frage ist nicht ob, sondern wo. Vor allem, wo nicht.«

»Wo? Ja, wo denn wohl? Ich ... will hier nicht weg!«

»Und ich kann hier nicht leben.«

»So 'n Quatsch! Außerdem ... ich hab Amy, und – ich *kann* hier nicht weg, David, kapierst du das?«

»Und ich will hier nicht leben.«

Sie funkelten sich an, und Milena hätte so gern andere Worte gefunden, nicht diese Sackgassenvokabeln, hätte so gern aus irgendeiner besseren Sprache bessere Ausdrücke für ›kann nicht‹ und ›will nicht‹ importiert, für die Totschlagbuchstaben, die alles kaputt machen konnten.

Am Ende dieses Nachmittags verkündete David, als er ein paar Mal, nach Argumenten suchend, die rechte Handkante in die linke Handfläche gehauen hatte, er werde sofort und nicht erst am Montagmorgen zurückfahren, und Milena hielt das für seinen besten Wortbeitrag seit langem, biss sich aber auf die

Zunge. Eine Umarmung zum Abschied gelang ihnen nicht, ungewohnt früh kam die Dunkelheit. Winterzeit.

Vorläufig träfen sie sich unregelmäßiger, erzählten sie denen, die nachfragten, und betonten die Hintertürformulierung: ›Vorläufig‹, das hieß, David konnte sich jederzeit ins Auto setzen und die Vorläufigkeit links überholen, und Milena konnte Amy erklären, dass David gerade ganz viel Arbeit und ganz wenig Zeit hätte. ›Vorläufig‹ gab Milena Zeit zu überlegen, ob sich in dem Dilemma ein Kompromiss versteckte, eine Lösung irgendwo auf halber Strecke zwischen Wunsch und Wirklichkeit, seinem und ihrem Zuhause. Irgendein Cloppenburg für ihre Liebe.

Sie testeten die Haltbarkeit von Starrsinn und Sehnsucht. Beschlossen dienstags am Telefon, sich zu trennen, schrieben donnerstags WhatsApp, hingen samstags wieder am Hörer. Ein neuer Streit mit alten Argumenten, anschließend Funkstille für eine Woche, dann eine oder zwei knappe Mitteilungen, wieder Funkstille. Und so weiter, bis zu Milenas Geburtstag am 28. November. Ein Foto von einer Kerze und einem M aus Toffifees brach das Eis: Sie bedankte sich, er schrieb, keine Ursache, sie dankte noch mal.

Eigentlich habe er singen wollen.

dann sing doch, tippte sie.

Aber das könne sie ja nicht hören, wandte er ein, weil sie nicht miteinander sprächen.

Dann solle er sie doch einfach anrufen.

einfach? jetzt plötzlich?

nicht plötzlich, sondern endlich …

Tauwetter.

Eines ihrer Adventssonntagnachmittagsgespräche dauerte so lang wie auch die Fahrt von Münster nach Tallstedt gedauert hätte – mit Tankstopp.

»Lass mich was für uns suchen«, schlug David vor und meinte eine große Wohnung in Münster mit Garten und Platz für ein Planschbecken.

»Echt?« Ich hab doch schon was gefunden, dachte Milena und meinte ihr Elternhaus mit Garten und Seeluft.

Ob sie sich denn nicht verändern wolle, bohrte er nach, ob sie nie irgendwas verändern wolle?

»Warum denn?« Eine der leiseren Milena-Gegenfragen.

»Mir zuliebe.«

In dem Argument steckte ›Liebe‹ drin, unüberhörbar, aber Milena konnte sich beim besten Willen nicht vorstellen, allem und allen den Rücken zu kehren, denn in Münster kannte sie doch nur diesen einen neuen Menschen. Und was sollte Amy in einer großen Stadt?

Möglichst oft fragten sie einander nach Arbeit oder Sport oder lauschten schweigend der Musik, die beim anderen im Hintergrund lief. Was trinkst du gerade? Hast du schon gegessen? Was steht morgen an?

Und was wird aus uns.

Davids Firma war mit ihren Spielen so dermaßen erfolgreich, dass sie sich entweder von irgendwelchen Asiaten aufkaufen lassen oder selbst wachsen musste. Sie expandierten, sie hatten das beste Weihnachtsgeschäft aller Zeiten vor sich. Ab Heiligabend schloss David sich mit Jahresbilanz und Prognose zu Hause ein, Milena und Amy wünschten über Facetime frohes Fest, wobei Amy nachhakte, ob David denn jetzt tatsächlich – wie ihre Mama behauptet hatte – noch mehr arbeiten müsse als der Weihnachtsmann, wo doch alle anderen Leute Ferien hätten und frei.

»Ja, leider.« David schmunzelte mit einem Achselzucken in die Handykamera. »Aber ...«

»Aber was?« Amy kniff die Augen zusammen.

»Na ja, das … das bleibt nicht so. Bald wird's besser.«

Milena lauschte Davids improvisierter Erklärung, warum er im nächsten Jahr weniger zu tun und mehr Zeit haben würde, um vielleicht wieder mal nach Tallstedt zu kommen. Dann unterbrach sie, denn sie waren mit Katja und Jan vor der Kirche verabredet. Erst der Festgottesdienst, dann die Bescherung mit allen und die Gans mit Klößen, und danach würden Milena und Amy durch den klammen Dezemberabend zurück in ihre Zweisamkeit stiefeln.

Sobald die Kleine schlief auf dem neuen Kissen mit ihrem eingestickten Namen, rief Milena noch einmal bei David an, um ihm mitzuteilen, dass sie überhaupt nicht verstehen könne, wie er an Weihnachten so ganz allein nicht einsam und nicht traurig sein könne, das wolle nicht in ihren Kopf, das passe nicht in ihre Welt, denn in ihrer Welt säßen die Menschen, die sich sehr gernhaben, gemeinsam vorm Tannenbaum, um viel zu essen, zu trinken, Geschenkpapier zu zerratschen und so weiter.

»Ja«, sagte David, »hatten wir früher auch. Baum, essen, trinken. Und so weiter.«

»Aber dann …«, Milena suchte nach den richtigen Gründen, »… ich meine, deine Eltern sind ja nicht mehr da und … wir …«

Ihre Worte plumpsten zwischen den beiden zu Boden, sie hörte ihn atmen, lange sagte er nichts.

Schließlich räusperte er sich: »Meine Ex war vorhin hier. Mit Keksen.«

»Warum erzählst du mir das?«

»Ich hab nicht aufgemacht.«

»Woher weißt du dann, dass sie Kekse dabeihatte?«

»Türspion. Ich kenne ihre Weihnachtsdose.«

»Ja, und?«

»Hm?«

Milenas Stimme schärfte sich an ihrer Nachfrage: »Warum du mir das erzählst!«

»Ich wollte nur sagen, dass ich wirklich mit *niemandem* Weihnachten feiern wollte. Möchte. Noch nicht.«

Milena schwieg.

»Wegen meiner Mutter, schätze ich. Der ... Todestag.« Das Wort sprach er fast unverständlich schnell aus. »Das war am ersten Weihnachtstag, Milly.«

»Aber – hä? Du hast gesagt, sie ist im Winter gestorben?! Ich meine, Weihnachten ist doch nicht einfach nur Winter, das ist ja ... Mann, das ist ja furchtbar.«

»Na ja, ist lange her, aber irgendwie ist Weihnachten seitdem trotzdem ... doof. Schwierig.«

»Das hättest du ruhig mal erwähnen können.«

»Wir haben uns im Oktober getrennt«, gab David sachlich zurück, »als alle Welt anfing, über Weihnachtsgedöns zu sprechen, hatten wir Funkstille, weißt du noch?«

»Mhm, weiß ich noch.«

»Und jetzt? Was ... haben wir jetzt?«

»Weihnachten ist kein Gedöns, David.«

»Sollen wir versuchen, unser Problem zu lösen, Milena?«

Am dritten nassen Wochenende im Januar, verlängert um den Freitag und den Montag, kam David nach Tallstedt.

»Feiert ihr Versöhnung?«, hatte Katja wissen wollen, als Milena ihr davon erzählte und um ein paar Stunden Amy-Betreuung bat.

»Wir feiern Problemlösung.«

»Was ist euer Problem?«

»Wenn du mich fragst: seine Firma in Münster. Wenn du ihn fragst: meine Familie hier.«

»Hey, dazu gehöre ich auch, Kröti«, sagte Katja mit halbherzigem Lachen, »ich will aber kein Teil eures Problems sein.«

»Fahr mit Amy ins Kindertheater, dann wirst du vielleicht Teil der Lösung. Ernsthaft, wir brauchen Zeit, Katschi, wir haben überlegt, wir müssen das alles mal aufmalen, wie wir zusammen ... Na ja, so eine Art Bild von unserer Zukunft.«

Katja stutzte.

»Ist das ... so 'ne Idee aus'm Netz? Aus der *emotion*? Du kannst doch gar nicht malen.«

»Kann David auch nicht, aber reden haben wir schon versucht, und jetzt malen wir halt mal.« Sie hielt inne und musterte ihre Schwester. »Was ist denn jetzt wieder, warum guckst du so?«

»Malen, ja?«

»Ja-ha.«

»Nee, ist klar.«

Milena merkte, wie sie ungehalten wurde.

»Ja, was weiß ich, vielleicht prügeln wir uns auch. In jedem Fall sollte Amy nicht dab–«

»Kröti.« Jetzt klang Katja sehr offiziell. »Pass auf: Amy und ich gucken uns den kleinen Maulwurf auf der Bühne an, und ihr habt gefälligst so guten Sex, dass du dich anschließend endlich entscheidest, zu David zu ziehen.«

»Wie jetzt, du meinst – hä? Du willst, dass ich umziehe? Wegen gutem Sex?? Dreihundert Kilometer weg von dir und Jan und ... du von Amy, echt?«

»Will ich natürlich nicht, geht aber nicht anders.«

»Pfft ...«

»Das ist so was wie ein Rollenspiel, Kröti: Der große Spielmeister wirft dich –«

»Ich glaub doch jetzt nicht an Gott, Katti!«

»Nee, musst du ja nicht, kannst du nennen, wie du willst. Du glaubst an dich, das reicht. Also, du wirst auf so ein riesiges, unübersichtliches Spielfeld geworfen, deine Startposition ist ein Dorf wie das hier ...«

»Kleinstadt ...«

»... und eine der Aufgaben auf deiner Karte ist es, vor deinem vierzigsten Geburtstag die Stadt zu erreichen, wo der Ritter eine Burg besitzt.«

»Ha-ha.« Milena verzog den Mund.

»Alles, was du mitnimmst, muss heil dort ankommen, sonst gibt's Minuspunkte ...«

»Aber –«

»... *aber* du kannst halt nicht *alles* mitnehmen, das ist die Regel.«

»Find Regeln doof.«

Zum ersten Mal seit dreißig Jahren wuselte Katja ihrer kleinen Schwester durch die Haare, zum ersten Mal drehte die sich nicht widerwillig weg.

»Wenn ich das richtig sehe«, sagte die Ältere, »dann ist dein Münster-Man der Richtige für dich, oder? Minus die paar Macken, die jeder Kerl hat.«

Milena hörte sich murmeln: »Das ... weiß ich doch noch gar nicht, das weiß man ja irgendwie nie, ich meine, kann schon sein, aber das lässt sich ja so einfach gar nicht bea-«

»Hey! Hallo! Dann finde es raus, solange er da ist, und ...«

»Und?«

»Triff eine erwachsene Entscheidung.«

Augenrollend antwortete Milena, dass so etwas aus der Perspektive der großen Schwester, seit tausend Jahren glücklich verheiratet, immer leicht zu predigen sei, aber sie habe ja auch Verantwortung für ihre kleine Tochter. Und überhaupt.

»Nimm Amy nicht als Ausrede. Die mag David doch auch. Und mir hat sie verraten, sie hätte gern eine Schwester.«

»Hat sie nicht! Wann?«

»Beim Karussellfahren auf'm Weihnachtsmarkt.«

»Hm. Aber – was ist mit Mama und Papa?«

Irgendwo in ihrem Erfahrungsschatz fand Katja die klugen Sätze, mit denen sich erklären ließ, dass ihre Eltern in deren Spielversion andere Aufgabenkarten abarbeiten mussten, dass sie am Stammsitz der Familie die Stellung hielten, während die Kinder in die Welt hinauszögen.

»Aber«, wandte Milena leise ein, »wer kümmert sich, wenn die beiden irgendwann – ich meine, dann musst du dich halt kümmern, wenn ... Okay?«

Katja hatte genickt und ihr einen Kuss in den raspelkurzen Teil ihrer Frisur gedrückt.

»Ich bin ja da.«

»Ja. Du bist da.«

An das Gespräch musste Milena jetzt zurückdenken, am Fahrradständer vor der Gynäkologiepraxis, und an die ungeschützte Nacht im letzten Winter, als sie und David stöhnend und erleichtert, nicht voneinander hatten lassen wollen, noch ehe sie mit der albernen Zukunftsmalerei überhaupt begonnen hatten. Endlich, endlich wieder Herzschlag an Herzschlag ineinander vergraben, klammerten sie sich nach viel zu vielen Worten über nichts und alles an die wortlose Haut, nackt, echt und zum Greifen gut. Da war kein Zögern oder Fragen, kein Innehalten, es war undenkbar, dass sie aufhörten, unterbrachen, sich losließen, ehe es zu Ende wäre und sie wieder Luft holen dürften.

Sie hatten ein Kind gezeugt, bei gedimmtem Licht und mächtiger Musik.

Ein Kind. Dein Kind.

Im Kopf machte Milena eine Liste der Sätze, die sie in dem nun fälligen Gespräch würde unterbringen müssen:

Keine Panik, Schatz, mir geht's gut, hatte nur einen kleinen Unfall. *Und ein Kind von dir.*
Wollte dich nicht beunruhigen, es ist ja nichts passiert.
Andererseits ... ist doch was passiert. *Ein Kind.*
Der Nachbar konnte nichts dafür.
Uns geht's gut.
Ich hatte Schiss.
Wann guckst du dir die nächste Wohnung an, wir bräuchten nämlich jetzt ein Zimmer mehr ... *Unser Kind.*
Wann kannst du hier sein?
Wir ...
Nein, verdammt, so wurde das nichts, da fehlten Verbindungsstücke, sie musste das neu sortieren, sie musste auch mit Rückfragen rechnen und –
Klopfgeräusche an einer Glasscheibe holten sie aus ihren Gedanken. Der Kopf einer medizinischen Fachangestellten tauchte über der Halbgardine im Fenster der Arztpraxis auf, überdeutlich hob sie den rechten Zeigefinger und wies auf ein grünes Stück Papier in ihrer linken Hand.
Ach ja, der Termin.
Milena hatte den selbstklebenden Zettel mit dem Datum der nächsten Untersuchung an der Anmeldung liegen lassen.
Es fängt ja gerade erst an, *mein Kind.*
Bakterien, Eisenmangel, Hämoglobin, wie drückt das Blut, wie schlägt das Herz: Es musste von nun an alles gecheckt werden. So oder so, es fängt ja gerade erst an, David.
Ich bin nicht mehr allein in meinem Körper, dachte Milena.
Ich muss dringend telefonieren.

*

Von ihrer Kollegin und dem einzigen Besucher unbeobachtet, zog Katja ein DIN-A3-Blatt aus dem Fach des Büchereikopierers und notierte ganz oben links am Rand *so!*, dann schrieb sie in die Mitte *Pro* und rechts davon *Contra*, was sie konzentriert einkreiste, um schließlich unten rechts aufzulisten, *Was ich nicht will*

1. *die Fotoalben*
2. *Streit wegen Henry*
3. *?*

Ein paar Atemzüge lang starrte sie auf das Papier, bis das doppelt unterstrichene ›nicht‹ zum Klecks verschwamm, dann faltete sie den Zettel zweimal und verfolgte mit den Augen seinen Weg in den Reißzahnschlitz des schrecklich lauten Aktenvernichters, Millimeter für Millimeter.

»Räumst du auf?«, rief Carolin Höppner gegen das Getöse an, unbemerkt, dann stand sie auf, winkte mit zwei bunten Spanisch-Lehrbüchern von ihrem Schreibtisch herüber wie auf dem Landedeck eines Flugzeugträgers, um Katjas Aufmerksamkeit zu erregen.

»Hast du was gesagt? Ich hab was geschreddert.«

»Ob du aufräumst?«

Katja machte eine unentschlossene Kopfbewegung und fragte zurück: »Braucht ihr eventuell ein Tandem?«

»Nö!«, sagte Carolin lachend, »wieso?«

»Ach, vergiss es. Machen wir Mittag? Schließt du ab?«

»Öhm, es ist halb zehn, Katja.«

»Echt?«

»Sag mal, Chefin, ist alles okay mit dir? Bist du anwesend?«

»Ich ... ich war nur kurz ... ich bin heute nicht so ... Sorry.«

»So montagsmäßig hab ich dich aber lange nicht erlebt.«

Carolin baute sich hinter Katjas Monitor auf.

»Soll ich dir mal was sagen?«

»Nee, Caro, ich –«

»Deine Augen sehen nach Kopfschmerzen aus, du bist doch definitiv grippig, vielleicht gehst du besser ins Bett? Oder? Bevor du hier Leute ansteckst? Oder *Kolleginnen*? Komm, hopp, abmelden und auskurieren, ich schaff das hier auch noch einen Tag ohne dein Diplom.«

Sobald Katja die Bücherei verließ, war ihr erster Gedanke: Nicht nach Hause! Und der zweite: Anna Störzel – die Frau zwischen früher und jetzt.

An jenem geständnisreichen Abend hatte Jans Stimme so dämlich geflattert, bevor er endlich diesen Namen fallenließ.
»Katti. Ich muss dir was sagen.«
Katja saß auf der Bettkante und stellte ihren Handywecker, Jan trug noch nicht sein graues Schlafshirt, stand am Fenster.
›Ich muss dir was sagen‹ – welches Gespräch, das so anfing, hatte jemals in einer innigen und warmen Umarmung geendet?
»Musst du oder willst du?«
Sie schluckte trocken. Sie hatte mit der albernen Oder-Frage Zeit zu gewinnen versucht – sinnlos.
»Ich glaub, wir müssen –«, setzte Jan an und unterbrach sich sofort, als sei ihm eingefallen, dass er bei der Vorbereitung dieses Gesprächs den Anfang kurzfristig noch mal verändert hatte. »Es tut mir leid, wirklich, und mehr, als ich dir erklären kann, aber ich hab mich – wir müssen uns trennen. Ich muss, meine ich. Wegen jemand anderem. So.«
Eine, vielleicht zwei Sekunden hatte Jan abgewartet, ob er weitersprechen konnte, und sagte dann: »Keine Ahnung, wie das passiert ist, dass ich mich ... Boah, Mann, ich kann das echt nicht gut, tut mir leid ...«
Katja hob die Augenbrauen, er bemerkte es und sah sie an,

erwartete offenbar, dass sie als Nächstes eine Haarsträhne in die Finger nähme, um sie an der Wange glatt zu ziehen.

»Ja, es ist scheiße, ich weiß, Katti, und es hat überhaupt nichts mit dir ... Ich meine, ich kann jetzt nicht so tun, als hätte ich mich nicht ... noch mal neu verliebt. So. Und ich hab gemerkt, dass ich das will: neu anfangen. Obwohl wir verheiratet sind, obwohl ich immer geschworen hätte, mir ... uns passiert so was nicht, auf keinen Fall!«

Sie spürte, dass sie zitterte, es war, als würden alle Teile ihres Körpers nacheinander um ein paar Grad abkühlen. Also konzentrierte Katja sich darauf, dass ihre Stimmbänder dieses Zittern nicht übertrugen.

»Dass du das *willst*?«

»Hm? Was ... was meinst du?« Sehr leise.

»Was der ganze Scheiß soll, meine ich, Jan. Und verrätst du mir vielleicht endlich mal, von welcher Trulla wir hier reden? Seeräuber-Jenny oder was?«

»Neinneinnein, nicht Jenny.«

Jan schnaufte und wiederholte »... nicht Jenny«, wie um sich selbst mit der Feststellung zu beruhigen, dass es hier nicht um die Rechtsanwalts- und Notarfachangestellte aus seiner Kanzlei ging, nicht um Jennifer Kravets, deren linker Arm vom Bizeps bis zum Mittelhandknochen tätowiert war.

»Nicht Jenny. Und weiter?«

»Anna.« Jan senkte den Blick aufs Schiffsbodenparkett. »Also Störzel. Anna Störzel.«

»Anna Störzel. Nicht wirklich?«

»Sie brauchte ... ich meine, sie ... war eine Mandantin.«

Mechanisch stand Katja auf, sie wollte Jan anschauen, doch sie konnte nicht, sie schaute an ihm vorbei aus dem Fenster, wunderte sich, dass draußen, im Lichtkegel der Straßenlaterne, alles noch da war: der Geräteschuppen auf der Grundstücksgrenze, das Spielstraßenschild vor der Kurve, der Wegweiser zum Minigolfplatz und der zum Deichwanderweg. Der Hundekotbeutelspender. Alles immer noch an seinem Platz.

›Alles noch da, mein Mann?‹, hatte Katja in diesen Wänden tausendmal gefragt, wenn sie aus verklebten Lidern in den Morgen geblinzelt und Jan am Schlafzimmerfenster hatte stehen sehen. Prüfend, so schien es, ließ er seinen Blick schweifen über die Nachbargärten, über Zierapfel und Regentonne, über 360-Grad-Sprinklersysteme, den Fahrradweg und den Altglascontainer. Über die Welt von Tallstedt um sechs Uhr dreißig.
›Alles noch da, Katti. Alles noch da.‹ Hatte er stets versichert und sich umgedreht, Jahr um Jahr, Tag um Tag, und war zurück zum Bett gegangen, um seiner Frau den ersten Kuss des Tages zu geben.

Alles nicht mehr da.
Diesen Kuss würde nun also Anna Störzel bekommen?
Dr. med., schoss es Katja durch den Kopf, während sie sich zu Jan drehte, auf seinen Mund starrte und die nächsten Sätze seines Zickzackgeständnisses nicht mehr hörte. Sie bohrte die Fingerspitzen in die Haut unter ihrem Haaransatz, schloss dann die Augen und erkannte ganz deutlich, viel zu klar in den schärfsten Kontrasten, das schwarz-weiße Schild an der Mauer, vor der sie einmal im Jahr ihr Rad ankettete:
Dr. med. Anna Störzel. Praxis für Frauenheilkunde und Geburtshilfe. Privat und alle Kassen.

*

Die Trittleiter bis zur zweiten Stufe erklommen, die Schulter fast ausgekugelt, lag Leons Kinn in der Staubschicht auf dem hohen Kleiderschrank von Curt und Anita Haffner, und er bohrte den Fingernagel in den Stoffeinband des Fotoalbums, das dort oben, warum auch immer, bis ganz weit hinten gerutscht oder geschoben war. Mit einer letzten Kraftanstrengung und Flusen auf den Brillengläsern erwischte Leon das Album und reichte es nach unten, wo Haffner es dankbar entgegennahm und sofort aufschlug mit den Worten: »Ah, haben Sie's gefunden!«

Leon stieg hinunter und klappte die Leiter zusammen.

»Ich musste es ja gar nicht suchen, es war ja nur sehr wei–«
»Hier!« Haffner tippte auf ein Foto.
»Gern geschehen ...«
»Da ist es!«

In der Mitte des Albums war ein mit ›Sommer 1974‹ beschrifteter Schnappschuss eingeklebt. Die Jahreszeit mochte dem heiteren Gesichtsausdruck der Frau auf dem Foto anzusehen sein, der Himmel hinter ihr jedenfalls hatte so gar nichts Sommerliches. Die Frau in der roten Regenjacke mit den hochgekrempelten Hosenbeinen lachte eher zur Seite als in die Kamera, sie schien verlegen oder ungeduldig, fast, als hätte sie gar keine Zeit für ein Foto, sondern wolle sich gleich wieder dem Panorama hinter ihr zuwenden: Unter dem trüben Himmel lag schlickgraue Weite, wie ein großer Parkplatz ohne Autos, doch am äußersten Rand erkannte Leon, sobald er seine verstaubte Brille am Pullover gesäubert hatte, einen Leuchtturm.

»Schön«, kommentierte Leon und drehte sich weg, um zu husten, ehe er fragte: »Ihre Frau?«

Haffner bestätigte mit stummem Nicken und nahm das Album näher vors Gesicht.

»Und ... wo ist das?«

Haffner schaute Leon an und hielt nun ihm die Doppelseite

direkt vor die Augen: »N...ach, das werden Sie doch kennen. Was? Das ist doch das Wattenmeer!«

Leon blinzelte und wich einen Schritt zurück. »Ja? Das hätte ich jetzt nicht sofo–«

»Weil Sie doch erzählt haben, Sie kommen von da oben, ursprünglich!«

»Tallstedt«, sagte Leon tonlos.

»Genau! Und das hier«, Haffner präsentierte das Album, als enthalte es seltenste Briefmarken, »das ist Tallstedt, bevor Sie überhaupt auf der Welt waren!«

»Echt?«

»Ja doch! Das ist ... Anita ... das ist ... im Urlaub war das, '74. Wo die Anita so in der Ebbe steht, ja. In den Siebzigern, mein Gott.«

Mit zwei Fingern strich er über die handgeschriebene Jahreszahl, Leon bemerkte ein leichtes Zucken in Haffners Fingerknöcheln. Diese ruhige Hand hatte vor Jahrzehnten auf den Auslöser eines sicherlich längst verschrotteten Apparats gedrückt und einen feinen Moment in einer heutzutage nicht mehr denkbaren Bildqualität festgehalten. Die anderen Fotos auf der Doppelseite zeigten Nahaufnahmen von Enten im Schilf, eine Autobahnraststätte und ein unter Salzkartoffeln halb begrabenes Stück Bratfisch, von dessen Rand dekorativ die krause Petersilie grüßte.

Leon wollte Haffner zuliebe umblättern, fragte, ob da noch mehr Tallstedt-Schnappschüsse kämen, doch der Alte verneinte knapp, nuschelte etwas wie ›Nur Schwarzwald ...‹ und klappte das Album zu, um es dann auf die Ablage unterm Couchtisch zu schieben. Im nächsten Moment verkündete er wie eine Überraschung, die er sich aufgehoben hatte, dass ihm Geflügelsalami und Kaffeesahne ausgegangen seien, deutete auf einen Fünfeuroschein neben dem Backgammonbrett und merkte an, dass der *Rewe* Wollankstraße jetzt durchgehend geöffnet sei.

»Ich weiß, Herr Haffner«, seufzte Leon und steckte den Fünfer ein, »da war früher schon durchgehend geöffnet.«

Haffner runzelte die Stirn.

»N...ach? Früher? Also, das Wort klingt komisch, wenn ein junger Mensch das sagt.«

»Jung?« Leon lachte auf.

»Na, jetzt seien Sie mal so gut«, damit schob der alte Nachbar ihn Richtung Flur, »und nachher erzählen Sie mir, wie das Tallstedt von früher heute so aussieht.«

Vor der Wohnungstür, die sein Nachbar hinter ihm geschlossen hatte, rechnete Leon kopfschüttelnd die Zeit zurück: Einschulung, Abi, erstes Mal, Auszug – eine einzige lange Soap-Folge in den immer gleichen Kulissen.

›Früher‹, überlegte er auf dem Weg zum Supermarkt, während er den Geldschein zwischen den Fingern zerknitterte, das ist die Zeit, die zu Ende geht, wenn das Kinderzimmer nicht mehr nach Chips und Socken riecht. ›Früher‹ war vorbei an dem Tag, an dem Leon sein Elternhaus zum ersten Mal als Wochenendgast betrat. Seine Mutter hatte durchgelüftet, und die einfarbige Bettwäsche hatte etwas verstörend Erwachsenes ausgestrahlt. Kalt war ihm da gewesen, das wusste er noch ganz genau.

*

Die gynäkologische Praxis lag, wie eigentlich alles in Tallstedt, nur wenige Minuten von der Bücherei in der Stadtmitte entfernt. Erst nach links, dann am Rathaus vorbei und ein Stück geradeaus, dann rechts in die Alte Seegasse und am Gefallenendenkmal wieder links in die Schulstraße. Katja könnte schneller dort sein, als sie ihren Puls hochgefahren hätte, stünde schlimmstenfalls hochrot vor der Fachangestellten mit der weichen Stimme und den großen Händen.

›Frau Schumann‹, würde die sagen, ›was Akutes?‹, und mit einem Seitenblick durch die Glastür ins Wartezimmer feststellen: ›Im Moment ist voll. Haben Sie denn ein bisschen Zeit mitgebracht?‹

›Zeit‹, knurrte Katja lautlos, noch immer keine zwanzig Meter vom Ausgang der Bibliothek entfernt, ›Zeit ist so ein zweischneidiges Ding, ahnungslose junge Sprechstundenhilfe. Für dich, gerade mal Anfang zwanzig, und deinen Beinahverlobten ist das schönste Problem nicht, wann, sondern wie viele Kinder ihr zeugen werdet, denn ihr habt ja zu allem Glück der Welt auch alle Zeit – für dich also, sorglose, umsorgte blutjunge Frau, für dich ist Zeit nicht das Gleiche wie für mich! Außerdem‹, würde Katja mit einem Stimmpegel am Anschlag hinzufügen, ›hat deine viel zu gut aussehende Chefin sich meinen Mann gekrallt: Würdest du das akut nennen oder nicht, hm?‹

Katja ging nicht nach links.

Mit kleineren Schritten als sonst machte sie sich auf den Weg die Hamburger Straße entlang. An der Ampel vor dem Kirchplatz musste sie warten, und neben dem roten Männchen auf der anderen Straßenseite winkte ihr Sandra Börner zu, wobei ihr einer der großen Blumensträuße in Zellophanpapier, die sie wohl Richtung Rathaus trug, um ein Haar heruntergefallen wäre.

»Huch!«, sagte Frau Börner und: »Geht's gut?«

Das rote Männchen leuchtete noch, Katja entschied sich, nur »Hallo!« zu erwidern, um die Frage unbeantwortet zu lassen, was aber Frau Börner nicht weiter störte.

»Ungemütlich, oder?«

Sie deutete zum verhangenen Himmel, und ehe Katja ebenfalls nach oben schauen und ihr zustimmen konnte, fügte Frau Börner hinzu: »Aber das bleibt nicht so.«

Gelbes Männchen, grünes Männchen, die Frauen gingen lächelnd aneinander vorbei, und in dieser Ampelphase konnte Katja vor sich sehen, wie die optimistische Floristin einen schönen und schön großen und nicht zu billigen Strauß für Jan zusammenstellen würde – Germini, Schleierkraut, Tulpen und Japanrosen, ›Ist es so recht?‹, ›Seeehr schön!‹ –, ohne zu wissen, dass der Herr Schumann das fröhliche Gebinde gar nicht nach Hause tragen würde. Denn diese Blumen, die so herrlich unschuldig dufteten, wären für Frau Dr. med. Anna Störzel bestimmt, privat und alle Kassen.

Vermutlich hatten am Wochenende gleich zwei Mitarbeiterinnen der Stadtverwaltung Geburtstag gehabt, da ließ sich Stadtdirektor Kuntze nie lumpen und orderte opulente Schnittblumenarrangements, die Sandra Börner schnellen Schrittes persönlich auslieferte.

»Tschüs, Frau Schumann, muss weiter!«

»Tschüs.«

Vielleicht, fiel Katja auf ihrem Weg über den Kirchplatz ein, war das eben das letzte Mal, dass Frau Börner von *Blumen Börner* mich so gegrüßt hat.

Sie blieb stehen, sah sich auf dem Platz um. Zu dieser frühen Stunde war sie hier fast allein, nur ein Postauto rollte vorbei, eine Schürfkübelraupe vom Bauunternehmen Dock, ein Transporter mit der Aufschrift *STIMMUNGSZENTRALE! Wir feiern Alles!*, und zwei Schulschwänzer hielten auf die Bäckerei zu.

Sobald alle, die wir kennen, erfahren haben, was bis jetzt, hoffentlich, nur drei Menschen wissen, wird mein Leben hier ein anderes sein.

Der Gedanke an eine so unwahrscheinliche Komplizenschaft – wir drei: der Mann, die alte Frau, die neue Frau – war verstörend und unappetitlich. Katja wollte kein Teil dieses Trios sein, das ein Geheimnis teilte, definitiv zu groß für eine so kleine Stadt.

In ihrem Kopf hatte ein Plan begonnen, Gestalt anzunehmen: Wenn sich ohnehin alles ändern musste, dann konnte sie auch eine kleinere Wohnung für sich und Henry suchen, wo sie nicht in jedem Zimmer eine Schublade aufziehen müsste, in der eben noch Jans Kram gelegen hatte: Jans Ladekabel – weg, Jans Sportsocken weg, Jans Reisepass weg und das Album mit seinen Kinderfotos. Jans gute alte Gegenwart – weg. Die treuen tiefen Blicke weg, Jans Lachen vor Begeisterung, alles weg, auf seiner Brust die Schweißtropfen weg und die schimmernden Koteletten und Jans kugelrunde Tränen, nachdem er die Nabelschnur zwischen Katja und Henry durchtrennt hatte – weg. Jans Ring weg und auch der keuchende Rhythmus im nackten August.

Die Erinnerungen hatten kein bisschen Taktgefühl, sie trampelten noch einmal vorbei und grüßten auf dem Weg nach draußen: Wir fangen schon mal an zu rosten, blökten sie, und noch einmal, noch bohrender ahnte Katja, wie schon bald alles durcheinanderpurzeln würde – und sei es nur, dass die Blumenfrau, die Metzgereifrau, der Bäckereimann mit aller wohlmeinenden Freundlichkeit so tun würden, als habe sich rein gar nichts geändert, obwohl nun in Tallstedt Jan Schumanns ehemalige und neue Frau lebten. Das Vertraute würde peinlich, die Kleinstadt würde zum Zoo, die engen und die anderen Freunde müssten sich auf eine Seite schlagen. Dabei gehörte sie doch hierher, mindestens so sehr wie Jan, das war doch ihre Stadt, und es war überhaupt nicht einzusehen, dass sie mit eingezogenem Kopf herumlief, als wäre sie plötzlich nicht mehr die Katja aus Tallstedt, die mit Steffen Harms über neue Literatur und mit Merle Dock an der Käsetheke über die Elbvertiefung sprach.

Ich geh nirgendwohin. Wir gehen nirgendwohin, Henry und ich. Nix da.

Der Mann, den sie liebte, hatte ihr den Stuhl weggezogen. Und es wurde einem schnell kalt auf dem Boden der Tatsachen. Arschkalt. Sie musste einen eigenen Plan, einen Gegenplan, *irgendeinen* Plan machen und durchziehen. Vielleicht vorher Menschen mit klaren Köpfen um Rat fragen.

Trotz der feuchten Kälte setzte sie sich für einen Moment auf eine der Sitzbänke am Brunnen, gestiftet von der örtlichen Volksbank, um in Ruhe zu überlegen.

Ihr war ein bisschen übel.

Von dem Frühstück, das sie ausgelassen hatte, sprangen Katjas Gedanken zu ihren Eltern, die sie und Jan eigentlich am Mittwochabend besuchen wollten, von der Tennisverabredung für überübermorgen zu Henry im ICE und zu Jan zwischen fremden Bettdecken, sprangen zu Frau Börners Japanrosen und wieder zurück, ehe sie schließlich stumpf und jäh gegen ein druckfrisches Schild prallten: Katja Behnke, betrogene Schumann. Kein Doktortitel. Privat und alles scheiße. Keine Sprechstunden.

Ich könnte Lissy anrufen, fiel ihr ein, Lissy ist selber frisch geschieden.

Sie tat es nicht. Lissy war selber frisch geschieden.

Katja konnte sich nicht erinnern, schon mal ein Buch gelesen oder einen Film gesehen zu haben, in dem ein Anwalt sich scheiden lässt. Und konnte, durfte Jan das alles selber machen? Sich selbst vertreten? Wie ein Chirurg, der sich selbst operiert, ein Friseur, der seine eigenen Haare schneidet?

Heiko könnte sie fragen, der war doch Steuerberater. Aber was sollte sie sagen? ›Hey, Heiko, machst du eigentlich auch deine eigene Steuerklärung? Okay, prima, danke. Ach, und warum hast du dich nie mehr gemeldet, nachdem du im Sommer '94 über die Feuertreppe aus meinem Zimmer geklettert bist?‹

Niemanden würde Katja anrufen. Einfach warten, einfach dasitzen wie in der Fünften, als die schlimmen Bauchschmerzen nicht weggehen wollten, weil ein Mitschüler sie geküsst und dann allen erzählt hatte, die Tochter vom Zahnarzt habe Mundgeruch.

Vielleicht kannte Katja hier mittlerweile einfach zu viele Vergangenheiten.

Wenn man sitzen blieb, die Augen geschlossen, reglos und mit festem Mut, das hatte sie in einem Märchen gelesen, dann täte es irgendwann einen Donner, und es kämen die Vögel vom Himmel die Sorgen von der Erde holen, und alles wäre wie aufgeräumt, wie nie geschehen, jede Kränkung vergessen, und der Mitschüler wäre nur irgendein Mitschüler, auf dessen Gerede niemand etwas gab.

Kein Donner. Andererseits hatte sich auch noch immer keine Menschentraube vor ihr aufgebaut, um sie entgeistert anzustarren, weil der allseits angesehenen Frau aus der Bücherei der Rechtsanwalt ausgebüxt war. Die kleine Stadt schnurrte ungerührt den Wochenanfang herunter, alles hier sah überraschend aus wie letzte Woche. Die Steine auf dem Altstadtpflaster: wie immer, alles wie immer. Steinern.

Regen musste einsetzen, nicht stark, aber penetrant, damit die Erkenntnis zu Katja durchdrang, dass sie auf dem Kirchplatz nicht länger sitzen bleiben konnte.

Also ging sie vorbei an Souvenirladen, Touristinfo und Bushaltestelle, vorbei an *Getränke Lenau* und *Haarstudio Köpke*, ehe sie einige Minuten später, mit leicht gesenktem Kopf und ohne ihren Schritt zu verlangsamen, die Tür zum Drogeriediscounter aufdrückte, wo sie zwei Müsliriegel, einen halben Liter Wasser und einen gelben Regenschirm aufs Kassenband legte.

Der bärtige Mann in der Schlange vor ihr mit dem akkurat hochgeschlagenen Mantelkragen bezahlte gerade einen großen, recht schicken schwarzen Schirm mit dünnen Karos.

»Das war der letzte«, teilte er der Verkäuferin mit, während er sein Portemonnaie zückte, und erschrak, als Katja hinter ihm sagte: »Ja, genau, jetzt gibt's nur noch gelbe.«

»Na ja …«, sagte er achselzuckend.

»Na toll«, entgegnete Katja.

Dies war kein Augenblick, in dem Katja Schumann einen Gedanken an die Möglichkeit verschwendete, dass sie dem Mann noch einmal begegnen könnte; sie hätte es für kitschig gehalten, für triefend unwahrscheinlich, dass sie selbst einmal diesen großen, schicken Schirm gegen den undurchsichtigen Regen in der Hafencity aufspannen würde, an einem besseren Tag – nass, aber besser.

Der Weg aus der Stadt heraus führte sie am See vorbei. Verwaist lag der Spielplatz, der schon Ende der Siebziger angelegt worden war, gleich neben dem Garten der schiefen Guste, die sie früher Oma Guste genannt hatten und die ihnen beim stundenlangen Toben zugeschaut hatte auf ihrer Holzbank neben dem Blumenbeet. Wenn ein Kind abrutschte am Klettergerüst, wenn einer von ihnen einen Kratzer an Händen oder Knien davontrug und auf dem Boden hockend die Striemen und Risse anstarrte, ungläubig und den Tränen nah, dann schickte Oma Guste ihr aufmunterndes, volltönendes Lachen über den Lattenzaun:

›Das bleibt nicht so! Jetzt steh man wieder auf.‹ Und in besonders schweren Fällen schob sie noch hinterher: ›Bis zur Hochzeit ist das verheilt.‹

In dem Garten war niemand, außer einem Kunststoffreh aus

dem Gartencenter, das Katja direkt in die Augen zu schauen schien. Der Regen wurde stärker, satte Tropfen perlten von der Rinne hinab auf Auguste Webers Rosen. Pflanzen von niedrigem Wuchs – so hatte Frau Börner es Katja mal erklärt, als sie beide ihre Kinder noch am Klettergerüst beaufsichtigten und mit einem Nicken die alte Frau hinterm Zaun grüßten –, die seien schön robust, diese Bodendecker, galten als blühfreudig und langlebig.

Genau wie die schiefe Guste, dachte Katja, und die war ganz lange ganz allein.

Und jetzt, wo sie gar nicht mehr da ist, wird hier ein neues Haus hochgezogen, höher als die Wipfel der Weiden, und einen der Balkone mit Seeblick kriegen Mama und Papa. Ich werde in ihrer Nähe sein.

Von der Trennung müssen sie noch nichts wissen, nahm Katja sich vor, denen erzähle ich es später, irgendwann. Na ja, am besten doch gleich morgen.

Am Rand ihres gelben Regenschirms vorbei wagte Katja einen Blick nach oben. Nichts Blaues heute. Sie steuerte auf die Fußgängerbrücke zu, die an der schmalsten Stelle des Sees hinüber zur Tennisanlage führte. Um diese Jahreszeit waren die Linien auf den Plätzen noch mit Brettern und Ziegeln abgedeckt, damit sich die Plastikleisten beim Frost nicht aus dem Ascheboden lösten. Noch ein paar Wochen Winterschlaf, dann würde der Platzwart die Spuren der schmodderig-kalten Monate beseitigen, würde altes Laub und Steine weg- und frischen roten Sand herankarren, würde Tag für Tag und Platz für Platz alles herrichten, bis endlich, Mitte April, die ersten, die ungeduldigsten Aktiven aus der Tallstedter Tennisabteilung ihre Bälle über die Netze schlagen konnten. Sofort hatte sie den unverwechselbaren Geruch einer frisch geöffneten Balldose in der Nase: stechend, aber gut, neues Spiel, neuer Spaß.

Es lag in Katjas DNA, sich auf den Frühling in ihrer Stadt zu freuen, und das sollte auch verdammt nochmal so bleiben. Auf diesem Gelände hatte die kleine Katja Behnke, die schon von vielen Abenteuern gelesen und noch keinen Jungen geküsst hatte, so viele Nachmittagsstunden zugebracht wie sonst nur in der Bücherschatzkammer von Herrn Fehling. Manchmal hatte sie auch ihre bunten Tennisschuhe vergessen und dafür zwei neu entliehene Dinosaurierbücher im Rucksack. Dann raste sie zurück nach Hause, so schnell ihr Rad sie trug, ließ sich von Marlies Behnke als ›schusselige Deern‹ tadeln, tauschte Dinos gegen Schuhe und war schon wieder fort.

Die wellige Mähne der frühen Achtziger bis zur Nasenwurzel, von einem bunten Tuch gebändigt, für ihr Alter ungewöhnlich groß, bewegte sich das Nachwuchstalent besonders geschickt zwischen den Linien, wenn es darum ging, den Ball direkt aus der Luft zu schlagen. Flugbälle, mal druck-, mal gefühlvoll, das war ihr Spiel. Andere Mädchen trauten sich nicht so nah ans Netz, hatten Angst, vom Ball getroffen zu werden; Katja kannte allenfalls die Angst, dass es zum Spielen zu dunkel würde, wenn sie längst noch nicht genug hatte.

›Die Katja spielt Volleys wie Claudia Kohde-Kilsch‹, meinte ihr Jugendtrainer anerkennend, und weil in jenem Juni noch eine zugezogene Katja zu ihrer Trainingsgruppe stieß und folglich eine der beiden wegen der Unterscheidbarkeit einen Spitznamen brauchte, wurde aus Katja Behnke kurzerhand ›Koki‹. So rief man sie auf dem Tennisplatz noch heute, wenn sie mit ihrem Damenteam trainierte und zu Spielen gegen andere Clubs antrat. Koki war eine Bank, eine Kämpferin, eine Tennisfreundin seit Jahren, die Spaß daran hatte, sich für ihr Team zu engagieren – so sah sie sich gern in den Augen der anderen. Ja, sie hatte Freundinnen wie Lissy, Marion, Imke. Katja spürte ein Ziehen in der Brust: Ihre langjährige Doppelpartnerin Imke wohnte nur zwei Straßenlaternen neben Anna Störzel. Und Marion machte die gynäkologische Buchhaltung. Katjas Welt wurde mit jeder Minute kleiner, das Atmen tat weh und das Nachdenken. Die Sommer der Kindheit schimmerten Lichtjahre entfernt. Der Trainer hatte ihr eingebläut, warum Niederlagen wichtig waren und nicht nur unvermeidbar. Jaja. Verdammt, er hatte recht. Und sie hatte immer den Rücken wieder durchgedrückt. Und weitergemacht. Und mit Anstand verloren oder gar nicht.

Auf dem Zaun, der die Anlage begrenzte, damit nicht jeder Ball im Gebüsch landete, schlugen zwei Eichelhäher lautstark Alarm. Einer der Vögel ließ eine Eichel aus dem Kehlsack plumpsen und stierte ihr hinterher, sie kullerte bis zur Grundlinie von Platz vier. Hier hatte Katja zum ersten Mal ein Endspiel der Jugendmeisterschaft gewonnen, nach einem langen, zähen Match in der Augusthitze von 1984.

Katja schaute auf ihr Handy: komme wahrscheinlich Gründonnerstag, ließ ihr Bruder sie wissen. wollen wir uns beim Osterfeuer betrinken so wie früher ;-) ??

Na also, dachte Katja, ein Lichtblick. Sie tippte: Betrinken ist gut, und die Eichelhäher machten sich auf und davon.

*

Das war immer noch ein merkwürdiges Gefühl: beim ersten Augenöffnen schon zu wissen, dass man beobachtet wurde.

Leon spürte etwas Unangenehmes an seinen Zehen, die unter der Bettdecke hervorschauten. Durch die gekippte Balkontür kündigte der Luftzug einen weiteren kühlen Berliner Märztag an, etwas wärmer vielleicht als gestern, mit Glück nicht so nass wie in der vergangenen Nacht. Vom Klatschen des Regens auf die Steine im Innenhof war er irgendwann aufgewacht, da schlief Isabel noch, doch jetzt bemerkte er, dass sie aufrecht neben ihm saß und ihren Blick auf seinen erwachenden Körper heftete.

Ob das okay sei für ihn, hatte sie ihn am Anfang gefragt, dass sie meistens auch an freien Tagen zu früh aufwache, dann in der Regel keinen Bock habe, schon selbst Kaffee zu machen, dafür aber sehr gern die schlafenden Männer neben sich beobachte bis zum Aufwachen. Ja?

›Öhm, j-ja ...‹, hatte Leon etwas überfordert gestammelt, ›wenn du – du kannst aber meinetwegen auch auf'm Handy spielen oder so.‹

Wie oder wann sollte er sie nach dieser Mehrzahlform fragen, nach diesen Männern neben ihr? Schließlich hielt er sich für den Einzigen, neben und mit dem sie schlief, momentan wenigstens, aber vielleicht war das ja altmodisch – genauso wie seine stille Genugtuung darüber, dass dank ihrer gewöhnungsbedürftigen Vorliebe wenigstens er, der Mann, derjenige sein konnte, der den ersten Kaffee machte, mit zwei Bechern ins Schlafzimmer zurückkam, wofür man Dank und schöne Blicke erntete.

»Bist du schon lange wach?«, fragte Leon sie wie üblich.

Und hast du mich wirklich die ganze Zeit angestarrt, fragte er sich nicht zum ersten Mal – obwohl ich genauso aussehen müsste wie vorgestern?

»Vögel im Hinterhof. Seit kurz vor sechs. Dass du so was nicht hörst, Leon.«

Das Wortspiel mit ›Vögelgeräuschen‹ hatte er schon auf der Zunge, da bemerkte er, dass sein Smartphone-Display aufleuchtete: zwei neue Nachrichten.

»Machst du uns Kaffee, Leon?«, fragte Isabel, während sie gleichzeitig ihren warmen Körper an seinen schob. »Groß?«

»Gleich.« Er griff blinzelnd nach Brille und Telefon.

»Ist was Wichtiges?«

Leon nickte. »Wegen Ostern.«

»Freuen sich deine Geschwister?«

»Ich glaub schon.«

»Sehr gut. Und was ist mit Kaffee?«

Er schälte sich aus seiner Bettdecke und drehte sich zu Isabel: »Ist 'n blöder Reflex: Ich möchte dich immer als Erstes küssen nach dem Aufwachen, aber ich muss ja vorher Zähne putzen.«

Sie lachte und warf ihre Bettdecke zur Seite. »Du könntest mich vorher sehr schnell mit angehaltener Luft irgendwohin küssen, möglichst weit weg vom Gesicht.«

»Au ja!«

Strahlend musterte er ihren Körper von oben (brünettes Haar, noch nicht hochgesteckt) über die Mitte (ein verrutschtes *Westworld*-T-Shirt, grau-weiß gestreifte Shorts) bis unten (etwas winterblasse Waden und eine kleine Schnittwunde überm Knöchel).

»Ich entscheide mich für: die Kniescheibe...n!«

Übertrieben tief atmete er ein und schloss den Mund, drückte seine Lippen für zwei Sekunden auf ihre linke und etwas länger auf die rechte Kniescheibe.

»Hilfe, kitzelt!«

Rasch zog Isabel ihre Decke wieder heran.

»Niemand ist kitzlig auf der Kniescheibe«, erwiderte Leon mit der ganzen Überzeugung seiner anatomischen Fachkenntnisse.

»Ich bin nicht so wie andere Frauen«, gab Isabel todernst zurück, und er lachte auf: »Das stimmt. Gott sei Dank.«

Fünf Minuten später schlürften und kauten und schwiegen sie nebeneinander, zwei Menschen, vier Toasts und ein halber Liter Milchkaffee. Auf der anderen Seite des Innenhofs sahen sie die Lichter in den Küchen- und Badezimmerfenstern des Seitenflügels an- und wieder ausgehen: Zähne geputzt, Pausenbrot liegen lassen, lange geduscht, ein Glas Saft im Stehen, eine Wimper im Seifenschälchen, eine Banane für den Weg zur Straßenbahn. Ein Multivitamindienstag in der Florastraße, ein Pankower Morgen für Pankower Menschen, ein Tag, an dem Isabel und Leon nicht zur Arbeit mussten.

Ein langer Spaziergang durch den Bürgerpark, plante Leon im Stillen, danach zum *Rewe* und später irgendwas bingen, bei ihm oder bei ihr. Dazu vielleicht Rosinenschnecken. Oder Vanilleplunder. Das reichte für einen freien Tag. Und er durfte nicht vergessen, dass er Isabel mit dem neuen Regal helfen wollte, vielleicht würde er es kurzerhand am Abend alleine aufbauen, wenn sie beim Tanzen wäre.

»Wann hast du eigentlich wieder Cha-Cha-Cha?«, fragte er und fingerte ein Haar aus dem Marmeladenaufstrich.

»Heute. Und es heißt Swing.«

»Okay. Vorher Schnitzel?«

»Okay.«

Ein rascher Blick zur Seite verriet Isabel, dass Leon sich jetzt den ganzen Tag auf das Abendessen in *Clärchens Ballhaus* freuen würde. Eine ganze Zitrone auspressen über dampfender Panade. Und dass er das Weite suchen würde, sobald ihre Tanzfreunde einträfen, um unterm Vorkriegsgebälk über das Parkett zu swingen.

Beim ersten Mal, im letzten Herbst, hatte Leon sie noch fünf Minuten lang beobachtet und in großen Schlucken sein Weizenbier ausgetrunken, um sich dann mit einer knappen Geste zu verabschieden.

In den fließenden Bewegungen, den sicher gesetzten Schritten der tanzenden Isabel hatte Leon nicht nur eine Frau gesehen, die sich mit Spaß in ein Hobby warf, das ihn nicht reizte;

auf den gebohnerten Quadratmetern um sie herum waren auch all die Penelopes und Dariusse und Georginas aus Mitte und Lichtenberg, und schon mit den ersten Takten, die durch die Luft aus Fritten und Fassbier klangen, hatte er die geballte Berliner Selbstverständlichkeit, die ganze Metropole, die völlig mühelose Entschlossenheit gespürt, die freie Zeit zu einer guten Zeit zu machen. Leon hatte an diesem Abend das eigentlich Selbstverständliche wie einen Tritt auf seine Zehenspitzen empfunden, unabsichtlich, aber schmerzhaft: Die kleine Frau, die er besser fand als vieles andere in ganz Berlin, die hatte schon gelebt, geliebt, getanzt, bevor sie ihn getroffen hatte. Isa war ein ganzer 33-jähriger Mensch, den er kennenlernen musste, und hier war ihr Zuhause, ganz und gar.

In den Anfangsjahren hatte Leon versucht, mit vollem Einsatz herauszufinden, ob die Hauptstadt so toll war, wie Katja es ihm beschrieben hatte. Tag und Nacht und Nacht und Tag, und immer fühlte er sich ein bisschen zu deutsch in der Schlange vorm Club, ein bisschen zu geradeaus, anders laut als die anderen, die immer schon hier gewesen zu sein schienen. Als er seine Haare wachsen ließ, ungefärbt, und als niemand seine T-Shirts bügelte; als er nach einem Jahr eine winzige Bude nur für sich einer vielsprachigen Sechser-WG vorzog und als er auf dem Weg zur Frühschicht einen entfernten Bekannten in der Hasenheide bewusstlos fand – da kam er sich immer mehr vor wie Campino auf der Loveparade.

Leon mochte die Berliner Mietpreise, weil man ihm erzählte, das Wohnen in München oder Hamburg sei teurer; mochte die Seen, weil er sein ziemlich altes Mountainbike mitgenommen hatte und in jedem Monat des ersten Sommers eine neue Studentin überreden konnte, mit ihm durch den Grunewald zu den besten Badestellen zu radeln; die S-Bahn mochte er, wenn er gerade mal keine Lust hatte, sein Fahrrad zu reparieren, denn mit einer S-Bahn war er vor 2001 nie gefahren.

Seine Idee, sich nach den ersten paar Monaten – am Ende dessen, was er ›notwendige Orientierungsphase‹ nannte – zum Rettungsassistenten ausbilden zu lassen, die fand er bestechend, weil sie für sein zwanzigjähriges Ego das Gegenteil von dem war, was Dr. med. dent. Lothar Behnke wahrscheinlich von seinem Sohn erwartete – und was sich Leons Mutter und bestimmt auch die große Schwester für ihn gewünscht hätten: ein vernünftiges Studium der Zahnmedizin an einer vernünftigen Uni und dann, eines familiären Tages, die praktische Praxis in Tallstedt übernehmen: Lübecker Platz Nr. 4 im ersten Stock, Zimmer 1 vorne links, Zimmer 2 hinten rechts, gegenüber Röntgen, und im Wartezimmer sortierte Angelika die *Lesezirkel*-Hefte.

Das war nichts für ihn.

›Das ist nichts für mich‹, hatte er den Nachbarn, Lehrern und Geschwistern stets erklärt. ›Nichts für *mich*.‹

Und auf die Frage, was sein Vater dazu sage, hatte er immer die Antwort parat: ›Ach, der kennt mich doch.‹

Sie waren beide so eigenartige Verschweiger: Lothar Behnke hatte nie über seine Praxisnachfolge gesprochen, Leon hatte nie Lust gehabt, etwas abzulehnen, was man ihm gar nicht angeboten hatte. Ausziehen und wegziehen, hatte er angenommen – das sagt doch eigentlich alles.

In Berlin hatte er zuerst sogar Studienberatungen besucht, hatte Katja brav berichtet, was für ihn ›nicht schlecht‹ klang und was er ›total Banane‹ fand: Von A wie Amerikanistik an der FU (›… klingt nicht total scheiße …‹) bis Z wie Zahnmedizin an der Humboldt (›Never ever, Katschi!‹) setzte er die große Schwester, die Rückkehrerin, ins Bild, was er, der kleine Abenteurerbruder, an Plänen schmiedete und verwarf.

Während Katja zuhörte und nachfragte, kauerte er im Schneidersitz auf ochsenblutroten Dielen neben der Balkontür – Perleberger Straße, fünfter Stock, Vorderhaus, höher als irgendein Gebäude seiner Geburtsstadt –, neben sich zwei Bier, zwei Franzbrötchen, und wickelte das schwarze Telefonkabel immer fester um seinen Zeigefinger, bis die Haut rot pochte. In immer kürzeren Abständen trank und kaute und erzählte er: vom schwulen Bürgermeister, von dem Obdachlosen vorm U-Bahnhof, der so lustig über die Euro-Einführung zeterte, von Katjas alter und einer ganz neuen Mitbewohnerin. Er sprach schneller, als die Flieger Richtung Tegel den Himmel durchschnitten, er verschluckte sich und musste röchelnd auflegen, um sich freizuhusten, bellend und feucht. Katja rief zurück – schwärmte ansatzlos von Jan Schumann, und auf der Perleberger Straße wurden die Laternen eingeschaltet.

Das erste Weihnachtsfest seit seinem Auszug aus dem Nest der Behnkes, und Leon war für nur eine heilige Nacht in Tallstedt gewesen; er müsse wieder los, verkündete er seiner Familie, Berlin ruft, alles neu und aufregend und so viel zu tun. Er wollte, dass es so wäre.

Katja hatte ihm zugezwinkert, seine Eltern hatten ihm achselzuckend zwei Pfund Kaffee mit einem großzügigen *IKEA*-Gutschein in die Hand gedrückt, und Milena versprach, ihm eine E-Mail zu schreiben, sobald sie abends wieder mal Papas Modem einstöpseln dürfe.

Sein Vater fuhr ihn zum Bahnhof, Leon sprang aus dem Auto, als wäre es ein Helikopter, der ihn direkt vor dem Reichstag absetzte, er winkte, wie noch nie ein verlorener Sohn gewinkt hatte, und in seinem Jackenärmel hing der Duft von Marlies Behnkes Gänsebraten.

»Also, Ostern«, riss Isabel ihn aus seinen Gedanken und biss in ihren Toast, »du fährst nach Hause, und alle freuen sich?«

»Genau, wir fahren donnerstags bis montags.«

Isabel stellte ihren Kaffeebecher ab.

»Wer ist ›wir‹?«

»Wie, wer ist ›wir‹? Wir beide! Ich hab zwei so Hasenohrendinger gekauft, eins für mich, eins für dich.«

»Aha.«

»Bei *Nanu Nana*.«

»Du ... hast gedacht, ich komme mit?«

»Ähm, ja?«

»Wieso?«

»Wieso? Du hast nicht gesagt, du kommst *nicht* mit!«

»Weil du mich nicht gefragt hast.«

»Versteh ich nicht. Was ... was hast du gegen meine Familie?«

»Nix, ich kenn die doch gar nicht!«

»Ja, eben.«

»Ich ... Leon, ich muss die aber auch nicht unbedingt kennenlernen, ich brauch so was nicht.«

»So was?« Er stellte seinen Toastkrümelteller auf den Boden und drehte sich zu Isabel. »Was ist denn los?«

»Gar nix ist los, ich werde nur lieber gefragt als stillschweigend verplant.«

Sie wich seinem Blick aus, er seufzte.

»Isa, Familie ist doch nicht grundsätzlich ... doof. Meine Schwestern zum Beispiel, die sind überhaupt nicht doof.«

»Leon.« Mit angeleckter Fingerkuppe pickte sie Krümel von der Bettdecke. »Wir hatten das doch schon mal. Du findest Familie ... wichtig. Obwohl deine Eltern so na ja sind, aber deine Schwestern sind toll. Richtig?«

Er nickte, wartete, worauf sie hinauswollte.

»Ich hab dir aber auch erklärt«, fuhr sie fort, »warum ich für so ein Familiendings nicht die Richtige bin.«

»Wie? Was heißt denn nicht richtig? Du bi–«

»Das heißt, ich bin die Falsche für Mama, Papa, Kinder, Kombi.«

Leon schluckte.

»Weil?«

»Weil ... weil Familien kaputtgehen.«

»Kaputt, wieso kaputt?«

»Ja, weil – die gehen halt kaputt, Herrgott! Wie Lieblings-T-Shirts! Irgendwann ist da ein Loch drin, das man nicht mehr übersehen kann und nicht stopfen, und dann schreien alle und wollen recht behalten oder das Auto oder die Wohnung und ... und spucken beim Schreien oder werfen Schlüssel durch die Küche, und ich hab's *gehasst*«, sie sprach wie atemlos, »gehasst, seit ich zwölf war, ich will das – jetzt guck doch nicht weg, Leon – ich will das nicht mehr und vor allem – lass mich ausreden – vor allem will ich das keinem Kind zumuten, wenn ich's vermeiden kann, so.«

Während sie ihre Augen schloss, atmete Isabel durch die Nase ein, als müsse sie doppelt so langsam Luft holen, wie sie geredet hatte, damit Leon sie verstand. Wirklich und endlich verstand.

»Sorry, Isa.«

»Ich weiß, ich hab da jetzt viel in einen Topf geworfen, aber ... Na ja, so seh ich das jedenfalls.«

»Na ja«, sagte auch Leon, während er versuchte, sich eine Minute in der Zukunft vorzustellen, in der er in der Lage wäre, sie umzustimmen, »ich hab gedacht, also, als ich erzählt hab, dass ich mal ein paar Feiertage am Stück freimache und gen Norden fahre, da hast du gesagt: ›Schöne Idee.‹«

»Ja, für *dich*, Leon, und das meinte ich auch so. Weil ich gemerkt hab, du vermisst deine Leute da oben. Mehr als du zugibst.«

»Hm.« Er verzog das Gesicht, das rot angelaufen war. »Aber ... wenn du nicht mitkommst, werde ich *dich* vermissen.«

Isabel legte ihre kaffeewarmen Finger auf seinen Arm.

»Dich kann ich so gut leiden, Leon, da stelle ich mir den Rest der Behnkes einfach vor. Das ist dann für mich genug Familie, echt.«

»Hm«, machte Leon und wollte noch etwas einwenden.

»Und schick mir ein Selfie mit eurem Fluss, wo du oben auf diesem Damm da stehst.«

»Deich, Isa, es heißt Deich.«

»Meinetwegen, Deich. Hauptsache, du bist auch drauf. Und Hauptsache, du bist Ostermontag wieder hier.« Sie beugte sich zu ihm und drückte ihre Lippen an seine unrasierte Wange. »Zu Hause.«

*

»Ui, der war teuer, oder?«

Milena deutete auf das Monstrum von Blumenstrauß, für das Frau Börner bestimmt deutlich mehr als fünfzig Euro verlangt hatte.

»Milly.« David setzte ein so offizielles Gesicht auf, als habe er eine Rede vorbereitet. »Milly.«

»Willst du nicht reinkommen? Warum sagst du immer meinen Namen?«

»Milly.« Räuspernd nahm David Haltung an. »Wir – sind – schwanger.«

Milena wurde rot. »J...ja. Hast du gedacht, ich hab dich verarscht am Telefon?«

»Milly, wir sind – Wahnsinn. Hier sind Blumen.«

Er machte keine Anstalten, sie zu überreichen, sondern schaute Milena einfach nur an, als wenn er beim Papst geklingelt und dessen Frau ihm die Tür geöffnet hätte.

»Danke.« Etwas ratlos streckte sie die Hände aus. »Du ... du freust dich echt, als hätten wir das gewollt oder ... geplant ... mit dem Baby.«

»Haben wir nicht geplant. Haben wir ... gemacht. Ist doch verrückt, Milly, oder? Dass du jetzt dastehst mit ... Baby im Bauch und ich –«

»Jetzt komm halt endlich rein und gib mir die Blumen, Mann!«

Entschlossen machte sie einen schmerzenden Schritt auf die Türschwelle zu, griff über die Rosen hinweg nach Davids Hemd und zog ihn zu sich heran, um ihn zu küssen.

Er legte die freie Hand auf ihre Hüfte, sie zuckte zusammen.

»Aua!«

»Oh, das Baby?«

»Die Prellung, Schatz.«

»Ich hab dir nicht weh getan?«

»Du hast mich geschwängert, weh getan hat mir die Treppe. Das war nur deine Hand, da, an den Rippen.«

»Autsch.«

Er kniff die Augen zusammen und zog die Hand zurück.

»Nicht schlimm.«

Sie trat zur Seite, um David in die Wohnung zu lassen.

»Aber vielleicht«, fügte sie leiser hinzu, »kommst du jetzt endlich mal rein und fasst mich an den richtigen Stellen an.«

Beherzt nahm sie ihm die Blumen aus der Hand.

»Aber«, David zögerte, »sollen wir nicht erst mal reden? Über die größere Wohnung und ... über alles? Die Situation?!«

»Reden später«, antwortete Milena, schloss die Tür hinter

David, bugsierte ihn Richtung Schlafzimmer und legte die Blumen in der Küche ab.

»Aber ...«, rief er ihr zu, »du hast doch gesagt, es gibt fast keine Stelle, die du dir nicht geprellt hast.«

»Richtig. *Fast* keine.« Plötzlich stand sie hinter ihm. »Musste halt suchen.«

»Okay ... Oh!«

»Was denn?«

»Ich hab jetzt einfach auf dem Stellplatz von Timmermanns geparkt.«

»Dann musst du nach dem Sex noch mal runter, die kommen heute Nacht vom Flughafen zurück.«

»Aber Amy ist bei deinen Eltern?«

»Yes, Sir.«

Als sie vor dem Bett standen, stellte Milena sich auf die Zehenspitzen und sah David in die Augen.

»David Sanders«, sagte sie feierlich und ungläubig, »schön, dass du vorbeigekommen bist, denn du hast mir ein Kind gemacht. Du darfst die Mutter jetzt küssen.«

»Absolut! Oh, ich hab übrigens unterwegs noch einen Anruf gekriegt wegen dieser Terrassenwohnung mit −«, er registrierte ihren Blick − »ja, okay, okay, später.«

»Wer lacht denn da nebenan so laut?«, fragte Antonia Lüders am nächsten Tag ihre Klavierlehrerin.

»Oh, das ...« Milena wurde rot.

»Hast du einen Freund?«

Ja, hatte sie. Milena hatte einen Freund, hatte einen überdrehten, loslachenden Freund, hatte im Schlafzimmer einen werdenden Vater für ihr zweites Kind, während sie im Nebenraum versuchte, mit Antonia die Gitarrenlektion von letzter Woche zu wiederholen.

Milena räusperte sich, dann sagte sie: »Komm, Toni, noch mal den Wechsel vom a- zum e-Akkord, ja?«

Und während Antonia ihre konzentrierteste Johnny-Cash-Miene machte, um noch einmal zu *I Walk the Line* anzusetzen, hörte man durch die Wand Davids warme Stimme im schnellen Crescendo, dann wieder ein japsendes Lachen.

»Sorry, ich bin gleich wieder da.«

Etwas zu schnell für das geprellte Knie stemmte sich Milena von ihrem Hocker hoch, unterdrückte den Schmerz und stapfte ins Schlafzimmer, um das liebenswerte und störende Geräusch abzustellen.

David entschuldigte sich wortreich und gelobte Besserung, hieb dabei wie immer, wenn er etwas sehr ernst meinte, mit der Kante der rechten in die Fläche der linken Hand; er bot an, einkaufen zu fahren, jetzt gleich, was Milena mit hochgerecktem Daumen befürwortete, und nein, sie habe jetzt keine Zeit, sich die unglaubliche Geschichte anzuhören, über die er am Telefon mit seiner Kollegin so gewiehert hatte. Später vielleicht.

»Und soll ich Gürkchen mitbringen, Milly?«

»Nein.«

»Lakritz?«

»Nein!«

»Sonst irgendwas wegen ...?« Er deutete vage auf Milenas Körpermitte.

»Schatz, ich hab keinen Heißhunger, ich hab Unterricht! Also hopp, bis später. Ach so, aber – Klopapier wär gut!«

Später, während sie Gnocchi aßen, die David mit allem Möglichen aus der Gemüseabteilung verrührt hatte, schwärmte er vom neuesten Point-and-Click-Adventure aus der *INGE*-Schmiede, und Milena hörte kauend zu, da fragte er plötzlich:

»Was ist das da eigentlich?«, David deutete auf die Flasche neben dem Gewürzregal, »trinkst du heimlich Schnaps, wenn ich nicht da bin?«

»Das ist nur Sambuca.«

»Na dann.«

»Von meinem Nachbarn? Tobi?«

David kaute und schluckte und legte den Kopf schief.

»Der kennt sich nicht soo gut aus mit Schwangerschaften, oder?«

Milena winkte ab.

»Wollte nett sein, schätze ich.«

»Es wäre nett gewesen, wenn er dich nicht nachts die Treppe runtergeschubst hätte.«

»Da konnte er doch nicht wirklich was dafür, David.«

»Na ja.«

Er schenkte ihnen Sprudelwasser nach und sagte mit einem David-Seufzer: »Weißte, das ist für mich einfach ein scheiß Gefühl, dass dir hier was passiert, ganz alleine, und … und ich bin nicht da, nur irgend so ein angetrunkener Schrankschieber. Das macht mich kirre, verstehst du?«

Milena lächelte, nickte, zögerte kurz, dann fragte sie: »Aber, also, obwohl du dich so spontan für eine Woche ausgeklinkt hast, kommt dein Laden ganz gut ohne Chef aus, oder?«

»Hm?«

David lud sich noch einmal Gnocchi mit Kaiserschoten, Zucchini und Kirschtomaten auf den Teller.

»Ich meine, ihr macht doch jetzt ganz viel Termine online, Besprechungen und so.«

»Klar. Muss gehen, im Notfall. Ein … wunderbarer Notfall!«

Milena warf ihm einen Kuss über die Zinken ihrer Gabel zu, und David sagte:

»Montag können mich ja alle wieder anfassen.«

»He!«

»Was denn, als Chef musst du greifbar sein, direktes Feedback ist für viele Leute superwichtig.« Er dehnte das ›super‹-u.

»Aber ›direkt‹ heißt ja heutzutage nicht direkt ... präsent, oder?«

»Hm? – Das ist aber schon lecker mit den kleinen Tomaten, oder?«

»Mhm. – Ich meine, die Zukunft ...«, sie rutschte unmerklich auf der Stuhlkante ein Stück nach vorne, so dass ihr Bauch ihrem Freund etwas näher kam, »die Zukunft ist ja in deiner Branche sicher eher ...«

Da sie den Satz nicht zu Ende brachte, stoppte David einen Zucchiniwürfel auf dem Weg zu seinem Mund und sah Milena mit großen Augen fragend an.

»Dezentral?«, sagte sie. »Telearbeit? Homeoffice?« Und fügte beiläufig hinzu: »Steht total viel im Netz drüber, New Work und so was.«

»Wusste gar nicht, dass du so was googelst«, entgegnete David, »ich hoffe mal, du willst mir nicht vorschlagen, dass ich aus'm Homeoffice eine Firma mit zweihundert Leu–«

Die Wohnungsklingel schrillte ihm mitten in den Satz.

Frau Adomeit war zu früh, sie kam immer zu früh. Als Mädchen hatte sie Klavierstunden genommen, kürzlich war sie Witwe geworden – spät, aber immerhin, wie sie sich ausdrückte – und hatte sich in den Kopf gesetzt, die *Mondscheinsonate* für ihre eigene Beerdigung einzuspielen. Weil Frau Adomeit großzügiges Trinkgeld gab, fragte Milena nie, wie ernst es der alten Frau damit wirklich war.

Sie humpelte zum Flur. David schloss hinter ihr die Küchentür, aß seinen Teller leer, dann Milenas Teller und räumte die Spülmaschine ein, so leise, wie er nur konnte; holte sich einen

Sahnejoghurt aus dem Kühlschrank, stellte sein iPad auf den Küchentisch und rief die letzten Ergebnisse seiner Onlinesuche wieder auf: münster geburtsklinik erfahrungen

*

Katja hatte die Uhr neben dem Kühlschrank im Blick. Die schien träger geworden zu sein in den letzten Tagen.

Wie lange das so gehen sollte, würde sie Jan fragen, sobald er von der Arbeit käme, ohne ihn Luft holen zu lassen, wie er sich das bitte schön vorgestellt hätte mit dem Schlaf- und dem Gästezimmer und dem verängstigten Geschleiche, aneinander vorbei, umeinander herum, ob sie das jetzt noch die ganze Woche machen wollten, oder wie?

Wollen wir das, Jan? Das ist auch mein Haus und mein Leben. Was ist dein Plan, Jan? Wie sollen wir's machen?

So in etwa. Und ohne Schluchzen.

18 Uhr 23: Da war er. Parkte das Auto hörbar vor dem Küchenfenster. Katja empfing ihren Nochmann mit durchgedrücktem Rücken. Die Arme vor der Brust verschränkt, lehnte sie sich an die Arbeitsplatte.

»Alles okay?«, fragte Jan. »Bist du krank?«

Sie wollte nicken und schüttelte stattdessen den Kopf.

Wie an jedem Abend legte er den Autoschlüssel auf den Tisch und erklärte dann in Sätzen, die er an seinem Kanzleischreibtisch vorbereitet haben musste, dass so ein tagelanges stockstummes Nebeneinander, kein Wort, kein Blick, dieses Sich-aus-dem-Weg-Gehen, bis ihr Junge endlich aus Köln zurück wäre, niemandem zuzumuten sei. Und nahm zwei Stufen auf einmal auf dem Weg ins Schlafzimmer.

»Ähm ... wir wollten doch reden? Jan?«

Keine Antwort. Endlose fünf Minuten später kam er mit seiner Sporttasche wieder nach unten.

»Aha«, sagte Katja tonlos.

»Ich geh in Olafs Ferienwohnung.«

»Jetzt willst du doch nicht reden.«

Er seufzte.

»*Ich* wollte reden, Katja. Seit Tagen versuche ich, mit dir zu reden. Ich wollte noch ein oder zwei Dinge mehr sagen, als dass es mir leidtut, und wollte mit dir besprechen … wie's weitergeht und so. Aber jetzt«, er hielt kurz seine Tasche hoch, »jetzt muss ich hier erst mal raus und … und lass dir deinen Freiraum.«

»Freiraum?«

Sie konnte ihre Stimme kaum selbst hören, so dünn und brüchig klang das, was da aus ihrem Mund kam.

»Am Freitag um fünf komme ich mit Henry vom Bahnhof. Entweder reden wir vorher, oder … oder wir müssen halt improvisieren, Katschi, das konnten wir ja eigentlich immer ganz gut. Hm?«

Sie schluckte trocken.

Henry wird das alles irgendwie verkraften, ging es ihr durch den Kopf. Ich sowieso. Lass den Kopf oben.

Jan nahm den Autoschlüssel vom Küchentisch.

»Es geht nicht anders, sorry. Bis … bis dann.«

Damit verließ er das Haus, das sie gebaut hatten, und Katja hielt nicht mehr die Luft an. Von einer Sekunde auf die andere fühlte sie sich eigenartig erleichtert, und dann knurrte ihr Magen durch die Stille: Nudeln!

*

Wer tief über das Land fliegen könnte durch die Dämmerung und die Dächer der Häuser anheben wie Spielzeug, der könnte sie alle sehen: Henry Schumann in der Jugendherberge Köln-Deutz, der zwischen klammen Fingerkuppen die erste Zigarette seines Lebens drehte, und zwar unter Anleitung eines tollen Mädchens namens Alice Neumann, die pausenlos von der Trennung ihrer Eltern erzählte, während er sie verknallt anstarrte. Daheim in Tallstedt seine Tante Milena, die unter Davids Berührungen auf einen der besseren Orgasmen zusteuerte. Leon und Isabel, die die Blicke einer Gruppe von Berlin-Touristen auf sich zogen, als sie mit schiefem Pfeifen einen Klamottenladen in der Tucholskystraße verließen, Hand in Hand.

Unterdessen schüttete Katja viel mehr Spaghetti in das siedende Salzwasser, als sie allein würde essen können, während ihr Mann Jan, vier Autominuten westlich, hektisch nach der Taschenlampen-App auf seinem Telefon suchte, denn der blöde Bewegungsmelder vor Olafs Ferienhaus funktionierte nicht. Es klickte, unüberhörbar, es klickte immer wieder, aber das Licht ging nicht an, und das Türschloss war ohne Beleuchtung verdammt nochmal schwer zu finden. Wütend trat er gegen den Findling im Gras, auf den die Hausnummer 5A gepinselt war, der Stein war härter als sein Fuß. Jan stand fluchend in der Dunkelheit, vor einer verschlossenen Tür, mit dem Rücken zu dem Leben, das er so viele Jahre geführt und nicht in Frage gestellt hatte.

Zwei Menschen, die bis hierhin zusammengehörten, würden sich von diesem Tag an nicht mehr fragen: *Warum machst du immer zu viele Nudeln?* und *Warum trittst du dagegen, wenn du weißt, dass es weh tut?*, würden nicht mehr sagen: *Lieber zu viele als zu wenige* oder *Ich wusste nicht, dass es weh tut, dass es so weh tut* und niemals wieder *Ich liebe dich, ich dich auch, komm, Nachtisch im Bett.*

Dieser Tag ging zu Ende, dieser Tag ging vorbei. Leichthin warf die Nacht ein dichtes Tuch über die kleinen Häuser mit den noch kleineren Menschen.

4

Wellen

JAHRE SPÄTER

Samstags um elf: Ihre vollbeladenen Autos haben die Leute auf dem Parkplatz bei der Minigolfanlage abgestellt, ein Kurzparkerticket muss reichen am Abreisetag. Dann erklimmen sie im Stechschritt den Deich, ein Kind an jeder Hand, schließen die Augen gegen die Sonne – und holen einmal noch tief gute Luft. Dazu machen sie Geräusche, als kosteten sie von ihrem Lieblingsgericht, das leckerer ist, als sie es in Erinnerung hatten. Sie atmen sich die Lungen voll, weil sie nun den Heimweg antreten müssen nach Lünen, Gotha oder Bruchsal, weil sie erst in den Herbstferien zurückkommen werden, frühestens. Zum Ende des Urlaubs bevorraten sie sich mit maritimem Sauerstoff, um so viel wie möglich zu den Alveolen zu befördern und ihren Blutkreislauf vor den Stunden im Stau massiv aufzufrischen.

Frei atmen und tief. Das ist so wenig selbstverständlich wie ein langer Sommerurlaub in einem Häuschen an der Küste. Die Leute wissen das zu schätzen und fordern ihre Kinder auf, noch einmal auf den großen Fluss zu schauen, dessen Bett sie bei Ebbe durchwatet haben und durchpflügt mit den roten Schaufeln vom Kiosk an der Minigolfanlage. Sie haben gematscht und getobt und für eine Weile nicht an Hausaufgaben und Schnelltests gedacht.

Sommersamstag.

Heute ist Bettenwechsel in den Ferienhäusern, und die Eltern haben beim Frühstück bereits erklärt, dass nicht Betten, sondern nur die Familien ausgewechselt würden, doch kaum ein Kind kann sich vorstellen, dass schon am selben Abend jemand anders auf dem Spitzboden in diesem Kiefernbett unterm runden Fenster schlafen wird, wo es selbst Nacht um Nacht geträumt hat von den Wellen, die verschwanden und Stunden später zurückkehrten. Dass es hier in *Talschtett*, anders als daheim an der Möhne, *Ebbe und Fluht* gebe, das ist im Tagebuch festgehalten, und dass sie nun auch immer an Weihnachten herkommen könnten, denn Omi Offenbach müsse ja nicht mehr besucht werden, *Sie ist Neulich geschtorm* – bei der letzten Welle, wie Papa gesagt hat, aber die hatte wohl nichts mit dem Wasser zu tun, wo sie die winzigen Krebse und leeren Muscheln gefunden haben.

Von der Deichwiese winkt Ingo Dock mit seiner grauen Mütze herüber, er hat die Blende am Strandkorb repariert, den er ihnen vermietet hat, die Kinder mögen ihn, steht auch im Tagebuch, weil er so lustig *Schietwetter* gesagt und alles erklärt hat, was man wissen müsse über die *Gehzeiten im Watt*.

Doch schon muss er weiter, er hat Objekte zu betreuen, Ferienhäuser, die nächsten Urlauber sind schon auf der A 1. Er hat das Gefühl, es werden von Saison zu Saison mehr, seitdem so viele Leute nirgendwo mehr hinfliegen. Richtig warm soll es werden, bis zu 25 Grad, und vor der Mittagshitze will Ingo Dock schnell noch beim *Haus Dolo* was ausbessern am Spielgerüst und den Rasen wässern im Garten – wo sein Zahnarzt früher mit scharfen Instrumenten Feuerdorn und Berberitze gestutzt hat bis zum Ende.

Morgen kommen wie jedes Jahr die Geschwister mit Anhang, der große Behnke-Urlaub, das machen sie ja nun schon seit Jahren. Ingo hat mal gesehen, wie sie die alte Marlies in den Korbsessel mit extra Kissen gesetzt haben, und die Enkel spielen Federball über ihren Kopf hinweg, bis die Bratwürstchen gegrillt sind.

Wenn er die Behnkes zusammen sieht, nimmt Ingo sich jedes Mal vor, die Tradition der Brüdertour mit Jochen und Malte wieder aufleben zu lassen: drei Tage mit Angeln, Lagerfeuer und Pfeilewerfen, das haben sie zuletzt 2019 gemacht. Da konnte man sich einmal im Jahr über Brudersachen unterhalten und war irgendwie so ganz anders zusammengeschweißt, zwei Autostunden von zu Hause, als wenn man sich beim Tallstedter Seefest auf ein Bier trifft oder auf der schmalen Veranda hinterm Seniorenheim den alten Herrn mit seinem 88. Geburtstagskuchen füttert.

Früher, denkt Ingo, war so ein Bruder meist einfach Held oder Nervensäge im Nebenzimmer: ein großer Jochen zum Verbünden, ein kleiner Malte zum Ärgern. Und dann flattert irgendwann das Erwachsenenleben wie eine löchrige Markise, die man flicken könnte, aber nicht muss. Jeder schlurft durch seine eigenen Probleme und schrammt nur hie und da die erweiterten Familien. Man kann sich den Namen des vierten Neffen nicht merken, mindestens eine Schwägerin trinkt zu viel, irgendein Schwiegervater hat immer Ärger mit Steuerprüfung oder Prostata. Es passiert ihnen recht viel, es kümmert sie eher wenig.

Vielleicht, überlegt Ingo, als er am *Haus Dolo* aus dem Wagen steigt, vielleicht sollte er Katja, Leon und – wie heißt noch mal die Jüngste mit den zwei Kindern von zwei Männern? – bei Gelegenheit fragen, wie sie das hingekriegt haben als erwachsene Leute. Wie man aus Selbstverständlichkeit und Hassliebe später so was wie Freundschaft macht. Verwandte Menschen, die sich herzlich was zu sagen haben, das ist doch was.

Am Carport vorbei geht Ingo in den Garten. Der Rasen ist knochentrocken, das rote Schaukelbrett hängt nur noch an einem Seil. Auf der alten gusseisernen Bank von Dr. Behnke sitzt ein Gummieinhorn: vergessen, leicht geknickt.

5

Es war Liebe

MÄRZ

Der alte Mann ging langsam und sprach viel: Anitas Lungen brauchten damals bessere Luft, habe der Arzt gemeint, erzählte Herr Haffner. Mit noch nicht mal vierzig war sie schon angeschlagen gewesen, irgendwas Erbliches, und ihr Hausarzt hatte regelmäßige Durchlüftung empfohlen, sogenannte gesunde Luft, wie wäre es mit den Nordseeinseln?

Zum zweiten Mal umrundeten Leon und sein Nachbar das Krankenhaus, gemächlich, wie Haffners Tagesform es erlaubte. Alle zwanzig Schritte blieb er stehen und hatte eine neue Anekdote parat über die Frau mit den seit Wochen geschlossenen Augen, an deren Bett er vorhin gesessen hatte.

Leider, so Haffner, habe Anita eine Abneigung gegen Inseln, immer schon, alles in ihr hatte sich gegen die Vorstellung gesträubt, im Urlaub irgendwo festzusitzen, von Wetter, Fähren und Gott weiß was noch abhängig. Das habe sicher mit Berlin zu tun, murmelte er, seinerzeit seien sie ja schon ein Jahrzehnt lang von der DDR umgeben gewesen, Inselstadt in einem fragwürdigen Land. Dann eben die Küste, hatte der Arzt vorgeschlagen, Transit nach Niedersachsen und hoch Richtung Cuxhaven. Anita verzichtete ungern auf die Wanderwoche im Harz, aber beugte sich dem ärztlichen Rat. Einen jungen deutschstämmigen Captain in der Clay-Kaserne, wo sie ab und an als Übersetzerin aushalf, hörte sie von einem

Ausflug in ein idyllisches Provinznest schwärmen; eine Sondergenehmigung habe er von seinem Colonel erhalten, um dort eine Tante zu besuchen.

»Und dann hat Anita dieses Tallstedt auf der Karte gesucht und hat rumtelefoniert, bis sie eine Fremdenzimmervermietung gefunden hat, und dann hat sie gehustet und gesagt: ›Curt, wir fahren nach Tallstedt.‹«

Leon bugsierte Haffner mit sanftem Druck am Arm um einen Hundehaufen herum.

»Wer hat denn da in den Siebzigern Zimmer vermietet?«, fragte er.

Daran könne er sich nun wirklich nicht mehr erinnern, erwiderte Haffner, da solle Leon erst mal so alt werden wie er und dann noch irgendwelche Namen von irgendwelchen Leuten zusammenklauben, also wirklich!

»Ich meine nur, weil … hatten Sie nicht gesagt, Sie sind dann immer wieder hingefahren?«

»Immer wieder? Jaja, immer wieder, hab ich gesagt, das … ging ein paar Jahre, wir … n…ach, wir hatten jedes Mal eine andere Unterkunft, immer schön, aber woanders.«

Haffner schaute auf seine Schuhe, seine Stimme wurde immer undeutlicher: »Anita war die Erste im Watt und ging als Letzte raus, bevor die Flut kam. Muscheln hat sie gesucht, aber da waren kaum welche, und, n…ach, sie hat Leuten was zugerufen gegen den Wind, aber da waren auch kaum welche. Frischen Fisch hat sie gemocht und Fahrradtouren – hatte sie früher nie. Gehustet hat sie immer noch, aber anders. Steine gezählt haben wir von einer Deichtreppe zur nächsten, und ich hab mal versucht, Anita vor einem Leuchtturm zu zeichnen, weil in dem Jahr war ihr … n…ach … ihr Pullover auch so quer gestreift, so quer. Hat aber nicht stillgehalten. Nja. Irgendwann hat sie gar nicht mehr gehustet, und dann war die

Mauer weg, und Anita wollte lieber nach Warnemünde. So war das.«

Leon betrachtete den gebeugten Mann, hinter ihnen raste ein Rettungswagen vorbei Richtung Notaufnahme.

»Sie sollten da öfter mal hinfahren«, sagte Haffner. »Nach Tallstedt.«

»Mhm.«

»Ist eine schöne Heimat, Leon. Anita hat es geliebt da oben.«

»Mhm. Aber diese Siedlung mit den ganzen Ferienhäusern und die Kanustrecke und Minigolf und so, das gab's früher noch nicht, oder?«

»Nein, nein. Nur eine Handvoll Gäste. Ein paar Duisburger mit Staublunge und wir.« Haffner lachte mit geschlossenem Mund.

»Ich kenne Tallstedt im Sommer nur mit Touristen«, erinnerte sich Leon, »als ich zehn war oder so, da kannte ich alle Kennzeichen von ... von AM bis SLS. Kennen Sie SLS?«

Haffner zog eine Augenbraue hoch.

»Jedenfalls«, sprach Leon weiter, »sogar später, als alle möglichen Leute in die Türkei geflogen sind oder nach Malle oder so, da waren immer Ferienkinder mit fremden Autokennzeichen bei uns, und ich hab die gesehen und mich gefragt: Da, wo die wohnen, ist da jetzt gar keiner, wenn die alle hier sind? Wer mäht denn da den Rasen? Und war schon mal ein Auto mit TAL in Saarlouis?«

»N...ach, Sie haben sich wohl sehr für Autos interessiert, was?«

Leon nickte, als würde ihm das selbst jetzt erst klar. »Und für Leute von woanders.«

»Tja, Leute waren wohl damals weniger in Tallstedt. Ein Bruchteil von Westberlin. Mir war's einsam manchmal, aber Anita ...« Er ließ den Satz unvollendet.

Beinahe hätte Leon gefragt, ob und seit wann es Frau Haffners Lunge denn nun besser ging, stattdessen sagte er:

»Sie müssen mir unbedingt noch die anderen Tallstedt-Fotos zeigen, Herr Haffner.«

Mit einem leichten Schnauben löste Haffner sich aus Leons Stützgriff und machte eine unerwartete 180-Grad-Drehung Richtung Taxistand.

»Wissen Sie was, Leon: Wenn es überhaupt einen Vorteil hat, so viele Jahre auf dem Buckel zu haben, dann dass man nichts mehr unbedingt muss, wenn man nicht mag. Und ich –«

»'tschuldigung«, ging Leon dazwischen, doch Haffner hob die Hand: »Und ich mag ... keine Fotoalben mehr ... nicht so gern ... mit Anita. Sie, n...ach, jetzt möchte ich nach Hause bitte, ja?«

*

Unter großer Anteilnahme wurden die sterblichen Überreste von Auguste Weber in der feuchten Tallstedter Marscherde beigesetzt. Das Weber-Grab war das letzte in der Reihe, wie ihr Haus das letzte in der Straße gewesen war. Ein Großneffe aus Dinslaken, Germanistikstudent, hatte Frau Börner per Mail angewiesen, was auf dem Kranz stehen sollte:

So komme, was da kommen mag!
So lang du lebest, ist es Tag.

Der Pastor hatte im ersten Buch Petrus was Schönes gefunden, sprach von verwelkenden Blumen und dem ewigen Wort des Herrn. Einige weinten, Jochen Dock hatte wieder einmal Zahnschmerzen.

*

Schröder hieß nicht Schröder, und Leon wusste nie, welche Tasse man als Gast in der WG benutzen durfte.

Zwei Dutzend Kaffeebecher baumelten an zurechtgebogenen Hakenschrauben, von Schröder an der Unterseite eines Baumarktbretts befestigt, das an der Küchenwand über dem Gasherd hing: eine reichhaltige Auswahl an Farben und Motiven, doch Leon hatte den einen oder anderen befremdlichen Seitenblick bemerkt, wenn er nach einer Tasse griff, die anscheinend Schröders absoluter oder aktueller Favorit war.

Gab es Besuchertassen? Woraus hatten Isabels frühere Partner getrunken? Waren sie nicht bis zum Frühstück geblieben, hatte Schröder sie umgebracht und im alten Kohlenkeller versteckt?

Schröder konnte wirklich sehr seltsam dreinschauen, nicht nur beim Kaffeetrinken, und Leon mochte ihn nicht fragen, ob er vielleicht aus Glaubensgründen immer mittwochs aus der Helmut-Schmidt- und samstags aus der *Breaking-Bad*-Tasse trank oder umgekehrt. Überhaupt sprach Leon mit Schröder zu Beginn nur das Nötigste beziehungsweise nur in Isabels Gegenwart. Offenbar mehr geduldet als willkommen, durfte er sich immerhin ins WLAN einwählen.

›Das ist Schröder, aber so heißt er gar nicht‹, hatte Isabel den WG-Gründervater vorgestellt, als sie Leon eines Abends das erste Mal mit zu sich nach Hause in die Pallasstraße genommen hatte. ›Und er ist wie ein großer Bruder für mich.‹

Sowohl Schröders bürgerlicher Vorname als auch sein Familienname waren lang und zweiteilig. Aber weil er seit circa 2011 an einer Doktorarbeit über die sozialpolitische Bedeutung der ersten rot-grünen Bundesregierung werkelte und aus ungezählten Gründen, plausiblen wie vorgeschobenen, partout nicht damit fertig wurde, hatte Isabel vor längerer Zeit angedroht, sie werde ihren guten alten Freund und Schöneberger

Weggefährten jetzt so lange Schröder nennen, bis er diesen dämlichen Doktortitel in der Tasche hätte. Optisch marschierte Schröder nämlich nicht erst seit neuestem in Richtung Joschka Fischer, an eine Juniorprofessur wäre ohnehin nicht mehr zu denken, aber so war Isabel: Wenn sie jemanden wirklich mochte, setzte sie alles daran, dass derjenige auch etwas machte aus seinen Möglichkeiten.

Mit unbestechlich-verliebtem Blick prüfte sie auch Leon Behnke auf sein Potenzial.

An diesem Morgen in der WG-Küche hatte Isabel den Samson-Becher vor sich, Leon nippte an der Captain-Picard-Tasse, am Heizkörper vorm Fenster stand Schröder, der beim Kaffeetrinken seine Fingernägel schnitt.

Hellwacher als die anwesenden Männer, las Isabel mit wachsender Begeisterung aus den unendlichen Weiten des Internets vor, wo sie soeben die Information ausgegraben hatte, dass man als ausgebildeter Rettungssanitäter sogar ohne Abitur zum Medizinstudium zugelassen werde.

»Aber Isa«, wandte Leon ein, »ich hab doch Abi.«

»Trotzdem, ist doch cool, oder? Und hier steht, dass du mit deiner Ausbildung Pluspunkte gesammelt hast und dass das deinen Schnitt verbessert und so.«

»Ich hab 'n Eins-Achter-Abi, das ist eigentlich schon ganz okay, aber ich wei-«

»Ja, ist doch super, dann hast du doch echt noch alle Möglichkeiten!«

»Möglichkeiten? Um was zu tun?«

»Hallo? Hörst du mir zu?«

»Ich versuch's.«

»Leon. Ich hab hier ... warte«, Isabel klickte sich zurück zu einer bereits aufgerufenen Seite. »Hier! Es gibt Umfragen, dass Patienten älteren Ärzten viel mehr vertrauen. Nix Jugendwahn wie sonst überall. Und in Berlin werden Ärzte gebraucht! Das ist doch ein abgefahrener Vorteil für Leute wie dich.«

»Was denn für Leute wie mich?«

»Na ja, Leute, die keine ... 27 mehr sind, zum Beispiel.«

Schröder verschluckte sich und hustete in seinen Becher mit dem Aufdruck: ›Have you ever questioned the nature of your reality?‹

Etwas verkniffen blickte Leon vom Mitbewohner zu seiner Freundin und deren iPhone.

»Du weißt, dass ich schon ziemlich lange nicht mehr 27 bin, oder?«

Isabel lächelte halbherzig und schaute schnell wieder aufs Display.

»Und wieso kommst du überhaupt auf die Idee, dass ich noch Medizin studieren sollte?«

»Na, weil du *nicht* drauf kommst!«, gab sie zurück. »Und weil du was auf'm Kasten hast, Herr Behnke, das merk ich doch, und weil die Unis hier so was anbieten und weil du ... weil du leider nicht immer ...«

Sie zögerte, er beugte sich vor.

»Weil ich leider nicht immer was?«

»Da bin ich jetzt aber auch gespannt«, warf Schröder ein und legte den Nagelknipser auf die Fensterbank.

Isabel machte eine Handbewegung in Schröders Richtung, um ihn zum Schweigen zu bringen.

»Also«, erklärte sie mit einem nebligen Gesichtsausdruck, den Leon sich nicht erinnern konnte bei ihr schon gesehen zu haben, »irgendwie bist du nicht immer so glü– ... so zufrieden, wie du eigentlich sein könntest, glaub ich.«

»Aha.« Leons Gesicht blieb ausdruckslos.

Hart tippte Isabel mit der Fingerkuppe auf die Tischplatte und zeigte dann auf Leon, als hätte sie ihn bei etwas ertappt.

»Deswegen spielst du wahrscheinlich auch stundenlang Backgammon mit deinem Rentner: Weil dir was fehlt, Leon. Dir fehlt was.«

»Ach, und was soll das sein? Der Dr. med.?«

»Zum Beispiel. Ich meine, du wärst bestimmt cool als ... älterer Arzt. Im Westend, da lag ich auch mal, oder ... im Franziskus oder im Friedrichshain. Oder vielleicht so 'ne Gemeinschaftspraxis!«

Leon setzte seinen Becher ab.

»Ich geh mal duschen.«

»Och, Leon ...«

»Und dann bau ich dein Regal auf. Oder willst du lieber irgendeinen Dipl.-Ing. fragen?«

»Boah ...«

»Ja, was denn? Du ... du magst es nicht, verplant zu werden, wenn ich mit dir wegfahren will, aber mich meldest du quasi an der Uni an oder was?«

Isabel rollte mit den Augen.

»Das ist doch ganz was anderes.«

»Ja, nee! Isses nicht.«

Damit verließ er die Küche. Und stellte sich in einer Zehntelsekunde all die nie geführten Gespräche mit seinem Vater vor, der sich nie in die Karten seiner väterlichen Gefühle hatte schauen lassen, sondern Gleichmut und Gelassenheit vor sich hertrug. Ob Dr. Lothar Behnke vom einzigen Sohn ausschließlich enttäuscht war, ob er gern stolzer gewesen wäre – man wusste es nicht. Wollte wohl die Familienwelt nicht mit emotionalen Ausschlägen erschüttern, wollte die Kinder einfach gedeihen lassen. Abends, erinnerte sich Leon, war sein Vater nach langen Arbeitstagen oft noch für Stunden im Garten gewesen. Es gab in Tallstedt etliche Gebisse und Gehölze, denen Lothar in all den Jahren mehr Aufmerksamkeit geschenkt hatte als seinem Nachwuchs. Und für Leon war er der einzige Mensch – der einzige, auf den es ankam, angekommen wäre –, von dem man nie wusste, ob er nicht stören oder nicht gestört werden wollte.

Carepakete und Finanzspritzen seiner Mutter hatte Leon dankend angenommen; doch Doktor Leon Behnke, der Sohn vom alten Doktor Behnke, das wollte er nicht werden, das war ihm zu wenig und zugleich viel zu viel.

»Leon?«, rief Isa. »Leon!«

»Jetzt isser sauer«, kommentierte Schröder und biss sich ein Stück Haut vom Daumen.

»Boah, Schröder, Mann, wolltest du nicht Klopapier kaufen?!«

Sie stand auf, um Leon hinterherzugehen, überlegte es sich dann aber anders.

Hinter ihr am Fenster räusperte sich ihr Mitbewohner und sagte sehr leise: »Hab ich gestern schon. Mit Aloe vera.«

Zwei Stunden später beugte sich Leon über die erste Kundschaft des Tages, einen benommenen Radfahrer:

»Hallo, können Sie mich verstehen?«

Nichts.

»Hallo?«

Der grauhaarige Mann schlug die Augen auf und blinzelte mit schmerzverzerrter Miene.

»Wissen Sie, wo Sie sind?«, fragte Leon.

»Berlin, du Komiker.«

Ein paar Spucketropfen landeten auf Leons Brillengläsern.

»Und früher war hier Parkverbot gewesen, nämlich.«

Ein halb so wilder Einsatz. Der ältere Radfahrer war in den Tramschienen auf der Scharnweberstraße hängen geblieben, ins Straucheln geraten und im Fallen gegen ein parkendes Auto geprallt, Stirn traf auf Außenspiegel. Der Patient wurde von Leon und Samir erstversorgt, kam wieder auf die Beine, wurde von seiner Tochter abgeholt, die darauf bestand, an seinem Atem zu riechen, ehe sie sein Rad neben dem Spielplatz ankettete, um ihn nach Hause zu fahren. Er betastete den Kopfverband und fragte, ob er jetzt ins Heim müsse.

»Na, wenigstens macht er schon wieder Scherze«, kommentierte die Tochter und lachte zu Samir herüber, doch Leon fing ein Kopfschütteln des Alten auf, in dem er zu lesen glaubte: Das ist kein Scherz, mein Junge, das ist die Angst.

Dann hatten die Rettungskräfte Pause und Hunger.

Samir marschierte rüber in den Supermarkt, Leon hielt neben der offenen Tür des Rettungswagens die Stellung, saß auf einer kalten Betontischtennisplatte und dachte: Ich hab doch früher nicht so gefroren. Und ich hab vor allem früher nicht so was gedacht wie ›Ich hab doch *früher* nicht ...‹.

Er tippte eine sehr lange WhatsApp, um seinem Vater zum Geburtstag zu gratulieren, las sie zweimal durch und presste dann seinen Zeigefinger auf die Löschtaste, bis das Nachrichtenfeld wieder leer war. Dieses Jahr würde er bessere Worte finden.

Menschen ohne Wohnung oder mit Kinderwagen bevölkerten die Sitzbänke auf dem Traveplatz in Friedrichshain. Es war die Zeit am späten Vormittag, zu der es aus einem halb geöffneten Hochparterrefenster schon nach Bratkartoffeln roch und eine werktägliche Gelassenheit herrschte bis zum nächsten Pausenklingeln in der Grundschule um die Ecke. Zwei Frauen beklebten eine Litfaßsäule mit Plakatwerbung für bunte, laute Filme, die hier niemand sehen wollte.

Mit Hilfe seines Smartphonekalenders rechnete Leon aus, wie viele Tage ihm bis zu seinem vierzigsten Geburtstag blieben. Dieser 25. September 2021 schien ihm unendlich weit entfernt. Andererseits grienten ihn in regelmäßigen Abständen die Facebook-Jungs und Instagram-Mädels aus seinem Abi-Jahrgang mit ihren Babys und Campingbussen an. Alle kamen offenbar immer gerade aus dem Kreißsaal oder aus Kroatien und teilten ihre Zufriedenheit über erwachsene Lebensereignisse: Irgendwer ist in einer Beziehung, Malte hat ein Album erstellt, seine Mitschülerin startet ein Livevideo, und das gefällt Malte, obwohl er ihr nach der letzten mündlichen Prüfung – knapp bestanden, rotzevoll – beinahe mit der Splash-Bazooka-Wasserpistole das Trommelfell kaputt geschossen hätte. Nun waren sie alle virtuelle Freunde.

Seine Leute von früher, das waren meist die Eltern von heute, die Immobilienbesitzer und Jahreswagenfahrer, das waren die Bezirksdirektoren in Oldenburg, die Firmenkundenberaterinnen in Bremerhaven, die Medienkaufleute in Göttingen. Das waren zu achtzig Prozent die zu hundert Prozent Angekommenen. Die längst neue Wurzeln schlugen, mit der Kindheit in Reichweite. Leon dagegen gehörte zu den Verstreuten und Verspäteten. So wie die Jahrgangsbeste, die offenbar mit Surfen an der Algarve ihren Lebensunterhalt bestritt, wenn er die Fotoserien richtig deutete; oder sein Sitznachbar in Mathe, der jetzt irgendwo im Alten Land lebte wie Kästners Nichtraucher und Pflanzen anbaute. Das war zumindest das, was Flo erzählte. Denn mit Florian Jordan, seinem BMX- und Bio-LK-Kumpel, telefonierte Leon fast schon regelmäßig. Flo hatte ihn sogar öfter mal in Berlin besucht, um mit ihm um die Häuser zu ziehen, weil er großen Spaß daran hatte, irgendeine Sau, die in Tallstedt nichts zu suchen hatte, in der Hauptstadt rauszulassen – wobei Flo sich kaum daran störte, dass Leon meist schon nach zwei umzogenen Häusern hundemüde die Segel strich.

Auf die unvermeidbare Frage, was sie denn nach dem Abi vorhätten – in der siebten Klasse von Großeltern gestellt, wenig später von Eltern und der ersten Freundin, schließlich im vorletzten Schuljahr sogar von den eigenen Mitschülern –, schwieg Leon beharrlich und lautete Flos Antwort seit der Elften: Milena Behnke heiraten. Wie ein Leuchtturm stand Flos Entschluss, Leons kleine Schwester, wenn sie denn erst alt genug wäre, zu seiner Angetrauten zu machen. Ein blöder und vermessener Witz, wie Leon fand, immerhin war Kröti mit dem ganz eigenen Kopf gerade mal sechzehn, als er die Schule und die Geburtsstadt verließ. Doch Flo ließ sich nicht beirren: Blieb in Tallstedt und bei seiner Schwärmerei, schlief einstweilen in den umliegenden Dörfern mit den verfügbaren Frauen seines Alters und meinte es mit ihnen nie so ernst wie seinen Langzeitplan: Milena. Leon schwankte zwischen Befeuern und Beschützen.

Durch die Bäume, die den Traveplatz säumten, konnte Leon sehen, wie Samir auf der anderen Seite der Oderstraße, direkt vor dem Supermarkteingang, etwa fünf Cracker-Packungen unter den Arm geklemmt und eine weitere schon geöffnet hatte, während er noch im Gehen einen riesigen Schluck Cola runterstürzte.

Auf der Party zu Milenas Achtzehntem – Leon war extra und ausnahmsweise nach Tallstedt gefahren – tauchte der gute alte Flo, inzwischen angehender Fahrlehrer, so tragisch besoffen auf, wie Leon ihn niemals zuvor erlebt hatte. Nachdem Leon ihn mehrfach von der Tanzfläche und den Schnapsflaschen weggezerrt und schließlich draußen mit Eiswürfeln abgerieben hatte, gestand Flo, dass Leons kleine, aber großartige, wunderbare, aber schwierige, schlaue, aber starrsinnige Schwester (er setzte die Aufzählung fort, bis Leon ihn durchschüttelte) – dass diese Milena, in die er doch verliebt sei, so lange schon und so ›verdammt hartnäckig‹ (was eher klang wie

›fammhanech‹), ihn in den letzten Monaten mehrfach abgewiesen habe, mehrfach, und er habe nun endgültig keine Lust mehr: Sie wolle ihn einfach nicht, er sei ihr zu gemütlich und zu noch irgendwas. Niemals also würde er der Schwager seines alten Kumpels werden, und so sei der Milena-Traum, wie Flo in voller Lautstärke ausführte, im Arsch, im schönsten Arsch von ganz Tallstedt, mit sehr vielen ö. Dann erbrach er den Wodka über Lothar Behnkes Rasenmäher.

Doch als er sich wieder nüchtern fühlte, da war Flo nicht etwa abgehauen, um womöglich den Fisch seines Lebens endlich in einem größeren Teich zu fangen, in Berlin zum Beispiel, wo er mit Leon immerhin einen Freund gehabt hätte. Nein, Flo, der Furchtlose, kalibrierte nur seinen Traum neu, heimatverbunden, aber flexibel, und so wurde ab 2005 die Eine und Einzige seine Seeräuber-Jenny.

Leon hob die Hand, um Samir zu signalisieren, dass er noch da war und auf ihn wartete, doch Samir war in seine Cracker vertieft und ließ ein paar Fahrzeuge passieren.

Flo, Tallstedt, Milena. Immer schon. Manche Nadel, dachte Leon, steckt alle Zeit im selben Loch auf der großen Landkarte. Und wäre ich gern ihr Trauzeuge geworden, auf dem Standesamt hinter der Stadthalle, getroffen von der Reiskörnersalve, die das Brautpaar verfehlt? Nee. Er mochte Flo, er liebte seine kleine Kröti, kannte beide so gut, da passte es ihm besser, dass die nicht zusammenpassten.

Leon beobachtete, wie Samir auf dem Rückweg zum Rettungswagen die Autofahrer beschimpfte, die schneller als erlaubt über das Kopfsteinpflaster bretterten. Wenn er wütend wurde, dann singsangte er.

Samir war mehr als ein Kollege und so etwas wie der neue Flo geworden, ein Freund jenseits der Selbstverständlichkeiten geteilter Jugendsünden, einer, der noch nicht all die Schulhofgeschichten kannte. Richtig schlau aber war Leon aus ihm in all den Jahren nicht geworden: Ob Samir, der Schweigsame, wohl auch von einem Eigenheim und einem Jahreswagen und einer Milena träumte? Von einem anderen Leben zu Hause in Östringen, wo er einst im Rahmen einer Mutprobe die schmucke Fassade des Stadtmuseums mit einer Spraydose verschandelt hatte: *HEIMAT AM ARSCH*. Bestimmt denkt er jetzt auch anders, überlegte Leon. Danach musste er seinen Kollegen vom anderen Ende der Republik unbedingt mal fragen. Meistens sprachen sie ja über Sport oder *The Walking Dead* oder die Muskelheinis von der Berufsfeuerwehr. Nicht über die Kilometer zwischen hier und den Kleinstädten, in denen die Eltern einfach so älter wurden. Auch Samir war jenseits von Mitte dreißig und allein unter Berlinern, er musste Wünsche an die Zukunft haben. Mindestens verklärte Erinnerungen an das Kaff seiner Kindheit. Bestimmt gab es auch in Östringen etwas, das größer war als Östringen.

Als Samir sich kauend wieder zu Leon gesellte, fragte der: »Und, was haste mir mitgebracht, Kollege?«

Samir zuckte zusammen, weil ihm auffiel, dass er nur Sachen für sich gekauft hatte, dann präsentierte er die geöffnete Packung: »Cracker? Seeehr gesund, mein Sohn.«

»Paprika schneiden. Sehr gesund, mein Sohn.«

Mit diesen Worten stellte Leon seinem Kollegen zwei Tage später auf einem Holzbrettchen die bereits entkernten und gewaschenen Hälften einer gelben Paprika vor die Nase, damit der sich beim gemeinsamen Kochen nützlich machte, klopfte ihm aufmunternd auf die Schulter und verließ den Raum.

Samir murmelte eine Art Einverständnis, während er noch seine Mails checkte, dann aber stöhnte er laut auf und sackte in seinem Stuhl zusammen.

So eine Scheiße könne er ja nun überhaupt nicht gebrauchen, stellte er fest, zu undeutlich, um verstanden, zu laut, um ignoriert zu werden.

»Also, so eine Scheiße«, damit pfefferte er sein Smartphone auf die Resopal-Tischplatte.

Isabel wusch Petersilie und tat ihm den Gefallen, nachzufragen: »Was denn für eine Scheiße, Samir, hm?«

»Scheiße, wieso Scheiße?«, stimmte nun auch Leon beim Betreten der Küche ein, während er seiner Freundin triumphierend einen Salzstreuer präsentierte: »Da! Lag unterm Bett!«

»Ich weiß«, entgegnete Isabel ungerührt, »ist mir runtergerollt, als ich heute Morgen den Eierbecher abgestellt hab.«

»Nee, nee, nee, was für 'ne *Scheiße* ...«, wiederholte Samir, wobei er Messer und Gemüse vor sich anstarrte wie eine Klausur, für die er nicht gelernt hatte.

Leon stellte das Salz neben seinen Suppentopf, in den Isabel einen Streifen Tomatenmark aus einer Tube drückte.

»Wie, du *wusstest*, dass das Ding unterm Bett liegt, und sagst zu mir: ›Guck doch mal im Schlafzimmer, ob der da irgendwo auf dem Nachttisch steht oder so ...‹!?«

»Wie klein soll ich das denn schneiden?«, wollte Samir nun wissen, das Sägemesser schlaff in der Hand. »Ich weiß ja gar nicht, wie klein ich das schneiden soll ...«

»Ist das wegen gestern?«, hakte Leon bei Isabel nach, »weil ich gesagt hab, wenn ...«, er senkte die Stimme, »wenn man ... sich liebt, dann macht man auch Sachen für den anderen, die man gar nicht machen müsste.«

»Normal klein«, sagte sie zu Samir und an Leon gewandt: »Nn…jaein … War so gemütlich im Bett. Und unten drunter staubig.«

»Ach.«

»Sorry, Leon, ich … werd rot, wenn du das L-Wort sagst.« Mit festerer Stimme fügte sie hinzu: »Sorry wegen dem Salzstreuer, kommt nicht wieder vor.«

»Ist das normal klein?«

In Zeitlupe und mit Leidensmiene führte Samir die Klinge durch die Paprikaschote, wobei er wiederholte: »Was für 'ne Scheiße …«

»Boah, Samir!«

Leon warf sich auf den Küchenstuhl.

»Jetzt sag schon, was gibt's zu jammern?«

»Wird das heute noch was?«, fragte Isabel dazwischen. »Mit dem Gemüse? Für die Tortellinisuppe? Zu der du dich selber eingeladen hast?«

»Ja, weil's bei mir so laut ist!«, ereiferte sich Samir und sah Isabel durchdringend an. »Wegen der blöden Baustelle!«

»Samir?«

Leon zog ihm das Brettchen weg, schnitt die Paprika und reichte sie Isabel.

»Es ist Sonntag. Keiner baut.«

»Ja, nee, aber … aber«, fuchtelnd deutete Samir auf sein Telefon, »jetzt plötzlich mailt die Dings, die Hausverwaltung, weil auf der Baustelle … irgend so ein Statiker … ingenieur … typ meint, wir müssen alle raus. Alle, das ganze Haus!«

»Wann? Und wie lange?«

»Ja, keine Ahnung, Mann, weiß keiner. Weiß keiner.«

Samir blickte Leon in die Augen.

»Vielleicht für immer. Vielleicht ist meine Heimat verloren für immer.«

»Blödsinn, Heimat, du kommst aus Baden-Württemberg und da –«

»Mann! Dir ist so was wie Heimat doch komplett egal, Leon!«

»Gar nicht!

»Wohl! Du ... du brauchst kein Zuhause, du willst ja nur irgendwo wohnen!«

»Jetzt aber mal ehrlich, Samir, deine abgeranzte Wedding-Bude ist doch wohl –«

»Gesundbrunnen, mein Sohn!«

»Ja doch, Sack und Asche, nimm es halt als ... als Zeichen, dass du dir endlich ein neues Zuhause suchst. Okay?«

Zwiebelstückchen zischten im heißen Olivenöl, als Isabel am Boden des Topfes rührte.

»Meinst du echt, Leon?«

Samir verschränkte die Finger im Nacken, was immer ein Zeichen war, dass er im Begriff war, furchtbar gründlich nachzudenken.

»Warum nicht?«, kommentierte Isabel, und während Leon beobachtete, wie sie mit der Messerklinge nun auch die gelben Stücke zu den anderen Zutaten beförderte, hörte er zu seinem Erstaunen eine Person mit seiner Stimme sagen: »Weißte was, Sammi: Du kannst diese Bude haben. Suchen Isa und ich uns einfach was zusammen. Sollten wir eh bald mal machen. Eine amtliche Pärchenwohnung! Ein Zuhause! Oder, Frau Romberg, was meinen Sie? Umzug aus Liebe, hm?«

Für zwei Sekunden hätte man einen Salzstreuer fallen hören können. Isabels Augen glühten. Kraftvoll schraubte sie am Deckel des Gemüsefondglases, das sich mit einem Knacken öffnete, drehte sich zu Leon um, der sie voller Erwartung ansah, und sagte kein Wort. Hob stattdessen langsam den Finger, um den Dunstabzug auf Stufe 3 zu stellen.

Ein schwer zu übertönendes Rauschen erfüllte die kleine Pankower Küche.

*

Unerbittlich klackerte und klackte es in der Trommel, dann lief zischend neues Wasser nach, und im gurgelnden Rauschen bei vierzig Grad drehte sich die Buntwäsche im Kreis, noch eine Stunde und achtzehn Minuten.

Das helle metallene Geräusch in der fensterlosen Waschküche der Schumanns, es war einfach zu blöde. Wie Katja so dastand, eine Haarsträhne im Mundwinkel, und ihre Waschmaschine anstarrte, da hätte sie wirklich gern sehr laut gelacht – über das Leben und wie morsch es sich anfühlte, wenn Dinge geschahen, die man nicht ändern konnte. Und wenn man vergessen hatte, vor dem Waschen den Ehering aus der Jeans zu nehmen.

Sie streckte sich, der Rücken tat noch weh von der letzten Nacht, weil sie die nicht im Bett verbracht hatte.

›Aua‹, hatte sie gedacht und: ›Bin ich doof, auf der ollen Couch zu schlafen mit ihrem leichten Müffelgeruch.‹ Vielleicht musste sie die Couch austauschen, eine Beule der Zeiten, ganz bestimmt musste sie die Couch austauschen. Und überhaupt: alles neu!

Im Internet hatte sie einen großen Eimer Farbe mit Struktureffekt in Apricot bestellt, zwei Rollen, zu viel Abdeckfolie und mehrere Pinsel. Das hatte sie noch nie gemacht, und als sie ›Bestellung abschließen‹ anklickte, dachte sie: ›Das hab ich noch nie gemacht.‹ Sie wusste, Henry würde genau das Gleiche feststellen: ›Das hast du noch nie gemacht‹, und dann würde sie ihm bedeutungsvoll die Hand auf die Schulter legen und ihn in die Seite boxen und würde dem verwirrten Sohn beipflichten, dass er da verdammt recht habe, aber manche

Sachen mache man eben zum ersten Mal, so wie zum Beispiel sein Vater wohl auch zum ersten Mal fremdgef-

Das würde sie eventuell weglassen. Oder umformulieren. Denn darum ging es ja auch gar nicht, es ging um die Farbe, um die neue Farbe in ihrem nicht mehr neuen Haus, sie wollte das Schlafzimmer streichen und dann tagelang auslüften, um dort wieder schlafen zu können. In einem anderen Bett, das musste sie auch noch bestellen, eins sechzig sollte reichen, im Idealfall würde es zur Wandfarbe passen und wenn nicht, dann nicht. Fürs Erste war es wichtig, dass Henry ihr half, das alte abzubauen und nach unten zu tragen. Sie machte einen Termin für die Sperrmüllabholung, dann bekam sie die Mail mit der Bestellbestätigung des Baumarkts und heftete ihren Blick auf die Gesamtsumme.

Da lebt man ein Leben ohne größere Beanstandungen, plötzlich tut einem das Herz weh, man tauscht die Kulissen aus und belastet die ahnungslose Kreditkarte.

Und was, fragte Katja sich plötzlich, während die Zahlen vor ihren Augen größer wurden, was mache ich bitte mit all dem Zeug, wenn Jan aus dem Nichts wieder hier aufkreuzt und um Verzeihung bittet? Was, wenn er mit der Störzel Schluss gemacht hat und ihm alles furchtbar leidtut? Was, wenn er einsieht, dass es falsch war, dieses Haus, dieses Bett zu verlassen?

Nee. Nee, jetzt ist alles bestellt, jetzt wird alles geliefert. Schluss mit traurig.

Jetzt würde sie endlich Milena einweihen in diese denkbar größte Familienscheiße, würde selbst Fakten schaffen. Wäsche waschen. Nach vorne schauen. Und Sperrmüll war überhaupt eine großartige Idee, Sperrmüll glimmte als Chance, die Funken schlagen könnte. Es ließe sich doch bestimmt noch ganz anderes Zeug aus den verstaubten Ecken ihrer Familie entsorgen. Wenn einmal das große orangefarbene Auto anrückte, dann sollte es doch besser zu viel als zu wenig fortschaffen.

Angefangen mit dem Bad wollte sie schon beim Zähneputzen die Dinge eines ehemals gemeinsamen Lebens sortieren nach dem einfachsten, nicht anzuzweifelnden System: ›Jan‹ und ›früher‹ auf der einen, ›ich‹ und ›ab jetzt‹ auf der anderen Seite. Alle Anschaffungen unter ihrem Dach müssten sich dieser klaren Neuordnung fügen, befand Katja zuversichtlich, bevor ihr Blick auf die silberne Hakenleiste an der Tür fiel: der kuschelige Bademantel in Nordseegrau – von Katja vor Jahren online entdeckt, von Jan im Handumdrehen gekauft, war es seit langem ganz selbstverständlich an sieben von sieben Tagen ihr Sohn, der darin eingehüllt zum Frühstück erschien.

Wie sollte sie ein Leben zu dritt ohne Rest durch zwei teilen? Wohin mit Henry und seinen Sachen und Bedürfnissen?

Während der Bürstenkopf an ihren Zahnreihen entlangsurrte, öffnete Katja mit eiligen Handgriffen die Schubladen und Schranktüren: neun Duschhandtücher geteilt durch drei, vier Packungen feuchtes Toilettenpapier, zweimal fünfhundert Milliliter Bodylotion für besonders trockene Haut; Katjas Bürste, Jans Kamm, Henrys Power-Styling-Gel. Wo oberhalb des Waschbeckens der Rasierer gelegen hatte, war nun ein kleiner Staubfilm, und die After-Shave-Flasche hatte einen kaum sichtbaren ovalen Fleck hinterlassen. Katja hielt die Nase über die gekachelte Ablage und dachte: ›Cool sensitive.‹ Die Reste von Jan.

Auf dem Radio neben dem Föhn müssten Sie noch seine Fingerabdrücke finden, Herr Kommissar, mein Mann hat hier gewohnt, ganz bestimmt. Nein, Alibi habe ich keins, aber sehen Sie hier, die Kerbe (die Verdächtige hebt den Finger), da war mein Ring, sehr lange. Sein Ring. Unser. Es war Liebe, Herr Kommissar, ich schwöre.

Da stoppte ihre elektrische Bürste nach Ablauf des Zwei-Minuten-Programms, und die plötzliche Stille erschreckte Katja wie ein jäher Druckverlust.

Klackerklack, Stunden später in ihrer Waschküche, das Leben geht irgendwie weiter, deswegen wäscht man seine Klamotten, dachte Katja. *Zisch*, bald kommt ein verschwitzter Teenager mit einer Reisetasche voll verschwitzter Klamotten zurück, noch eine Ladung Schmutzwäsche, noch ein bisschen Vierzig-Grad-Normalität im Hause Schumann. *Klackerklack und Gurgelrausch*, denn Henry kann ja nichts dafür.

Dieser unscheinbare Satz hatte sich schon früher oft in ihrem Kopf festgesetzt und nie den Weg nach draußen gefunden: Es ist doch nicht seine Schuld, Henry kann doch nichts dafür – das sprach sie allerdings auch dann nicht aus, wenn Jan sich wieder mal darüber ausließ, wie egoistisch sich Henry benahm, der in der Kita kein Spielzeug und in der Grundschule keinen Schokoriegel hatte teilen wollen. Jan war es unangenehm, dass beim Elternsprechtag Herr Dankert über Henrys Sozialverhalten im Allgemeinen und über mangelnden Teamgeist im Speziellen klagte: Ihr Junge hatte mehrfach beim Basketball kleinere Spieler aus seiner eigenen Mannschaft weggerempelt und sich gewundert, dass Herr Dankert ihn dafür kritisierte, obwohl Henry doch durchsetzungsstark entscheidende Punkte gemacht hatte.

Teilen und Rücksicht nehmen, so was lerne man eben am besten unter Geschwistern. Das war Jans Kommentar, und Jan war mit einem jüngeren Bruder aufgewachsen. Katja auch, deswegen wusste sie, was ihr Mann meinte, aber Henry – Henry kann doch nichts dafür, folgerte sie dann ganz für sich.

Ihr Sohn war nie ganz einfach zu handhaben, langweilig wurde es selten, aber sein Herz saß richtig, wie Uroma Mathilda es gern formuliert hatte. Und als er 2004 das erste Mal die Strecke vom Sessel bis zum Fenster zurückgelegt hatte, ohne sich festzuhalten, als er die ersten Zufallslaute mit rührendem Nachdruck zu echten Worten geformt und als er helfend etwas aufgehoben hatte, das seiner gleichaltrigen Cousine heruntergefallen war, da sah Jan seinen Sohn mit überquellender Vorfreude an:

»Das wird mal ein toller großer Bruder, Katschi, oder?«

Henrys Cousine bekam gleich zwei Brüder in kurzer Folge. Und das war noch nicht das Schlusswort bei Jans Bruder und Schwägerin, während Henry Alleinherrscher über einen Berg von Spielzeug blieb und Katja die Hosen, aus denen er rausgewachsen war, weiter im Keller stapelte, damit ein kleiner Bruder sie auftragen könnte, schon bald.

Doch der Nachwuchs kam und kam nicht, kein Junge, kein Mädchen, kein Kind zwei. So ging die Planung nicht auf. Mehrfach gab es falschen Alarm, als Katja unerklärlich übel wurde, und keine zwei Tage später stellte sich eine nur leicht verspätete Periode ein. Einmal ging es sogar schmerzhaft blutend schief in Woche drei.

Was sie denn falsch machten, fragte Jan immer häufiger und immer noch mit dem Anflug eines Lächelns, denn er konnte auch trösten, wenn es sein musste.

Nichts, entgegnete Katja, denn ›Nichts‹ war auch die Antwort des wortknausrigen Dr. Jülkenbeck in seinem fliederfarbenen Polohemd gewesen, der seit den frühen Achtzigern so ziemlich jede Frau in Tallstedt behandelt hatte – inklusive Katjas Mutter bei ihrer letzten Schwangerschaft.

»Na dann«, hatte Katja jedes Mal gesagt, wenn sie sich in Jülkenbecks Praxis die Hose wieder hochzog.

»Das wird schon, Frau Schumann. Man sieht sich.«

Der Frauenarzt zwinkerte.

Urologisch, sagte derweil Jans Urologe, stehe einer erneuten Zeugung nichts im Wege. Und empfahl Vitamin E.

Überzeugt, dass niemand irgendetwas falsch machte, niemanden eine Schuld traf, schlang Katja die Arme um den Hals ihres Mannes und flüsterte ihm etwas von ›Geduld‹ und ›viel Zeit‹ ins Ohr und dass ihre Eltern versprochen hätten, der Enkel könne das ganze Wochenende bei ihnen bleiben. Das war am Tag von Henrys Einschulung.

Es folgte Fehlversuch auf Fehlversuch, und Jan beteuerte, er hasse das Wort ›Fehlversuch‹, aber er schlage jetzt mal eine Pause vor: kein Blick auf den Kalender, andere Gesprächsthemen, und wenn Katja müde sei, dann sei sie eben müde.

»Ja«, sagte sie ein bisschen zu schnell, »vielleicht bin ich tatsächlich müde«, was für beide viel akzeptabler klang als ›lustlos‹ oder ›frustriert‹.

»Lass uns eine Pause machen, Janni, oder ... oder ohne Druck. Okay? Und dann klappt es. Bestimmt! Kein Hormonquatsch und so, brauchen wir nicht. Und kaputtreden ist auch doof. Wir sprechen einfach nicht mehr drüber.«

Sie sprachen nicht mehr darüber.

Henry wurde zehn, Jan wurde vierzig, Katja bekam ständig Blasenentzündungen. Sie sprachen nicht mehr darüber.

Jans Bruder war inzwischen sterilisiert. Henry hatte längst mehr Cousins in Schleswig-Holstein als *Transformers*-Figuren auf dem Regal überm Bett.

2014 ging Dr. Jülkenbeck mit einem letzten Zwinkern in Rente, und darüber sprachen sie: Vielleicht, scherzten sie, sei überhaupt der alte Stoffelkopp in der Schulstraße an allem schuld, vielleicht hätten sie längst mal den Arzt wechseln sollen, und vielleicht brächte sein Nachfolger in der Praxis ihnen das ersehnte Quäntchen Glück.

Eine junge Gynäkologin aus Hannover übernahm die Praxis. Sie ließ die Böden abschleifen und versprühte gute Laune, begrüßte Katja als erste Patientin und empfahl Vitamin D. Plus Optimismus. Dr. med. Anna Störzel glaubte an das Quäntchen.

2015 kam Amy Behnke zur Welt. Jetzt hatten Katja und Jan eine Nichte mehr und kaum noch Spaß am Hoffen. Für eine Weile funktionierte es ganz gut, sich mit Milena zu freuen, die alleinerziehende Schwester zu unterstützen, das lenkte ab. Die Geburt war lang und kräftezehrend gewesen:

»Einmal und nie wieder«, keuchte Milena danach, und Katja schüttelte ihrer Schwester wortlos das Kissen auf. Da waberte die Zahl vierzig schon wieder durch das Schumann'sche Schlafzimmer, drohender als zuvor. Wollte, sollte sie nach diesem Geburtstag noch schwanger werden?

Wollte sie nicht. Es wurde ihr endgültig und mit erträglichem Bedauern klar, als sie eines Nachmittags die so glänzend junge Schwester in ihrem Stillsessel betrachtete: Erschöpft und versunken im Babymoment, die Augen geschlossen, summend, wiegte Milena ihr Kind an der milchprallen Brust.

Die zwei haben noch so viel vor sich, dachte Katja. Ich hab das hinter mir. Ich mag nicht mehr, und es geht ja auch gar nicht: Erst mal ist Henrys Versetzung gefährdet, in den Ferien wird die Bücherei umgebaut, Mama hatte wieder ihre Herzprobleme, Jan hat neulich sogar am Sonntag gearbeitet, außerdem bin ich zu alt, schon zu alt, es ist doch alles schön, wie es ist.

Die Aufzählung all der guten Gründe lief vor ihren Augen ab wie ein Filmabspann, und als die Musik verklungen war, hatte sie fast unbemerkt einen Entschluss gefasst. Von da an hatte Katja darauf geachtet, dass die recht selten gewordenen intimen Augenblicke in ihrem Ehebett ohne Folgen blieben und Henry Schumann ein Einzelkind, dessen Latzhosen niemand auftragen würde.

Im Gurgelrauschen drehte der Ehering seine Runden.

Aus dem Regal neben dem Trockner nahm Katja einen frischen Duschvorleger, doch anstatt ihn ins Bad zu bringen, ließ sie ihn zu Boden fallen, setzte sich darauf und wählte die jahrzehntealte Festnetznummer ihrer Eltern, um ihnen mitzuteilen, dass sie und Jan sich trennen würden.

»Wieso das denn? Was denn jetzt?«

Diese Reaktion hatte Katja in etwa erwartet und holte aus, aber da fragte ihre Mutter direkt noch einmal:

»Wieso das denn? Und Henry?«

Und während Katja das Ende einer langen Ehe in elternverträgliche Umschreibungen zwängte, erkannte sie hinter dem Bullauge der Waschmaschine, inmitten der schäumenden Bläschen, den Lieblingspullover ihrer großen, ihrer bisher größten Liebe. Den dunkelroten.

Wieso denn, überlegte Katja, während ihre Mutter am anderen Ende der Leitung dem Eismann die Tür öffnen musste, wieso wasche ich denn noch seine Klamotten? Warum macht er das nicht selber oder Anna Störzel?

Vielleicht kniete Jan in diesem Augenblick auf Annas Fliesen, wie er hier gelegentlich vor der Maschine gekniet hatte, um das Auffangsieb rauszudrehen, wenn das Wasser nicht mehr abgepumpt wurde, weil sich Katjas zerfetzte Tennissocke irgendwo verfangen hatte. Würde er noch einmal dreizehn Jahre lang oder mehr diese großen kleinen Dinge tun und wenn ja, wo? Wie würde wohl Anna Störzel 2032 staunend ihren Ehering in der Buntwäsche betrachten? ›Anna und Jan‹ hatten sie eingravieren lassen, damals, 2021, sobald endlich die Scheidung von seiner Ex erledigt war und sie –

Marlies Behnke war zurück am Apparat. Ein paar Fragen stellte sie noch, versuchte, ihre Älteste aufzumuntern, gab dann aber zu, die Neuigkeit nun erst einmal ihrerseits verdauen zu müssen mit einem Obstbrand, und beendete dann das Telefonat, um Katjas Vater in Kenntnis zu setzen.

Seufzend schob Katja den sauren Gedanken beiseite, dass die Trennung erst jetzt so etwas wie eine offizielle Gültigkeit hatte, wo ihre Eltern Bescheid wussten, jetzt wo ihre Mutter Sätze gesagt hatte, die Katja aus ihrer Jugend nach einem verlorenen Tennisspiel bekannt vorkamen – und die im Wesentlichen darauf hinausliefen, dass es sozusagen nicht immer gerecht zugehe im Leben und zugleich die Zeit noch jede sogenannte Wunde geheilt habe, weil Freud und Leid sich wie Ebbe und Flut abwechselten, im Großen und Ganzen.

Katschi wo bleibst du denn?

Milenas Kurznachricht unterbrach Katjas schlingernde Gedanken.

hab David extra zum joggen geschickt!!

Ja, sorry, fahre jetzt los, tippte Katja schnell zurück und schickte den Zusatz hinterher: Wäsche war noch nicht fertig!!

Ein durchdringendes Piepen signalisierte, dass der Ehering, der Lieblingspullover und der unwichtige Rest jetzt sauber und geschleudert waren.

Das Klackern hatte ein Ende.

»Das Jammern hat ein Ende«, teilte Katja der Waschküche mit, nicht laut, aber gewiss, »jetzt isses auch mal gut mit Selbstmitleid, dafür gibt's ja keine Belohnung. So, Pullover«, damit riss sie Jans Pullover aus der Maschine, warf ihn in den Trockner und stellte die höchste Stufe ein, »alles ändert sich, und wenn du da wieder rauskommst, bist du nicht wiederzuerkennen.«

*

»Hast du vielleicht Tee, Kröti? Und wo ist denn Amy?« Katja äugte Richtung Wohnzimmer.

»Noch beim Turnen. Rooibos Vanille?«

»Mhm. Soll ich helfen?«

»Nö. Kann schon wieder alles alleine.«

Milena stakste in die Küche, rief von da aus: »Ich hab David gesagt, er soll 'ne große Runde laufen.«

Danke, dachte Katja und räumte Milenas Gitarre und ein Laptop, das vermutlich Davids war, vom Ledersofa. Sie setzte sich, klemmte die Hände zwischen die Knie.

Zwei Becher mit Tee balancierend, stieß Milena die Wohnzimmertür auf, fragte »Brauner Zucker gut, Schwester?« und nahm auf dem Sessel neben dem Notenständer Platz. Sie saßen Knie an Knie.

Während ihre große, ernste Schwester in den Tee pustete, wartete Milena ein paar Sekunden ab, die ihr wie Minuten vorkamen, und dann fragte sie:

»Was ist los, Katschi? Musst du Carolin feuern oder hast du 'n Knoten entdeckt?«

»Was?«

Reflexartig hielt Katja die Arme vor den Brustkorb, um sich gegen die Vermutung zu schützen.

»Nee. Nee! Alles gu–, also, Caro hat nix gemacht, und krank fühl ... bin –«

»Also dein Janni-Bär. Was hat er denn gemacht, der feine Herr Anwalt? Sag bitte nicht, er hat Seeräuber-Jenny gevögelt!«

Milena kiekste, beugte sich vor und stupste Katja gegen die Schulter bei dem Gedanken an Jennifer Kravets aus ihrer Parallelklasse, die einmal so knapp an der *Topmodel*-Vorauswahl gescheitert war.

Sehr langsam hob Katja den Kopf und blickte ihrer Schwester in die Augen. Ihre Lippen fingen, eine nach der anderen, zu zittern an, Milena sah die erste Träne, ehe sie sich löste und über die Wange rann, Katja wollte etwas aussprechen und wusste offenbar nicht, wie sie es anstellen sollte, solange der Kloß ihren Hals verschloss, sie schluckte und schluckte noch einmal.

»Oh, Scheiße, Katja, nein! Nicht ernsthaft. Mist, das tut mir ... Eieiei, das hätt ich nicht gedacht, sorry, ich hab nur 'nen blöden Witz gemacht, ich dachte nur, dass dein Jan auf keinen Fa–«

Sie hielt inne, weil Katja schluchzend heftig den Kopf schüttelte und ihrer Schwester die Hand auf den Arm legte, um den Schwall an Entschuldigungen zu unterbrechen. Milena ergriff die Hand, an der der Ring fehlte, wie sie jetzt bemerkte, drückte sie, erst leicht, dann fester, während sie mit der anderen nach der Taschentuchpackung auf dem Couchtisch langte.

Als das Schluchzen abgeebbt und die Nase freigeschnäuzt war, als der Tee nicht mehr zu heiß zum Trinken war und sie zwischen Wut und Hilflosigkeit die Stimme wiedergefunden hatte, da sagte Katja die zwei Worte:

»Anna Störzel.«

Milena riss die Augen auf.

»Die Störzel? *Meine* Frauenärztin? Die ist doch lesbisch!«

»Anscheinend nicht«, erwiderte Katja. »Und übrigens auch *meine* Frauenärztin.«

»Aber ... aber«, stammelte Milena, »da bin ich doch vor drei Tagen noch gewesen!«

»Ich weiß, Kröti«, Katja deutete mit einem Kopfnicken auf den Mutterpass, der zwischen ihnen auf dem Tisch lag, »aber so isses nun mal.« Sie räusperte sich den Salzgeschmack aus der Kehle und erklärte:

»Die war halt nicht lesbisch, sondern Single und hat offenbar auf den richtigen Mann gewartet, und das war dann wohl meiner.«

»Ich fass es nicht! Die Störzel!«

»Kleine Welt«, kommentierte Katja achselzuckend.

»Ja, scheiß Welt!«, protestierte Milena, »das gibt's doch nicht, das können die doch nicht machen! Ich meine, hallo, ihr habt ein Kind zusammen! Wir sind in Tallstedt!«

»Ich weiß, Kröti.«

»Boah! Und ... und ... und hast du ihn, ich meine, wohnt der jetzt noch bei euch ... dir, oder?«

»Wohnt erst mal in der Ferienhaussiedlung. Keine Ahnung, ob er bei ihr einziehen will oder ...«

Milena sah einen feinen, aber bedrohlichen Riss in der Säule, die ihre Schwester war. Würde sie einstürzen, würde Milena, ausgerechnet jetzt, selbst ins Wanken geraten? Wie konnte sie die sehr große Schwester um Unterstützung bitten, wenn die selbst in sehr großen Sorgen steckte? So instabil war Milena die Welt der Gefühle nicht geheuer.

Mit einem frischen Taschentuch prustete Katja sich noch ein bisschen freier, während Milena gar nicht wusste, wohin mit ihrer ratlosen Empörung.

»Ja, und jetzt, ich meine, was willst du denn jetzt machen? Hm? Ich meine, das –«

»Risotto.«

»Hä?«

Katja schlürfte von ihrem Tee.

»Risotto. Ich hab vorhin beschlossen, ich koch mir was, das Jan nicht mag. Also, nicht heute, aber so grundsätzlich.«

»Du ... machst Risotto?«, fragte Milena stirnrunzelnd.

»Jan hasst Risotto. Stinkt und klebt, sagt er.«

»Na ja, nicht unbedingt, es muss halt richtig fluffig sein und –«

»Fluffig?«, ging Katja dazwischen. »Wie meinst du ›fluffig‹?«

»Na ja, nicht dumpfig halt.«

»Nicht dumpfig?«

»Genau!«

»Also meinst du schleimig, oder wie?«

»Schleimig? Quatsch, auf keinen Fall schleimig.«

»Das sag ich doch.«

»Du hast ›dumpfig‹ gesagt. Wahrscheinlich meinst du breiig?«

»Ja, nee, ich hab gesagt, fluffig ist nicht, was ich meine. Eher grießig, aber nicht bröselig.«

»Hm. Also für mich definitiv fluffig. Weil wenn es so körn–«

»Schlotzig! So! Schlotzig muss das Risotto sein.« Erleichtert atmete Katja auf.

»Ah, okay, ja, bei schlotzig bin ich dabei«, sagte Milena und fügte stutzend hinzu: »Der Risotto oder das Risotto?«

Katja kniff die Augen zusammen. »Ähmmm, ›das‹, würde ich sagen. Oder beides.«

»Aber ich glaub, ›schlotzig‹ steht nicht im *Duden*, Katschi.«

»›Schlotzig‹? Na klar! ›Schlotzig, schlotziger, am schlotzigsten‹.«

Milenas Mundwinkel zuckten. Für einen Moment sahen sie sich nur an, als würden sie sich in der nächsten Sekunde schlapplachen wie in ihrer Kindheit, am Rande einer langweiligen Familienfeier, über die seltsamen Posen der Leute auf den schwarz-weißen Fotos ihrer Uroma. Und wenn irgendwelche entfernten Verwandten sie gefragt hatten: »Ist das deine große Schwester?«, dann hatte Milena stolz und feixend erklärt: »Das ist meine *sehr* große Schwester!«

Unruhig wartete Milena auf das Signal in Katjas Gesicht, dass sie nun endlich aufatmen durften, weil es okay war, dass sich zur Abwechslung die Ältere weh getan hatte und die Jüngere ihre Schulter anbot. Den Druck ihrer Hände, das Lachen über nichts und alles, das Pflaster. Weil die Demütigung und der Kummer sich weniger stachelig anfühlten, nachdem die eine sich der anderen erst einmal anvertraut hatte.

»Dann lass uns das machen!«, beschloss Milena jetzt, doch Katja verstand nicht.

»Was machen?«

»Risotto!«

»Wie, Risotto? Jetzt gleich? Wo denn?«

»Bei dir! Nur wir zwei und ganz in Ruhe. Wie früher beim Backen. Wir machen dir ein schönes schlotziges Risotto, das dein … dein Paragraphen…pimmel hassen würde, so!«

Katja lachte auf.

»Du willst jetzt bei mir Risotto machen?«

»Mit dir, bei dir, genau! Das wird super!«

»Aber«, wandte die Ältere ein, »Amy und David sind doch gleich wied–«

»Ach wat!«

Milena wischte die all zu vernünftigen Bedenken weg als Einwände für normale Tage, denn diese Risotto-Situation war nun mal alles andere als normal. Außerdem kämen ihre alleinerzogene Tochter und ihr »Zukünftiger« – dabei zwinkerte sie wie ein angetrunkener Teenager – wirklich irre gut miteinander aus.

Und so hatten die Schwestern eine halbe Stunde später, als erst David und gleich darauf Amy fröhlich und mit roten Wangen in die Wohnung spazierten (»Tante Kattiiiii!«), schon ein schnelles Nudelgericht für die beiden Sportskanonen vorbereitet. Auf dem Küchentisch lag gut sichtbar das *Drachenzähmen*-Memory, von dem Amy am Vorabend nicht genug hatte bekommen können und das sie heute mit David bis zur allerletzten Zähneputzwarnung würde spielen dürfen, ausnahmsweise.

Während Katja kurz aufs Klo verschwand, erklärte Milena

ihrem leicht irritierten Freund alles, was er über die Hintergründe dieser kurzfristigen Aktion wissen musste, und verpasste ihm dann, ausdrücklich aus Liebe zu seiner Empathie und Spontaneität, auf den noch ungeduschten Hals einen Knutschfleck mit den Umrissen von Norderney.

»Danke und bis später, Schatz!«

Und flüsternd fügte sie hinzu, als sie den Schlüssel im Schloss der Badezimmertür hörte: »Guter Mann!«

Schläfe an Schläfe beugten sich die Behnke-Schwestern über die köchelnde Masse im Topf und tauschten skeptische Blicke.

»Haben wir den richtigen Reis gekauft? Und sieht das im Rezept auch so aus?«, fragte Milena. »So ... langweilig?«

»Das bleibt ja nicht so«, sagte Katja, »da kommt noch was rein.«

»Du solltest in jedem Fall den Rest von dem Wein trinken, den du reingekippt hast«, empfahl Milena, »der riecht lecker. Also ich würde, wenn ich dürfte.«

Katja drehte sich zu ihr und legte ihr eine Hand auf den Bauch.

»Den ersten Wein nach dem Abstillen trinken wir zusammen, Kröti.«

Da lag sie falsch.

»Und dann machen wir das hier«, Katja zeigte auf den Topf, »einfach noch mal. Und noch viel schlotziger!«

Am Ende wurde das Abendessen nicht ganz so großartig, wie sie es sich ausgemalt hatten. Nicht so sämig und zugleich al dente, wie das Onlinerezept es versprochen hatte. Doch es war ihnen von ganzem, erleichtertem Herzen egal, denn ihre Nähe war wichtiger als ihr Hunger.

Sie nannten es ›die Risotto des Jahres!‹, ließen die Hälfte stehen und futterten Erdnussflips und Weingummis.

Unter fröhlichen Umständen hätten sie noch freier und länger gelacht, wäre Milena noch alberner und Katja noch betrunkener geworden. Immerhin aber konnten sie an diesem Küchenabend mit Händen greifen, wie tröstlich es war, gebraucht zu werden, denn ihr Risotto war viel dicker als Wasser.

6

Ich kann alles erklären

JAHRE SPÄTER

Die Beobachterposition ist günstig. Neben einem Postkartenständer, etwas versteckt zwischen Comics und Zeitschriften, hat Leon den Tisch mit neuen Brettspielen im Visier. Seine Nervosität läuft ihm als Schweißfilm über die Handflächen. Drei Kunden haben schon ausführlich die Packungsrückseite seines Spiels studiert, bedrängt von Jugendlichen, die begeistert zum Erweiterungsset für *Lockdown* greifen.

Bei der Wahl zum ›Spiel des Jahres‹ hat Leons *Bockwindmühle von Pudagla* sich nur knapp *Mrs. President* geschlagen geben müssen, trotzdem wurde es in den einschlägigen Foren rauf- und runterempfohlen, die erste Auflage rasch ausverkauft; und nun, wo der Verlag Nachschub produziert und ausgeliefert hat, will Leon sich in vier oder fünf Läden selbst überzeugen, ob *Pudagla* auch in ausreichenden Mengen ordentlich präsentiert ist. Sobald ein mittelalter Kunde vom Typ Versicherungsmakler ein Exemplar in Richtung Kasse trägt, sendet Leon die versprochene Nachricht mit der Emoji-Sequenz fliegende Dollars, Pizzastück, Rotweinglas an die Chatgruppe Spielgeld, dann studiert er wieder betont unauffällig das Grußkartensortiment und lugt hinüber zur nächsten Kundin, die sich den ›Spielen des Jahres‹ nähert.

In langen Wellen fällt ihr Haar offen auf den dunkelblauen Mantel, behaglich dick, unterm karierten Rock sieht er Stiefel in Graubraun mit dunklen Flecken, weil sie sich schon durch den Charlottenburger Schneematsch gekämpft hat. In der Linken hält sie ein dickes dunkles Taschenbuch, sie hat auf dem Weg in diese Abteilung zuerst die Bestsellerregale angesteuert. Jetzt zerrt sie den Schal von ihrem Hals, atmet sichtbar auf. Die noch roten Wangen schätzt Leon durch seine neuen superentspiegelten Brillengläser auf fünf bis zehn Jahre jünger als seine, definitiv noch nicht so alt wie seine kleine Schwester.

Mit wem sie wohl spielt? Für wen sie wohl Spiele kauft? Bei den anderen Kunden hat er sich diese Frage auch gestellt, doch da hat ihn die Antwort kaum interessiert. Seine Mutter hätte der jungen Frau geraten, bei der Kälte eine Mütze zu tragen, denkt Leon. Er wettet zehn Euro gegen sich selbst, dass sie die *Pudagla*-Schachtel anfassen und dann *Mrs. President* kaufen wird. Oder gar nichts. Oder Postkarten.

An den Hosenbeinen wischt Leon seine Handflächen trocken. Die Kundin ohne Mütze kann nicht wissen, dass er sich zwar versteckt hält, aber doch nicht vor ihr. Im Bruchteil einer Sekunde geht Leon in die Offensive, während die Schneematschfrau ihre fingerlosen Strickhandschuhe nach seinem Brettspiel ausstreckt.

»Hi! Sorry ...«

Sie muss vermuten, dass er sich entschuldigt, weil er sich in dem engen Gang an ihr vorbei zu den Frühstücksbrettchen zwängen will, und macht mit erhobenen Händen eine halbe Drehung.

»Ich wollte gar nicht vorbei«, sagt Leon.

»Ach so.«

Nur zwei knappe Worte, etwas heiser von dem Temperaturunterschied vielleicht, ihre Stimme klingt wie eine, die man gerne schon mal gehört hätte, findet Leon. Sie wendet sich wieder *Pudagla* zu, er beobachtet unverhohlen, wie sie die Kurzanleitung auf der Rückseite liest. Die könnte er mitsprechen, er könnte sie ihr auswendig vortragen, notfalls auch rückwärts, könnte ihr das Erklärvideo auf seinem Handy zeigen, hier und jetzt, sie sieht so ... so blauweich aus und so ... interessiert.

Als sie bemerkt, dass Leon sich weder einen Zentimeter bewegt noch zu irgendeinem Artikel gegriffen hat, schaut sie ihn an, als stände sie seinem Glück noch immer im Weg.

»Wolltest du auch ... das Spiel?«

Sie tritt von dem Tisch zurück und wartet auf eine Reaktion Leons.

»Nee«, er schüttelt den Kopf, »ich kenn das, also, ich kenn das ganz gut, ich ... hab das –«

»Oh, und, isses kompliziert?«

»... erfunden«, beendet Leon seinen Satz.

»Hm?«

»Hm?«

»Erst du.«

»Nee, sag du.«

»Ich meinte nur«, sagt sie und streicht sich mit dem Buch in der Hand eine Locke weg, die in die Stirn gefallen ist, »ob du das empfehlen kannst.«

»Absolut!« Er muss grinsen.

»Ist das auch was für Kinder?«

»Du hast Kinder?«

»Noch nicht.« Sie stutzt kurz. »Aber ... also, hat es was ... Originelles?«

»Absolut!«

Leon nickt und möchte, dass sie nicht mehr weggeht.

Ihr Räuspern wirkt höflich, etwas verwirrt.

»Und zwar ...?«

»Und zwar«, setzt Leon an und weiß nicht, wohin mit seinen Händen, er hätte auch ein Buch kaufen sollen, um sich daran festzuhalten, »weil *Pudagla* von mi–«

»Der Name ist aber Quatsch, oder?«, fällt sie ihm ins Wort. »Ich meine, das gibt's nicht wirklich, *Pu-dag-la*?«

»Doch!«

»Ach?!«

»Auf Usedom!«

»Echt? Nie gehört, woher weißt du so was?«

»Weil ich mir das Spiel ausge–«

»Ach so, klar«, sie tippt sich an den Kopf, »du hast die Anleitung gelesen.«

»Genau«, bestätigt Leon, der es schön fände, wenn dieselbe oder seinetwegen eine andere Locke noch mal so nach unten fiele, dass sie diese Handbewegung macht, stattdessen sagt sie:

»Ich hasse lange Anleitungen.«

»Ich kann alles erklären.«

Und dann schießt sein Zeigefinger nach vorn zur Pappschachtel auf den bordeauxroten Schriftzug mit Titel und Autor: *Die Bockwindmühle von Pudagla. Ein Spiel von Leon Behnke.*

»Das bin ich. Sorry.«

»Was?«

»Leon. Hier. Ich meine, ich bin ... ich hab – von mir ist das Spiel!«

Sie kneift die Augen zusammen.

»Das ist von *dir*?«

Offenbar versucht sie, ein verräterisches Zucken seiner Mundwinkel auszumachen, doch er starrt auf ihre feuchten Stiefel und merkt, wie er rot wird.

»Ja.«

Nach drei reglosen Sekunden sagt sie: »Mhm, genau, und ich hab den Roman hier geschrieben.«

Sie hält sich ihr schweres Taschenbuch vors Gesicht.

»Oh, du ... du bist Stephen King? Ich hab mir dich ganz anders ...«

Ihr Blick bringt sein erneutes Grinsen zum Schweigen, sie macht Anstalten, vom Tisch zurückzutreten, aber irgendwo in der entflammbaren Gegend zwischen Herz und Bauch spürt Leon, dass dieser Moment einen Unterschied in seinem Leben machen wird, dieser oder keiner mehr.

»Warte«, sagt er und holt sein Portemonnaie aus der Hosentasche, zeigt ihr seinen Personalausweis.

Skeptisch nimmt sie ihm das Stück Plastik aus der Hand, vergleicht Dokument und Spielkarton.

»Okay«, sagt sie mit schmalem Mund, »dann bist du das wohl. Ich muss jetzt trotzdem zum Zahnarzt.«

Weil er nicht weiß, wie er die blauweiche Frau anders aufhalten könnte, wirft Leon schnell ein: »Mein Vater war Zahnarzt.«

»Ah.«

»Er lebt nicht mehr.«

»Oh ...«

»Aber«, plappert er ohne Zwischenstopp weiter, »willst du denn jetzt *Pudagla* haben oder nicht? Geschenkt? Ich meine, es ... ähm, es ist Platz zwei, ›Spiel des Jahres‹, immerhin, und du musst es gar nicht kaufen, ich geb dir eins von meinen, ich hab einen ganzen Stapel zu Hause, das ... da ... die sollen eh nicht alle umziehen!«

»Du ziehst auch um?«

Die Frau liest die Adresse auf Leons Ausweis, ehe sie ihn zurückgibt. »Weg aus Steglitz?«

»Wieso auch?«, fragt Leon. »Ziehst du auch um?«

»Nächsten Monat.«

»Cool. Wohin?«

Ihr Blick wird wieder drei Grad kühler.

»Willst du mich stalken?«

»Quatsch!«

»Wohin ziehst *du* denn ... Leon Behnke?«

»Mir egal«, antwortet Leon und nuschelt hinterher: »Wo du wohnst.«

»Hä?«

»Hm?«

»Du bist merkwürdig«, stellt sie kopfschüttelnd fest, »und ich muss echt los!«

»Ja, aber sag doch mal, wohin ziehst du denn?«, hakt er nach und rechnet mit jeder Antwort von ›ins Nachbarhaus‹ bis hin zu ›ins Ausland‹.

»Ich kann dir das Spiel schicken. Oder vorbeibringen, wenn dir da—«

»Hamburg«, sagt die Frau mit dem Buch.

»Hamburg?« Leons Stimme gerät etwas aus der Spur. »Ich auch!«

Zwei Minuten braucht es, um sie zu überzeugen, dass es völlig normal ist, wenn Menschen unabhängig voneinander aus Berlin nach Hamburg ziehen, rein zufällig, sie wegen des neuen Jobs und er wegen – nun ja, wegen ihr und weil das Schicksal ihn frontal gegen diesen schönen Zaunpfahl hat wanken lassen. Aber fürs Erste behauptet er, ohne rot zu werden, dass er ebenfalls aus beruflichen Gründen umziehen müsse, schon bald.

Unter hektischen Blicken auf die unterm Mantelärmel herausgezerrte Armbanduhr gibt sie schließlich nach, notiert sich Leons Nummer und speichert ihn zunächst versehentlich unter LEON PUDAGLA. Sie verspricht, sie werde googeln, ob er wirklich kein Stalker sei, und sich im Anschluss melden wegen eines Termins zur *Pudagla*-Übergabe. Im Rückwärtsgehen winkt sie etwas unbeholfen mit dem Buch. Während sie an der Kasse steht und sich nur beinahe noch einmal zu Leon umdreht, textet er zuerst an Katja, an Flo und dann wortgleich in den Spielgeld-Chat, wo Schröder und Samir seine jüngste Nachricht zwischenzeitlich mit erhobenen Daumen gefeiert haben:

ich zieh um! diesmal wirklich ;-) hamburg!

Nachdem er seinerseits wie selbstverständlich ein Exemplar von Stephen Kings letztem Roman aus dem Bestsellerregal gezogen hat, tauchen zeitgleich vier neue Mitteilungen im Display auf:

Isabel Romberg hat die Gruppe verlassen, steht dort, gefolgt von Katjas juchuu!, Flo schreibt: umzug? jo. wann brauchst du den transporter?, und darunter stehen diese 33 Zeichen:

Wie wäre morgen, Leon Behnke?

Gruß, Kim

Ehe er ihr antwortet, will er sie in seinen Kontakten speichern, auf dass sie ihm niemals verloren gehe. Damit die Zeile für den Nachnamen, den sie ihm noch nicht verraten hat, nicht leer bleibt, notiert Leon:

VORNAME Kim

NACHNAME Frau des Jahres

Er tippt morgen ist super und heute wär schöner!, was er direkt wieder löscht, darüber vergisst er, das Buch zu bezahlen, trottet durch die elektronische Warensicherung und wird im Schneegestöber vorm Eingang von zwei Security-Leuten festgehalten, die gar nicht verstehen können, warum er sie so anstrahlt.

»Ich kann alles erklären«, teilt er den Männern feixend mit, »ehrlich!«

7

Pustekuchen

APRIL

Milena schlug die Augen auf in dem Zimmer, das einmal ihr Kinderzimmer gewesen war, und wusste nach drei Herzschlägen wieder, dass sie bei ihren Eltern zu Besuch war. Mit David und Amy. Eier suchen, Kaffee trinken. Noch bevor sie gähnen konnte, knurrte ihr Magen wie ein Raubtier, das jeden Moment über sie herfallen würde.

Die Gardinenstangen über dem Fenster waren noch die gleichen wie vor zwanzig Jahren, die Vorhänge waren hell, eine Fliege sirrte von Falte zu Falte und fand nicht hinaus. Ob die Gummidichtung noch diesen ploppenden Seufzer machte, wenn man vorm Schlafengehen für eine heimliche Zigarette den Fenstergriff drehte? Ob irgendein gnädiger Regen die Brandflecken auf dem Sims weggewaschen hatte? Und ob sie nicht ein paar der letzten D-Mark-Münzen von ihrem Taschengeld besser gespart hätte, anstatt sie in das süßlich-beißende Raumduftspray vom *Schlecker* zu investieren? *Schlecker* war längst pleite, beim Gedanken an Zigaretten wurde ihr übel, und nun, da Milena selbst Mutter war, kam ihr der Gedanke seltsam vor, sie könnte eines unausweichlichen Tages so arglos sein oder vorgeben zu sein, dass sie ihrerseits die Verschleierungsmanöver ihrer rauchenden Kinder nicht bemerkte.

Vielleicht stand die Dose mit der Pfirsichbrise noch dort im Schrank hinter der dünnen Sommerbettdecke, weil unsere zwei oder drei Jugendsünden selten explodieren und meistens verpuffen – vergessen von den Teenagern, die gar nicht schnell genug erwachsen werden können, während die Eltern, geduldig und unterschätzt, auf den Moment warten, in dem sie kein Auge mehr zudrücken, nicht mehr so angestrengt wegsehen müssen. Und nicht mehr so tun, als hätten sie diese unappetitliche Mischung aus kaltem Rauch und Kunstaroma tatsächlich nie gerochen.

Die Türklinke wurde heruntergedrückt, und Davids dichte rechte Augenbraue schob sich als Erstes durch den Spalt, gefolgt von dem Rest seines Gesichts, dann traf sein Blick auf ihren: eine Mischung aus Staunen und Freude, dass der Mensch, den man vor dem Nickerchen zuletzt gesehen hatte, auch eine Stunde danach noch zu dem Leben gehörte, das man leben wollte.

»Hab ich den Kuchen verschlafen?«, fragte Milena und gab David gar nicht erst Zeit zu antworten. »Hat Mama dich geschickt? Seid ihr alle im Wohnzimmer? Wolltest du nicht mit den anderen spazieren gehen?«

»Nee, wir hab-«

»Weißt du«, sie fixierte den rot-blauen Lampenschirm über ihr, »wie seltsam das ist, mit 34 in seinem schmalen alten Bett zu pennen und ...«

Sie hielt inne, drehte ihren Kopf und sah sich beinahe ungläubig im Zimmer um, als wäre sie nicht dort aufgewacht, wo sie eingeschlafen war.

»Und was, Milly?«

David setzte sich auf die Bettkante, legte seine Hand auf die Decke, die Milena bis ans Kinn reichte, und rieb etwas unentschlossen darüber, anscheinend wusste er nicht, wo genau Bauch oder Brust gerade empfindlich auf Berührung reagieren würden.

»Na ja, ich meine ... mit Kind im Bauch in dem Zimmer, in dem ich selber Kind war. Strange irgendwie.«

»Du siehst ein bisschen platt aus«, sagte David.

»Na, schönen Dank auch. Weißt du, wie du direkt nach dem Aufwachen aussiehst?«

»Sorry, ich meinte, da–«

»Du, David?«

Sie riss die Augen auf.

»Was denn, Milly?«

»Ich hab so Hunger.«

Lachend schlug er ihre Bettdecke zurück und zeigte auf ein großes, leeres Bonbonglas, das auf dem Nachttisch stand.

»Hast du das nicht schon leer gefuttert?«

»Quatsch!«

Sie griff nach den Zipfeln und deckte sich sofort wieder zu.

»Früher war das mal randvoll. Mein Klavierlehrer hat mir immer Karamellbonbons gegeben, wenn ich besonders gut geübt hab, neue Stücke zum ersten Mal durchgespielt und so.«

In ihren Augen sah man die Erinnerung zurückkommen.

»Die waren in so Glitzerpapier.«

»Ja, und dann?«

»Wie, und dann? Und dann ist er gestorben. Silvester '99 – krass, oder? Da redet die ganze Welt vom neuen Jahrtausend, und Herr Steinkamp ist tot, bevor's losgeht. Hab ich dir das noch nicht erzählt?«

»Nö. Ich meinte eigentlich, was du mit dem ganzen Süßkram gemacht hast.«

David nahm noch mal die Decke und lüftete sie, dieses Mal behutsamer, während Milena sich gewaltsam den Mittagsschlaf aus den Augen rieb.

»Kann mir kaum vorstellen, dass ...«, er warf rasch einen

Blick zur halb offenen Tür, »dass ausgerechnet dein alter Herr dir erlaubt hat, eimerweise Karamell zu essen.«

»Nee. Also, ja, meine ich. Hat er nicht.«

Milena griff nach Davids Fingern und rutschte dabei wieder etwas weiter zurück unter die Bettdecke.

»Ich hab die nie gegessen, nur gesammelt. Und an Neujahr 2000 bin ich mit Katschi zum Deich und hab alle ins Wasser geschüttet. Komplett.«

»Komplett?«

»Das ganze Glas.«

»Ist das nicht Umweltverschmutzung? Wegen dem Glitzerpa–«

»Hallo?! Herr Steinkamp war ja wohl gestorben? Bei dem ich jede einzelne Note gelernt hab? Das war keine Umwelt…dings, das war … das war für mich wie –«

»Mamiii?«

Amys helle Stimme vor der Tür, etwas ängstlich. David drehte sich um und ließ Milenas Hand los, sie räusperte sich.

»Amy, Süße, was ist los?«

»Kann ich reinkommen?«

David und Milena wechselten einen Blick.

»Jaa«, sagten sie zeitgleich, und Milena ergänzte: »Wann, hatten wir gesagt, darf man *nicht* einfach reinkommen, sondern muss klopfen?«

Amy trippelte ins Zimmer.

»Wenn Tür ganz zu!«, sagte sie, stolz, sich das gemerkt zu haben. »Weil jeder hat so eine … Privatfähre!«

David lachte lauf auf und raunte dann seiner Freundin zu, den Fachbegriff habe er zu verantworten, weil Amy von ihm noch einmal eine extra Erklärung für diese neue Klopfregel eingefordert hatte, die es vor seinem Auftauchen in ihrem Leben nicht gegeben hatte.

Zwei Meter vom Bett entfernt baute Amy sich nun breitbeinig auf und verkündete: »Oma sagt: Kuchen!«

»Dann sag der Oma mal, wir kommen gleich«, entgegnete David, »deine Mama hat nämlich schon ganz doll Hunger.«

»Okay!«

Damit drehte Amy sich auf der Ferse um und rannte aus dem Zimmer.

»Oomiii, Mama hat doll Hunger!«

Milena zog die Beine an, umschlang ihre Knie und ließ den Kopf gegen Davids Schulter sinken.

»Ich glaube, ich esse drei Stück Kuchen und schlaf weiter bis zum Abendessen.«

»Spitzenplan.«

Er küsste ihre Haare und seufzte.

»Vorher müssen wir allerdings noch eine Hausbegehung machen.«

»Haus, welches Haus?«

»Na, dieses Haus. Dein Elternhaus? Der Stammsitz derer von Behnke, altes Tallsteder Adelsgeschlecht seit siebzehnhun–«

Sie klapste ihm mit der Hand auf den Kopf.

»Ey!«

»Tja«, erklärte David, »dein Vater hat offenbar den Plan, dass wir hier wohnen, wenn sie demnächst umziehen in ihr Senioren-Penthouse. Hat er mir nach dem Mittagessen verraten, als du dich hingelegt hast. Ich dachte, wir erklären ihnen am besten gemeinsam, dass wir andere Pläne haben, oder?«

Wortlos rückte Milena ein Stück von David weg, um ihm in die Augen sehen zu können.

»Wir ... wollen nicht noch mal überlegen, ganz in Ruhe? Ich meine, jetzt, wo die schiefe Guste gestorben ist und das Haus hier ...«

Den Satz ließ sie unvollendet, David wusste ja auch so, was sie dachte.

»Milly. Das hatten wir schon.«

»Mhm.«

»Ich ... hab deinem Vater gesagt, dass du das Haus ja ganz gut kennst und er mich gerne rumführen kann, wenn's ihm Spaß macht, wo du gerade so tief schläfst, aber er hat drauf bestanden, dass wir das zu dritt machen. Ganz offiziell sozusagen. Können wir ihm jetzt dann bitte mal sagen, dass dein Bruder das Haus haben kann oder wer auch immer?«

»Leon? Pah. Der will wohl kaum hier wohnen, selbst wenn er dürfte. Aber nach *der* Nummer jetzt wird Papa sich ganz be—«

»Milly? *Wir* wollen auch nicht, hatten wir besprochen. Richtig? Selbst wenn wir dürfen oder sollen. Und wo wir schon mal hier sind, sagen wir am besten jetzt artig ›Nein, danke‹.«

»Na ja«, stöhnte Milena etwas übertrieben, »Papa weiß halt nicht, dass du *geschworen* hast, nie-, nie-, *niemals* in Tallstedt zu sterben, weil dei—«

»Ey, das ist nicht lustig.«

Das war es nicht, und das wusste sie. Immerhin hatte sie David gehalten in jener Nacht, als er ihr endlich die ganze Wahrheit über den Tod seiner Mutter erzählt hatte, und sie hatte wie in ein wildfremdes Gesicht geschaut, jedes Mal, wenn das Wort ›Depression‹ auf seiner Lippe zitterte.

»Hast recht«, sagte sie, »war blöd«, legte eine Hand an seine Wange und strich mit den Fingern der anderen durch seine Nackenhaare. »Ist Katschi noch da?«

»Yep. Hat deiner Mutter beim Abwasch geholfen.«

»Und wegen Papas Idee? Ich meine, hat sie was dazu gesagt, es ist ja immerhin auch ihr Haus ... Erbe.«

»Keine Ahnung. Klärt ihr am besten unter euch.«

»Mhm.«

»So, komm, jetzt schwing dich mal aus dem Kinderbett, und dann lass uns meinetwegen nachher dem alten Mann die Freude machen, dass er uns die Öltanks vorführt und die Berberitzen und das Vogelhäuschen, und dann sagen wir ihm, dass ich ... 'ne Allergie hab gegen Vögel oder gegen Öl oder ...«

»Blödmann.«

Wieder versuchte Milena, David einen Klaps zu geben, aber der sprang schnell auf, drehte und verbeugte sich und reichte ihr die Hand, um sie hochzuziehen.

»Darf ich bitten, gnädiges Fräulein? Im Salon wird soeben gedeckter Apfelkuchen gereicht.«

Da es nun April geworden war in Tallstedt; da der Bauer seine Herde zurück zum Deich führte und die Texelschafe wieder oben über die grünen Wiesen blökten, während weiter unten Ingo Dock seine Strandkörbe aufstellte für die ersten Frühjahrsurlauber aus Remscheid und Saarbrücken; da unter routinierten Kommandos die Sportsegler ihre Jollen und Grinden aus den Bootshallen in den Hafen hinausbrachten, alle Fender geputzt, weil das Wasser da draußen nach Frühjahr roch, nach Fieren und Anluven und den ersten glitzernden Stunden auf Fluss und Meer, da wollte Marlies Behnke wie an jedem Ostersonntag von ihrer Familie um diesen alten Holztisch versammelt sehen, wer zu haben war. Zumindest ihre Mädchen, zumindest diese beiden, die eine schwanger mit Mann, die andere ziemlich allein. An Jans Fehlen bei diesen Anlässen würde man sich gewöhnen müssen, Henry war sein Sport wichtiger, und mit dem Erscheinen ihres Sohnes hatte Marlies ohnehin nicht gerechnet.

Neben dem zuckergussigen Apfelkuchen auf der silbernen Servierplatte lag in der Tischmitte das DIN-A4-Blatt mit der

Skizze: Lothar Behnke hatte den Grundriss der Wohnung aufgezeichnet, die Ende des Jahres bezugsfertig sein sollte. Im Anschluss hatte seine Frau die Räume mit geschwungenen kleinen Buchstaben beschriftet: *TV, ZK, Marlies.*

»Zentralkomitee?«, hatte David gefragt, »wer ist das?«

»Wieso heißt das Wohnzimmer ›TV‹, Mama?«, wollte Milena wissen, »und wieso kriegst du ein eigenes Zimmer, Papa aber nicht?«

Während sie Löffel auf Untertassen verteilte, erläuterte ihre Mutter, dass ›ZK‹ – anstatt ›Gäste-WC‹ – für das zweite Klo stehe, denn sie müssten zugeben, inzwischen öfter mit Reizdarm als Gästen zu tun zu haben. Im Wohnzimmer mache ihr Vater ohnehin kaum etwas anderes als fernzusehen; wann immer sie allerdings mal in Ruhe etwas lesen wolle, habe sie nun, endlich, bald einen eigenen Raum, und wenn sie nur besser malen könnte, dann hätte sie dort noch die schöne Chaiselongue eingezeichnet, die sie bestellen wolle.

»Die Küche ist klein.«

Alle sahen Katja an, von der man offenbar gar keinen Kommentar zum Grundriss erwartet hatte.

»Kann Steine-Jochen euch da nicht 'ne größere Küche reinbauen?«

Sie bräuchten eben nicht mehr so viel zu essen, schaltete sich ihr Vater ein, deswegen lasse er Jochen Dock, den Bauunternehmer, eine kleine Küche planen, und Katja machte ein ›Aha, soso‹-Gesicht, dann zog sie mit der Kuchengabel Linien in die Glasur, immer hin und her auf drei polierten Zinken.

An diesem Nachmittag, ohne Mann, Sohn und Bruder, saß Katja wie in Schaumstoff gewickelt am Familientisch zwischen Schwester und Mutter. Sie fühlte sich seit Tagen wie in einem Konfigurator, immerzu rückte sie Bestandteile ihres Lebens von einer Stelle an die andere und war gespannt auf das Ergebnis: Wenn sie alle Küchenschränke ausgewischt hätte, würde sie dann mit Jan über die geteilten Henry-Wochenenden sprechen? Wenn sie erst ihre Ex-Kommilitonin angerufen hätte, um die viel zu schnell verflossenen Zeiten von Prüfungsvorbereitung und *Sex and the City* wieder aufleben zu lassen, um sie zu fragen, ob sie ein brauchbares Netzwerk und Tipps für einen beruflichen Neuanfang habe, würde sie sich dann auch endlich schlaumachen bei Marions Mann (aus der Immobilienabteilung der Sparkasse), für wie viel ihr Haus sich wohl verkaufen oder vermieten ließe?

Und wenn im abgestaubten Regal nur noch ihre eigenen und liebsten Bücher ständen, würde sie dann mal wieder einen Kaffee mit Steffen Harms trinken und sich einen tiefklugen Roman empfehlen lassen, wie nur er es konnte? So eine Geschichte über Menschen, in der die *Tetris*-Balken der Gedanken und Gefühle, im Sturz gedreht, an der richtigen Stelle landeten und ein Ganzes ergaben?

Immerhin wäre Platz in Haus und Kopf für was Neues, denn erst vor wenigen Stunden hatte sie sich von Büchern getrennt, die sie niemals mehr würde lesen wollen.

Stieg Larsson, John Grisham und vor allem Ferdinand von Schirach – viele, viele Regalzentimeter. Warum hatte Jan die nicht mitgenommen? Olafs Ferienwohnung war doch groß genug, und wenn er über kurz oder lang mit Anna Störzel zusammenzöge, würde er doch vielleicht das neue Zuhause mit einigen seiner alten Bücher dekorieren wollen.

Allerdings hatte Katja wenig Lust, ihren künftigen Ex-Mann zur Abholung zu mahnen wie einen säumigen Bibliotheksnutzer zur Rückgabe. Sie fühlte sich hier nicht im Dienst, sondern im Recht, lud sich noch vor dem Frühstück ein Dutzend Bücher, schlicht und mächtig, auf die Unterarme und marschierte schnurstracks raus zur Altpapiertonne. Während sie mit dem Zeigefinger den Deckel hochklappte, versuchte sie, sich den unleugbaren Nutzen all dieser beschriebenen Seiten im Zuge einer Wiederverwertung auszumalen: Was es wohl durchmachen würde, so ein Buch über große Fragen, wie es wohl aussähe, nachdem man es recycelt hätte? Was wurde aus entsorgten Schirach-Bänden im modernen Papierkreislauf? Eine Supermarkttüte? Ein Karton? Der nächste Schirach? Langsam glitt das oberste Exemplar vom Stapel, Katjas Unterarme kippten vor dem offenen Tonnendeckel wie eine Baggerschaufel nach vorn, das nächste Buch rutschte, dann waren mit einem dumpfen Plumpsen alle Bände weit unten auf der letzten Sonntagszeitung gelandet. Unschlüssig lugte Katja in die blaue Tonne. Sie hätte die Zeitung hervorziehen können, um damit den Bestsellerstapel zu kaschieren, wobei kaum zu befürchten war, dass jemand außer ihr vor dem nächsten Abfuhrtermin das Schumann'sche Altpapier inspizierte. Außerdem konnte sie doch wegschmeißen, was sie wollte, und trotzdem – seufzend streckte sie ihren langen, kräftigen Schlagarm nach unten, musste aber kopfüber in den Plastikabgrund langen, hielt die Luft an, hatte den Sportteil schon zwischen den Fingern und –

»Katja?«, hallte es. »Alles in Ordnung?«

Die Akustik in der Tonne war nicht so schlecht, dass sie nicht gehört hätte, wie jemand sie ansprach, doch sie hätte so tun können, als wäre sie dort unten zu beschäftigt, um Passanten zu grüßen. Was aber, wenn der nicht weiterging?

Schließlich griff sie nach dem obersten Schirach-Exemplar, richtete sich auf und drehte sich leicht schwankend um. Ein paar Meter entfernt, an der Auffahrt zu ihrem Grundstück, hatte Jochen Dock per Fahrrad haltgemacht, einen Fuß auf dem Boden, die schwarzen Hemdsärmel hochgekrempelt, und schaute sie fragend an.

»Jochen.«

Katja nahm ein paar Haare zwischen die Finger und spürte, dass sie Staub eingeatmet hatte.

»Moin, Katja. Frohe Ostern. Das sah ja gefährlich aus.«

»Ach«, krächzte sie, »frohe Ostern! Ich ... das, ich meine, hast du das ...?«

»Was?«

Jochen war freundlich und schien gar nicht in Eile.

Etwas verschämt hielt sie das Buch hoch.

»Hast du«, sie leckte sich über die Lippen, »hast du das auch manchmal, dass die Leute dir einfach irgendwas in die Mülltonne schmeißen, wenn ihre eigene voll ist?«

»Nee.«

»Nee?«

»Eigentlich nicht.«

»Na ja, das ist doch ... eigentlich noch ganz in Ordnung«, sie drehte das Buch in der Hand, wie um den Zustand zu prüfen. »Ich meine, wer schmeißt so was weg? Oder?«

»Wenn das noch in Ordnung ist, dann kannst du das doch behalten«, schlug Jochen vor, »wobei – du hast natürlich schon 'ne ganze Bücherei.«

Katja lachte tonlos.

»Du brauchst wahrscheinlich nicht noch mehr Bücher, schätze ich.«

»Nee«, sie nickte, »nee, das stimmt. – Ach so, aber: Hier, willst du? Schenk ich dir!«

Sie ging auf ihn zu, zeigte ihm das Cover, und Jochen winkte ab.

»Das ist nett, Katja, aber das hab ich schon.«

»Ach was.«

»Hat meine Frau mir geschenkt.«

»Schön!«

»Ja.«

Katja zog das Buch zurück, Jochen senkte den Kopf und schnippte mit dem Fingernagel gegen seine Handbremse.

»Übrigens«, sagte er dann schließlich, ehe er sich wieder in den Sattel stemmte, »für deine Eltern bau ich da 'ne richtig schicke Wohnung. Seestraße ist mein Lieblingsprojekt. Ich meine, wenn man schon alt wird, dann mit Aufzug und Ausblick, oder? Und alles smart und energieeffizient und so. Kannst dir ja die Pläne mal angucken.«

»Klar. Prima.«

»Na denn ...«

»Ich muss wieder rein, Jochen ...«

Damit machte Katja einen Schritt rückwärts, vage auf die offen stehende Haustür deutend, als habe sie noch zu tun, und verabschiedete sich vom Bauunternehmer.

Sobald er außer Sichtweite gewesen war, war sie raumgreifend zurück zur blauen Tonne geschritten, hatte sie umgekippt und die Bücher wieder herausgeholt.

Vielleicht, dachte Katja und widmete sich erneut Marlies' ebenmäßiger Kuchenglasur, vielleicht ist das jetzt überhaupt der beste Zeitpunkt, um schon mal zu entscheiden, auf welchen See ich später blicken möchte, wenn Henry aus dem Haus ist. Auf welchen Park, welchen Fluss, welchen Berg.

Und apropos Berg, ist dieser Apfelkuchen eigentlich ein gleichschenkliges Dreieck?

Während die anderen weiter über das Wohnen, Zeichnen und Fernsehen im Alter diskutierten, musste Katja an Henrys Geometriearbeit der letzten Woche denken, auf die sie einen Blick geworfen hatte, der gerecht, aber streng sein sollte, weil die Nachhilfe nicht ganz billig war, aber offenbar wenigstens zielführend: eine glatte Zwei.

War das Apfelkuchendings nun spitzwinklig oder stumpfwinklig? Gleichseitig oder gleichschenklig? Wie viele Mandelblättchen bilden die Hypotenuse, und warum hat Pythagoras den blöden Kuchen nicht einfach in Quadrate geschnitten? Jan wüsste so was.

Alle unteren Vorderzähne hatte sie in die Lippe krallen müssen, als sie neben Henry und seinen karierten Zetteln saß, weil sie den Satz nicht sagen mochte: ›Papa ist sicher stolz auf dich!‹ Und war froh, dass Henry ihre Verlegenheit nicht bemerkte, sondern feststellte, Sinus und Cosinus könne er irgendwie nicht ernst nehmen, die klängen für ihn wie ein Comedyduo. Sie hatte gelacht, Henry nicht.

War das gut, wenn ein Kind die Trennung der Eltern verarbeitete, indem es Mathe lernte und lustige Dinge sagte, ohne eine Miene zu verziehen?

Sie müsste das mit Jan besprechen, gestand sie sich mürrisch ein. Dabei ging es ihr mit dem reduzierten WhatsApp-Kontakt der letzten Wochen ziemlich gut, und auf Ostern hatte sie sich gefreut, auf Leons Besuch. Und nun saß sie hier bei Apfelpustekuchen und musste sich unbedingt etwas einfallen lassen, das sich zu Hause noch polieren oder umgestalten ließe. Oder vielleicht würde sie doch noch mal ihren Bruder anrufen, um sich abzureagieren, vielleicht war Blitzableiterzeit – eine Phase, in der sie sich schon als große Schwester selbst am wenigsten hatte leiden können, als sie noch ihre Teenagerwut auf die Eltern an Leon und Milena ausgelassen hatte, weil die gerade greifbar waren und sich selten zur Wehr setzten. Sobald es ihr Minuten später leidgetan hatte, hatte Leon schon mit glühenden Wangen die Flucht ergriffen und Milena mit offenem Mund zu weinen angefangen. Meistens ließ sie sich trösten, aber das dauerte. So blieb es für Katja immer rätselhaft, warum die Großeltern ihr ständig Geduldspiele aus Holz oder Metall schenkten, wo sie doch schon zwei aus Fleisch und Geplärre hatte.

Der Garten, nahm Katja sich nun vor und blies die Backen auf, ab morgen ist der Garten dran!

Dann hob sie das Kinn und setzte eine Miene auf, die ihre Bereitschaft zur Teilnahme am Gespräch signalisieren sollte.

Jetzt sagte Milena gerade: »... voll komisch, Papa«, und zeigte kauend auf das Appartement auf dem Zettel, »ich meine, wenn ihr hier nicht mehr wohnt. Weil – ihr habt ja quasi immer hier gewohnt.«

Sie schielte zu David, aus der Küche kam Amy mit Brettspielen, hinter seiner Stoffserviette nieste Lothar: »Stimmt!«, und Katja schaufelte zum ersten Mal seit Weihnachten '95 einen Löffel Schlagsahne in ihren Kaffee, beäugt von ihrer Mutter.

»Aber super Lage«, sagte David zu Lothar, indem er auf die Planskizze tippte, und lobte die Südwest-Ausrichtung des neuen Appartements.

»Fancy Balkon!«

»Loggia«, korrigierte Lothar nasal, und Katja sah auf sprechende Lippen und dachte, wie wichtig im Leben doch das Wohnen ist.

Die Türen, die wir zuschlagen, wenn uns die Argumente ausgehen. Die Fenster, die wir aufreißen, wenn wir frischen Knoblauch gebraten haben. Die Böden, die wir wischen, wenn das Baby den einen unbeobachteten Moment ausnutzt, in dem wir die neue Windelpackung aufreißen, und in verblüffend hohem Bogen von der Wickelkommode herunterpinkelt. Die Wände, gegen die wir am ersten Weihnachtstag stundenlang den neuen Lederball schießen, bis Mama ausrastet; die Wände, in die wir zähnefletschend manches Loch wie für die Ewigkeit bohren, worüber die Ewigkeit nur lachen kann; die Wände, die wir weiß streichen wie Papier, um die Kapitel unseres Lebens darauf zu schreiben. Ein paar Quadratmeter zum Fernsehen, Lesen und wenig Essen. Platz für die Verdauung brauchen wir und schließlich, kurz vor Schluss, vier mal zwölf Schritte, um Frischluft zu atmen, ohne nass zu werden: die Loggia.

Amy wollte mit ihrer Tante unbedingt eine Runde *Pustekuchen* spielen. Oder *Funkelschatz*. Oder *Socken zocken* oder *Bella Blümchen*, das sei auch gut, und das habe sie alles dabei, und Tante Katti dürfe auswählen, worauf sie am meisten Lust habe.

»Vielleicht möchte Tante Katti gerade gar nichts spielen, Süße«, schaltete sich Milena ein und nahm ein zweites, größeres Stück vom Apfelkuchen, aber das konnte Amy sich nun beim besten Willen nicht vorstellen, immerhin handelte es sich ja um ihre Lieblingsspiele.

»Nächstes Mal, Amy, okay?«

Katja strich ihrer Nichte kurz über den Rücken.

»Nächstes Mal alle vier.«

»Versprochen?«

»*Bella-Blümchen*-Ehrenwort!«, gelobte Katja, und Amy trottete davon, um erneut die in Omas Garten erbeuteten Schokoladeneier zu zählen, so weit sie kam.

»Sollen wir nachher noch mit zu dir, Katti?«, fragte Milena, »oder du zu uns? Quatschen?«

Ihr kurzer, ernster Blick legte nahe, sie könnten hier verduften, falls es für heute genug sei mit Eltern und Koffein, Zucker und Obstbrand. Zugleich bemerkte sie, dass David, der noch die Führung durch ihr Elternhaus und ein paar Stunden Autofahrt nach Münster vor sich hatte, verstohlen auf die Uhr sah.

Katja tätschelte Milenas Hand, schüttelte den Kopf und versuchte ein verschwörerisches Zwinkern, als wären sie noch die Mädchen, die sich vor dem unbeliebten Zu-Bett-Gehen giggelnd im Garten hinter den dicht gewachsenen Lebensbäumen versteckt hatten.

»Ich werd dann mal«, erklärte Katja, nippte ein letztes Mal an dem flockig-süßen Kaffee und schob den Teller von sich, woraufhin die rote Decke eine sachte Falte warf. »Henry kommt um fünf.«

Ihr Vater zog kaum merklich eine Augenbraue hoch, ihre Mutter stand kommentarlos auf, um in die Küche zu gehen, wo sie drei Stücke Apfelkuchen für ihren Enkel in eine Frischhaltedose packte. Luftdicht.

*

Ob er da etwas erkennen könne? Ob er alles gut sehen könne an seinem Computerbildschirm? Oder ob sie sich anders hinsetzen solle, damit er einen besseren Blick auf sein Kind habe? Ja? Mehr so?

Milena, an das Rückenteil ihres Bettes gelehnt, wechselte vor der Kameralinse mit ihrem Smartphone in der Hand erneut die Position, um den idealen Winkel zu erwischen, damit David von Münster aus den denkbar besten Blick hatte auf das, was sie an diesem Vormittag entdeckt hatte.

»Die Wölbung da.«

Sie zog das runtergerutschte T-Shirt wieder hoch, und weil David nur schaute und gar nichts sagte, wiederholte sie: »Da. Da-ha!«

Mit vorgerecktem Kinn deutete sie nachdrücklich auf ihre Köpermitte und wartete vergeblich auf Davids Reaktion.

»David! Ich mein die Beule, *hier*, zum Möwenschiss! Siehst du die? Die war Ostern noch nicht da!«

Am anderen Ende der fernen Verbindung verneinte David: Er sehe nichts, da sei der Bauch im Weg.

»Was?! Mein Bau– ... Junge, komm du mir nach Hause!«

Das wolle er nur allzu gern, sei aber auf dem Sprung in ein Meeting und jetzt schon zu spät.

»Meeting, Meeting ... Pups und Popel! Du musst doch ... du musst doch mitkriegen, wie man langsam immer mehr sehen kann von unserm Wurm. Wenn wir schon nur über Facetime-Gedöns ...«

David schmunzelte über Milenas Flüche aus Kindertagen, die sie erst wieder benutzte, seitdem sie schwanger war, stimmte ihr zu und schlug vor, wenn sie das T-Shirt eventuell noch etwas höher ziehen könnte, dann würde er sicher spielend anhand der veränderten Wölbungen erkennen können, wi–

»Boah! Männer! Alle gleich. Hauptsache, Möpse gucken, aber ... aber dass meine Gebärmutter hier ständig auf die Blase drückt, zum Beispiel, das interessiert euch null!«

Mit einem Räuspern bat David darum, nicht mit anderen Männern und schon gar nicht mit einem ganz bestimmten Egozentriker aus Milenas Vergangenheit in einen Topf geworfen zu werden. Und selbst wenn er sich Mühe gäbe, könnte er den Gebärmutterdruck vermutlich auch dann nicht erkennen, wenn er jetzt bei ihr wäre.

»Aber ...«, Milena schnaufte und streckte den Rücken durch, »wär trotzdem besser, wenn du jetzt hier wärst.«

»Ach, Milly, ich war doch vor drei Tagen erst da.«

»Ja und?! Du hast keine Ahnung, was sich in drei Tagen alles verändert!«

»O doch, das kann ich dir genau sagen: Zwei meiner besten Leute wurden gerade von der Konkurrenz abgeworben, hinter unseren Parkplätzen haben die Cops einen Crackdealer verhaftet, und meine Assistentin hat Gürtelrose und findet keinen Kitaplatz für Penny.«

»Penny? Schöner Name.«

»Was? Ach so, ja, stimmt. Aber wi–«

David blickte zur Seite und machte eine beschwichtigende

Handbewegung, offenbar war außerhalb des Kamerasichtfeldes jemand in sein Büro gekommen, um ihn an die Besprechung zu erinnern.

»Milly, sorry, ich muss Schluss machen, aber ... also Penny und Amy passt vielleicht nicht so gut zusammen, und auße–«

»Jaja, ich weiß, du hast schon zweimal geträumt, dass es ein Junge wird«, unterbrach Milena. »Jetzt mach du mal deinen wichtigen Chefjob, und über Penny und ... und Parsifal reden wir dann heute Abend.«

Und über das Haus, dachte sie, in dem das noch namenlose Kind einmal aufwachsen könnte mit Schwester, Mutter, Vater.

»So machen wir's!«

David winkte in die Kamera.

»Ich melde mich nach der Wohnungsbesichtigung, Milly. Liebe euch!«

Wir dich auch. Meistens.

Nachdem sie auf das rote Telefonhörersymbol gedrückt hatte, klickte Milena sich weiter zu den Kurznachrichten und antwortete auf die letzte Frage ihrer Schwester (Und? Habt ihr die Wohnung?) mit einem erhobenen Daumen: Noch nicht!

*

Minutenlang starrte Leon vor seinem Rechner auf das erste Foto des supermassereichen Schwarzen Lochs im Kern der Galaxie M87, ganze 54 Millionen Lichtjahre von der Florastraße entfernt, wollte danach die Suchkriterien für die Immobilienangebote ausfüllen und haderte, bis sich der Bildschirmschoner aktivierte, mit der Frage: ›In welcher Stadt möchtest du suchen?‹

In einer schönen Stadt möchte ich suchen, aber Schönheit ist nicht alles.

Nicht zu groß soll sie sein, und wenn sie eher klein ist,

braucht sie einen schönen Bahnhof, aber Schönheit ist nicht alles.

Ein Krankenhaus sollte es geben, damit ich dort arbeiten und später selber krank werden kann. Beides ohne lange Wege.

Eine Wohnung mit Dachterrasse und Weitblick, das wäre schön, aber Schönheit ...

Leon hackte die Buchstaben B, E, R, L, I und N in das Eingabefeld, über 2000 Ergebnisse. Er würde die Galaxie der Immobilien eingrenzen müssen, später. Auf Bezirke und Merkmale, auf Quadratmeter und Kaltmieten.

Für den Moment konnte er sich schwer vorstellen, Herrn Haffner allein zu lassen. Es war etwas anderes gewesen, sich darauf gefasst zu machen, dass Haffners Frau aus dem künstlichen Koma womöglich nie mehr aufwachen würde, als den Anruf der Klinik dann tatsächlich anzunehmen, die Mitteilung zu hören, zu verstehen und dieses Nie-Mehr zu akzeptieren: Nie mehr würden nun Herr und Frau Haffner untergehakt durch den Bürgerpark gehen, nie mehr unisono schimpfen, dass das Wetter umschlug oder der Jauch seine Sendung so in die Länge zog, nie mehr durch die spröden Alben blättern, die ihre Ehe bebilderten, 52 Jahre mal zwei. Nie mehr müsse man ihn zum Krankenhaus begleiten, hatte Herr Haffner am Telefon zu Leon gesagt, damit er dort für eine halbe Stunde Anitas trockene Hand halten und ihr unwidersprochen erzählen könne, was alles nicht passiert war seit dem letzten Besuch.

Leon hatte nicht länger als zehn Sekunden gebraucht, das Handy noch in der Hand, bis er an Haffners Tür klopfte, dezent, doch hörbar. Der Alte öffnete ihm zum ersten Mal halb angezogen, fingerte am untersten Knopf eines vor langer Zeit gebügelten Hemdes, schwarz, schlicht und inzwischen etwas zu weit.

»Ich helf Ihnen mit dem Ärmel«, sagte Leon, und Curt Haffner sagte zögernd, fast schüchtern: »Ich hab das Brett aufgebaut.«

Leon wusste nicht, was er darauf entgegnen sollte, wusste aber, als er in Haffners Wohnzimmer die Backgammonsteine akkurat auf ihren spitz zulaufenden Startfeldern angeordnet sah und zwanzig Zentimeter darüber auf der Fensterbank das Goldene-Hochzeits-Foto und die Schokotaler, dass er seinen Nachbarn an diesem Karfreitag nicht allein lassen würde mit dem, was in der Sprache der Überlebenden ›Formalitäten‹ hieß.

Der Intercity Richtung Hamburg und der Anschlusszug nach Tallstedt würden ohne Leon fahren, um die sogenannten jungen Leute in die Schöße der Clans am Rand des Landes zu karren, wo die Regionalbahn ihren vorletzten Halt machte. Wenn die Unis in Göttingen, Marburg oder Berlin für ein paar christliche Tage feierlich ihre Tore schlossen, pilgerten die Töchter und Söhne, Geschenke und Geschichten im Gepäck, in stickigen Abteilen ans letzte Snickers aus dem Bordbistro geklammert, über die Schienen nordwärts durch flaches, vertrautes Land. Nur hier oben, so erinnerte sich Leon an den Spruch von Uroma Mathilda, nur hier könne man schon drei Tage vorher sehen, wer zu Besuch kommt.

Also wieder kein Leon-Besuch bei Katschi, Kröti, Lothar und Marlies: Den Geschwisterschnaps am Osterfeuer und die Aussprache mit seinem Vater musste Leon auf ein anderes Mal verschieben, denn er wurde hier unentschuldbar gebraucht, musste helfen, zuhören, spielen. Curt Haffner hatte sonst niemanden.

Die Absage an seine Schwestern war knapp ausgefallen, nur die nötigsten Sätze über den Not- und Todesfall, er wolle sich nach den Feiertagen telefonisch melden, hatte Leon ins Smartphone getippt, woraufhin Milena gar nichts schrieb und Katja zwei große Fragezeichen.

Also ließ Leon jetzt die unzähligen Wohnungssuchergebnisse fürs Erste auf dem Bildschirm stehen und griff zum Telefon, wappnete sich für Katjas wahlweise beleidigte oder bissige Kommentare und war erstaunt über ihre altvertraute Begrüßung:

»Hey, Bruder! Alles klar in Usbekistan?«

Ein dankbares Lachen war Leons Antwort.

Er wusste noch, wie er in Berlin-Moabit, wo nachts mehr Busse fuhren als in Tallstedt am Tag, aus ebenjenem Zimmer, das seine große, studierte Bücherschwester bewohnt hatte, die Passanten und Sicherheitsleute vor dem Botschaftsgebäude auf der anderen Straßenseite beobachtet hatte.

›Alles klar in Usbekistan?‹, fragte Katja damals immer zu Beginn ihrer Telefonate, damit er wusste, dass sie wusste: Er stand am selben Fenster, so wie sie zuvor, im Flackerschein der Teelichter aus dem Spandauer *IKEA*, und hatte den gleichen Ausblick auf die Perleberger Straße. Die große Schwester war zwar nicht da, aber bei ihm.

Und nun hatte Leons Schwager sich vom Acker gemacht. Als Bruder hätte er bei ihr sein sollen, zumindest über die Feiertage, und hatte stattdessen den alten Herrn Haffner getröstet, denn dessen Frau kam, wie man in Tallstedt sagte, nicht mehr zum Kaffee.

Wann immer sie nämlich als Teenager am Friedhof vorbeigeradelt waren, auf dem gerade eine Beisetzung stattfand, riefen sie, was sie von der schiefen Guste aufgeschnappt hatten an dem Tag, an dem ein Leichenwagen vor dem Haus von Gustes nettem Nachbarn vorgefahren war:

»Oma Guste, Oma Guste! Was ist denn los??«, hatten sie

aufgeregt gefragt, waren aber sogleich zurück auf den Spielplatz gescheucht worden, das sei nichts für Kinder. Und dann sprach die immer schon alte Frau zu sich selbst, ganz schnörkellos und wahr und wohl lauter, als ihr bewusst war:

»Der kommt nicht mehr zum Kaffee.«

›Der kommt nicht mehr zum Kaffee ...‹, wenn sie die Sargträger hinter der Kapelle erspähten oder ihre Eltern beim Frühstück einen bekannten Namen in den Traueranzeigen des *Tallstedter Tageblatts* entdeckten.

›Der kommt nicht mehr zum Kaffee!‹, als in *Jurassic Park* der brillenlose Typ auf dem Klo vom T-Rex gefressen wurde.

›Der kommt nicht mehr zum Kaffee‹, als sie Kröti aufzumuntern versuchten, nachdem der geliebte Klavierlehrer an Silvester so unglücklich die Leiter vom Dachboden hinuntergestürzt war. Ihre kleine Schwester hatte sie angebrüllt, sie sollten verschwinden, sie hasse sie, sie hasse Kaffee, nie wieder könne sie auch nur eine Note spielen, sie wolle ihre Ruhe.

»Jawoll, alles klar in Usbekistan.«

Das kam Leon zu leise vor, er wiederholte es lauter: »Jawoll, Katschi. Der Herr Haffner hält sich ganz gut. Sonst keine besonderen Vorkommnisse – oh, außer ...«

»Was denn los?«

»Ja, man weiß es noch nicht genau, aber ich glaube – Moment ... ja, ich glaube, jetzt holt der Taxifahrer da unten die *Lieferando*-Frau vom Fahrrad.«

»Huch.«

»Ja, nee, sah nur so aus, ich schätze, er beschimpft sie, weil er sie fast überfahren hätte. Aber sie fährt weiter, bevor's Kloppe gibt.«

Katja lachte, Gott sei Dank.

»Und wie ... geht's dir, Katschi?«

»Mir? Keine Ahnung. Henry und ich haben Sträucher rausgerissen. Neue Gartenmöbel bestellt, so was.«

»Sorry, dass ich nicht da war.«

»Gibt Schlimmeres.«

»Mhm.«

»Blöd mit deinem Zugticket und … und dass wir uns nicht gesehen haben und so, aber wir hatten Papa eh nicht gesagt, dass du auf jeden Fall kommen wolltest.«

Leon schwieg, und ihm fielen die Bilder von Anita Haffner im Watt ein, ein Panorama vor seiner Zeit.

»Lego?«

»Hm?«

»Hast du mit Kröti gesprochen?«

»Nee.«

»Die Kleine ist schwanger.«

»Wow.«

Er sah das Foto von Haffners Goldener Hochzeit, sah die alte Frau auf dem kalten Boden im Treppenhaus und das schlackernde schwarze Hemd des Witwers. Schüttelte die Bilder ab und sagte noch einmal: »Wow.«

Und dann redeten sie weiter, bis ihre Ohren immer wärmer wurden, über das Jahr des Gegenwinds: über den Tod der schiefen Guste, die dann doch nicht ewig gelebt hatte; über das Seniorenappartement am Seeufer, über Krötis mutige Lebensplanung und über dieses seltsame Zischgeräusch, das ihre Mutter Marlies neuerdings von sich gab, wenn sie zu schnell aufgestanden war und kurz innehalten musste, bis Herzrhythmus, Atmung und Bewegungen wieder synchron liefen.

Ob sie denn operiert werden müsse, fragte Leon.

»Vielleicht. Wahrscheinlich. Eventuell, bald. Keine Ahnung, hat sie nicht gesagt.«

»Hm.«

Da gab es nur zwei Arten von erwachsenen Kindern, musste Leon sich eingestehen: die, die so etwas ganz genau, und die, die es lieber nicht so genau wissen wollten.

Am Ende trugen sie noch, während sie in ihren jeweiligen Lebensräumen auf und ab gingen und vor ihren Fenstern die Dämmerungen einsetzten, mühsam und kichernd die Namen jener Liköre zusammen, die sie beim Osterfeuer 1998 getrunken hatten: furchtbar süßes Zeug, verdächtig bunt, das inzwischen womöglich wegen irgendwelcher Zusatzstoffe verboten oder gar nicht mehr im Handel war. Erst hatte Katja auf den sechzehnjährigen Bruder achtgeben sollen, damit der ›nicht so viel albernen Kram‹ trank, womit Marlies Behnke jeden Alkohol außer Bier gemeint hatte, und zwei Stunden später mussten Lasse Steinkamp und ein paar andere Katja helfen, um Leon in eine Schubkarre zu wuchten, mit der sie ihn die paar hundert Meter nach Hause brachten, weil er sogar zum Torkeln zu besoffen war.

»Mein Akku«, stellte Leon irgendwann fest, »gibt gleich den Geist auf.«

»Okay.«

»Ich kann mich vor die Steckdose legen und aufladen.«

Ein schwaches Lachen.

»Klingt unbequem.«

»Dann bis … bald, Katschi«, sagte Leon zum Abschied, »man sieht sich?«

»Bis bald, Lego!«

Der Browser mit der Immobilienseite war noch geöffnet, und Samir hatte eine Nachricht geschickt:

habt ihr schon eine wohnung?
nee! Isa hat's nicht so eilig ;-)

Leon wartete, während Samir eine Antwort formulierte:

altes Sprichwort aus meiner Heimat: "Wenn du eine Frau verbiegst, brechen deine eigenen Knochen"

schwachsinn, schrieb Leon zurück, das ist doch niemals arabisch!

doch, aus einem kleinen Dorf in Tunesien, wo jetzt nur noch traurige Großmütter leben

du bist so bescheuert

das hier ist noch besser: "Wenn du nicht weißt, wo du leben willst, frag deine Frau, wo sie sterben möchte"

googelst du die scheisse oder was???

Keine Antwort, eine Minute lang, nur zwei blaue Häkchen hinter Leons missgelaunten Fragezeichen. Er knirschte mit den Zähnen, dachte daran, wie Isa roch, wenn sie aus der Dusche kam, und drehte das Telefon in der Hand. Schließlich schickte Samir den Link zur *Duden*-Definition von ›Familie‹.

wtf, schrieb Leon zurück, und dann kam von Samir nur noch:

vielleicht brauchst du einen Sohn, mein Sohn

*

Später könnten sie dann vielleicht noch Karaoke machen! Oder? Ja? Gegen Mitternacht? Karaoke?

Der Vorschlag kam vom Beifahrersitz, von Enno, den seit der Grundschule alle Menno nannten. Sein fröhlich-fragender Blick wanderte nach links und dann in den Rückspiegel zu Katja. Die Frühsommersonne stand warm und klar über diesem Samstag, als sie stadtauswärts fuhren, während ihnen all die Autos mit südlicheren Kennzeichen entgegenkamen, die nach stundenlanger Fahrt nun bald vor den Holzhäusern im Tallstedter Ferienpark entladen würden: Nudeln, Schaufeln, Regenkleidung, das kläffende Kind, der müde Retriever.

»Karaoke, Menno, echt jetzt? Beim Klassentreffen?«

Imke am Steuer rümpfte die Nase, als hätte er den Programmpunkt ›Waterboarding‹ ins Spiel gebracht.

»Was ist denn mit kickern?«, fragte Katja von hinten. »Gibt's da einen Kicker?«

Sie hatte die Frage schon ausgesprochen und sich erst dann vorzustellen versucht, wie sie beim Abi-Revival am Kickertisch stünde, in über einem Jahr, und die Handfläche über die Griffe rollen ließe, zähnefletschend bester Laune, als wäre sie wieder siebzehn und das Leben eine Partie, die man nach zehn Toren und einem großen Schluck Bier noch mal von vorn spielt. Der Sommer im nächsten Jahr: Das schien so weit entfernt wie eine exotische Landschaft, die man nur aus Dokumentarfilmen kannte. Aber wenn es dort einen Kicker gäbe, dann war sie zuversichtlich, in diesem Delta notfalls den Abend auch als Single überstehen zu können, das selten gefilmte Tier, scheu, aber zäh.

»Das ist eine *Event-Location*«, antwortete jetzt Steffi neben ihr geradezu entrüstet, und die anderen drei trauten sich nicht nachzuhaken, ob das nun hieß, dass es dort *selbstverständlich* einen Kickertisch gebe, immerhin sei es eine Event-Location, oder eben *auf gar keinen Fall*, denn es sei schließlich eine Event-Location.

»Was ist eigentlich mit der Sitzheizung?«, fragte Enno in die ratlose Stille, und wie aus der Pistole kam es von Imke:

»Ist an!«

»Da musst du rechts«, dirigierte Steffi, und Imke hieb von unten gegen den Blinker mit der ganzen Wucht ihres linken Vorhandschlags.

Hier entlang zur STIMMUNGSZENTRALE!, prangte auf dem rustikalen Holzschild, das sie kurz darauf jenseits der Bundesstraße passierten, und einen schlecht asphaltierten Kilometer weiter standen sie vor dem, was einmal ein imposantes

Gehöft gewesen sein musste, mit Stallungen und Rinderkoppel und Traktorstellplätzen. Wo früher Kälber gegrast hatten, befanden sich nun Parkbuchten, eine große Fläche neben der alten Viehtränke war beschriftet mit *Hüpfburg/Bullenreiten/ Dosenwerfen.*

»Und hier kann man *gemütlich* feiern?«, fragte Imke mit Blick auf die riesige Scheune, die himmelblau gestrichen worden war.

Die STIMMUNGSZENTRALE! Wir feiern Alles!, hatte jemand in riesigen Lettern auf die Giebelwand gepinselt.

»Wow«, sagte Enno, während Katja dachte, bitte sag's nicht, Steffi ..., doch Steffi bemerkte, ›alles‹ schreibe man klein, worauf Imke sie anranzte:

»Jaja, ist gut jetzt, wir wollen hier Sprizz trinken und nicht mehr schlauer werden!«

Katja war als Erste aus Imkes Wagen ausgestiegen, atmete durch und schaute sich um.

»Hast du nicht auch was von Kegelbahn gesagt, Steffi?«

»Da hinten, glaub ich. Wo der Schweinestall war.«

Jetzt standen alle vier um das Auto gruppiert, und Enno sagte: »Wichtig wären ja auch Toiletten. Ausreichend Toiletten, meine ich.«

Imke musterte ihn.

»Was hast 'n du vor, Menno? Wenn du wieder mit Doro Sievers knutschen willst, könnt ihr doch in die Büsche gehen.«

In der Tat war die Hofanlage von Maisfeldern und Kastanien umgeben, und neben einem Weidezaun hatte Steffi einen Wegweiser entdeckt.

»Menno? Guck mal, hier steht nur *Pinkeln und Pupsen* drauf. Und *Mocktailbar* und *Gulaschkanone*, aber nix von Petting und Poppen. Musst du mit Doro wohl doch ins Gebüsch ...«

Imke lachte auf, und Enno fragte augenrollend: »Warum

hab ich noch mal zugesagt, mit euch das Klassentreffen zu planen?«

»Menno?«, Katja ging zu ihm und drückte kurz seinen Arm, »das war nur Spaß von Steffi.«

»Hat Doro überhaupt schon zugesagt?«, fragte Imke, die begonnen hatte, Fotos von dem Partyareal zu machen.

»Hauptsache, wir haben Glück mit dem Wetter«, stellte Steffi fest.

»Doro hat mit Fragezeichen zugesagt«, beantwortete Enno die Frage.

»Ach, die Option gibt's auch?«

Imke wedelte mit der Hand, die anderen sollten sich so aufstellen, dass sie die Scheune mit dem stimmungsvollen Schriftzug im Rücken hatten.

»Nicht für uns«, sagte Katja.

Imke dirigierte die drei weiter nach hinten: »Stopp! So ist gut.«

Wer hier wohnen bleibt, dachte Katja, der muss zusagen und die Orga machen, fertig, aus.

Enno legte für das Foto die Arme um Katja und Steffi.

»Doro wohnt jetzt in Thüringen.«

»Nicht so nah, Menno.«

Steffi rückte etwas ab, was Imke mit einem entnervten Stöhnen kommentierte.

»Könnt ihr jetzt mal kurz so bleiben, ihr Ameisen?!«

Katja sah stirnrunzelnd zu Steffi. »Ich dachte, Sachsen-Anhalt.«

»Erfurt«, schaltete Enno sich ein, woraufhin Steffi fragte:

»Nicht Magdeburg?«

»So!«, kommandierte Imke, »kann das dusselige Festkomitee jetzt *ein Mal* nach vorne gucken, bitte, ich brauch die Damen mit dem Text im Bild.«

Enno verdrehte erneut die Augen, und Steffi flüsterte: »Bei ›Komitee‹ bin ich immer unsicher, ob mit einem ›m‹ oder zwei ›m‹.«

»Lächeln sollt ihr! Stellt euch vor, ihr freut euch auf euer 25-jähriges Abitreffen! Stimmung, yey!«

»Willst du nicht mit aufs Bild?«, fragte Katja und schloss ihre schwarze Jacke. »Selbstauslöser?«

»Nee, nee«, Imke schüttelte resolut den Kopf, »ich hab erst morgen Termin.«

»Was hat sie?«, fragte Enno leise.

»Friseur«, zischelte Steffi.

»Da seid ihr ja schon!«, rief in diesem Moment jemand vom Haupthaus herüber, als Imke gerade ihr Smartphone sinken ließ und stumm den Daumen hob, weil das Stimmungsfoto im Kasten war.

»Moin!«

Malte ›Jesus‹ Dock war der jüngste der Dock-Brüder und hatte seinen Taufnamen als Zehnjähriger eingebüßt: Am Karfreitag hatten die älteren Brüder Ingo und Jochen, vom Fernsehprogramm inspiriert, den Kleinen an einem Balken auf dem Heuboden mit Papas neuem Druckluftnagler gekreuzigt – »zur Feier des Tages«, wie Jochen behauptete, woraufhin er sich eine Ohrfeige von seiner Mutter einfing. Zu Maltes Glück waren es nur die Ärmel seines HSV-Sweatshirts und der weite Stoff seiner Trainingshose, die sie ans Holz genagelt hatten, er selbst war unversehrt geblieben.

»... ein Wunder!«, sagte Jochen und fing sich noch eine.

Vater Dock, froh, dass sein teurer dicker Tacker nicht zu Schaden gekommen war, verdonnerte die Großen dazu, von ihrem Taschengeld HSV-Pullover und Polyesterhose zu ersetzen, und so standen die beiden eines Aprilnachmittags nach dem Kieferorthopädentermin in Bremerhaven bei *Karstadt* in der Sportabteilung neben ihrer Mutter, die Brustbeutel gezückt, und beantworteten die gutgelaunte Frage der Verkäuferin, für wen denn diese coolen neuen Klamotten seien – »Für dich oder für dich, hm?« – wie aus einem Munde:

»Die sind für Jesus!«

»Jesus! Moin!«

Steffi winkte dem jungen Mann zu, der mit gelassenem Schritt auf sie zukam.

»Kennt ihr euch? Ihr kennt euch, oder?«

»Klar«, behauptete Jesus.

»Vom Sehen«, bestätigte Enno.

»Ich glaub, unsere Mütter kennen sich«, stellte Imke fest, woraufhin Jesus entspannt nickte.

»Ich kenn keinen, den meine Mutter nicht kennt. Und du …?«, fuhr er an Katja gewandt fort und hob fragend die Stimme.

»Du warst bei meinem Bruder in der Klasse. Leon? Ich bin Katja. Behnke. Eigentlich Schumann.«

»Ah!«, machte Jesus und hätte wohl um ein Haar kondoliert, weil der Anwalt jetzt bekanntlich mit der Gynäkologin schlief, doch er sagte nur noch einmal: »Moin.«

Für ein paar Sekunden hörte man nur das Klappern des Scheunentores, als eine Windbö über den Hof fegte, und vor dem Bauernhaus, aus dem der junge Dock gekommen war, den heiseren Hund, der einer Möwe hinterherbellte.

»Einmal rumgucken?«, fragte er schließlich und klatschte in die Hände.

»Deswegen sind wir hier.«

Jesus führte sie über das Gelände und durch die Gebäude, zeigte ihnen den neu verlegten ›Dancefloor‹ und wie man mit den schiebbaren Trennwänden aus einem Saal einen Salon machen konnte.

»Wir können alles von gemütlich bis gigantisch. Was habt ihr euch denn so vorgestellt?«

»Gemütlich!«, sagte Imke schnell.

»Wir sind maximal hundert«, erklärte Enno.

»Der Jahrgang plus Anhang«, ergänzte Steffi.

»Gigantisch wär schon auch schön«, warf Katja ein.

»Und«, fügte Enno hinzu, »wir haben unsere Lehrer eingeladen.«

»Ach wat«, kommentierte Jesus, »sind die nicht schon alle tot?«

Er lachte in die Runde, bis Steffi ihn unterbrach:

»Sag mal, wie ist das denn mit dem Catering bei euch?«

»Wir haben doch noch bis nächstes Jahr Zeit«, stöhnte Imke. »Willst du jetzt schon dein Tiramisu bestellen oder was?«

Bevor Jesus auf die Essensfrage eingehen konnte, sagte Enno, der überhaupt nicht kickern konnte, mit einem Seitenblick zu Katja:

»Also, wir würden ja vor allem gerne kickern!«

Ein schmales Lächeln schlich sich in Katjas Gesicht, und sie fügte hinzu: »Genau. Kickern und kegeln. Und 'ne Karaokemaschine brauchen wir auch.«

»'ne Karao –, also, da muss ich erstma-«

»Ja, was«, sagte Katja, »kriegst du das organisiert? Oder kannst du nur übers Wasser laufen?«

Er verzog das Gesicht, nahm ein zusammengerolltes Karoheft aus der Tasche seiner Cordhose und sprach mit, während er notierte.

»*Ka-ra-o-ke-ma-schi-ne!* Kein Ding, kriegen wir hin, Katja.«

Während Steffi und Enno noch abwechselnd die Fragen

stellten, die sie bei der Vorbereitung gesammelt hatten – ob sie für den Sommeranfangssamstag reservieren könnten, weil da die Nacht so lang wäre; ob sie irgendwo auf eine Leinwand die Damals-heute-Fotos projizieren und ihre Autos am Tag nach der Feier wieder abholen könnten; ob es ein barrierefreies Klo gebe und Heizpilze für die Raucher –, war Katja in Gedanken wieder in der Oberstufe, saß am Kopfende des Esstisches bei Steffis Eltern zu Hause, wo die Redaktionssitzungen für die Abizeitung stattfanden; hörte den anderen beim Kaputtdiskutieren zu und konnte es kaum erwarten, nach diesen fünfzig Leuten aus den letzten sieben Jahren, die sie so gut kannte, bald schon andere, neue Menschen kennenzulernen – fernab vom Gymnasium und der Knutschecke auf dem Schulhof, von der müffelnden Turnhalle, dem Chemielabor und dem Fahrradständer, wo sie die Kippen ins Unkraut traten. Und fernab des Schwarzen Brettes, wo die Vertretungen und Raumänderungen und Klausurtermine an jedem gottverdammten neuen Morgen um kurz vor acht ihr gesamtes Universum eingeteilt hatten.

Dieses ›Brett‹, in den Neunzigern noch so analog wie der Rest der Welt, war eine meterlange stoffbespannte Tafel, an die Lehrer pinnten, was Schüler wissen oder tun sollten. Tausende von Heftzweckeneinstichstellen, jede einzelne Zeugnis eines weltumwerfenden Ereignisses zwischen Montag halb acht und Freitag halb zwei.

Als Katjas Lieblingslehrerin Frau Becker, Englisch und Geschichte, die Oberstufenkoordination übernahm, erkannte man das daran, dass der obere Teil der Aushangtafel meist frei blieb und sich unten alle Zettel neben-, teils übereinander drängten. Denn Frau Becker war klein und stolz wie eine Zuchtrose, sie hätte einen Tritthocker gebraucht, um oberhalb von einem Meter fünfundsechzig Informationen anzuschlagen. Sie stemmte sich auf die Zehen, hinter ihr kicherte es, die Jungs aus der Achten waren die Schlimmsten.

»Hey, Katti, hallo, bist du eingeschlafen?«

»Hm?«

Offensichtlich hatte sie nicht zugehört und hätte Stellung nehmen sollen zu irgendeiner Verpflegungsfrage.

Den Kopf wiegend probierte Katja es mit: »Nee, find ich gut, lass uns das mal ruhig so machen«, was zum Glück vom Rest des Festkomitees akzeptiert wurde.

»Und Sie, Katja?«, hatte Frau Becker beim Umtrunk nach der Zeugnisübergabe gefragt und ihren Kopf weit nach hinten werfen müssen, um zur Abiturientin Behnke aufzuschauen. »Wo liegt Ihre Zukunft? Wollten Sie nicht nach London?«

Ach ja, hatte Katja gedacht, bestimmt wollte ich auch mal unbedingt nach London und dann nicht mehr so unbedingt. Oder in Dublin studieren oder in Paris oder wo auch immer man eine Passkontrolle entfernt ist von diesem immerkohligen Väter- und Mütterland, das wohlhabend schnurrt und dessen Bruttosozialprodukt sie alle noch weiter steigern würden, so oder so. Zwischen der Zehnten und der Zwölften hatten die meisten ihre wildesten Pläne geschmiedet, den Hammer des Aufbruchs überm glühenden Eisen geschwungen – was hatten sie nicht alles vor –, doch je näher sie dem Abitur kamen, desto rascher war es abgekühlt. Sie wurden pragmatischer, stutzten ihre Ankündigungen. Flogen tiefer, blieben nie lange fort.

»Ja«, hatte Katja zu Frau Becker gesagt und war einen Schritt zurückgetreten, um nicht zu deutlich von oben herab sprechen zu müssen, »also, ja, das heißt … nein, nicht London. Ich hab mich jetzt für Bibliothekswissenschaften entschieden. Statt Anglistik. Berlin. An der Humboldt. Nicht London.«

»Na immerhin«, kommentierte Frau Becker, wenngleich offenbar leicht enttäuscht, »immerhin«, und hielt ihr Sektglas hoch. »Sie müssen ja weiterkommen, Katja. Sie brauchen mehr Futter.«

Die Lehrerin tippte sich an die Schläfe, die Abiturientin nickte schmunzelnd und trank ihr Glas in einem Zug leer.

Dieses Gespräch hatte Katja in leicht verändertem Wortlaut viele Jahre später in einer traumzerwühlten Nacht noch einmal geführt, ganz deutlich und realistisch, nur sagte da Frau Becker am Schluss:

›Sie müssen ja wiederkommen, Katja, Sie brauchen das Meer und Ihre Mutter.‹

Als sie am nächsten Abend Imke beim Tennis davon erzählte, zuckte die nur die Achseln.

»Alle brauchen ihre Mütter, Koki. Und unsere wohnen nun mal hier. Machste nix.«

Schon klar, dachte Katja und sammelte wie in Zeitlupe einige Bälle ein, aber bin ich deswegen zurück nach Hause? Wegen Mama und Papa? War nicht die Liebe –? Oder hätte ich mit Jan auch irgendwo anders …?

Sie spürte, dass das nicht die Art von Fragen war, die sie weiterbrächten, also nahm sie einen großen Schluck aus der Wasserflasche und stellte sich wieder auf den Platz. Ihre Träume würde sie vielleicht besser für sich behalten. Frau Becker war seit einer Weile im Ruhestand und engagierte sich für Flüchtlinge.

»Tschüs, Jesus.«

»Man sieht sich.«

Es war längst Mittag und der Wochenendhimmel mit harmlosen Wolken dekoriert, als sie mit Jesus Dock alles festgezurrt und das beliebte Partypaket *Lang und Schmutzig* reserviert hatten, ehe sie wieder aufbrachen.

Der 20. Juni sollte also der große und längste Tag für den '95er-Jahrgang des Tallstedter Gymnasiums werden, und hoffentlich, so wünschte es sich Katja, während sie an den kahlen Feldern vorbei vom Hof fuhren, würden ganz viele kommen, wo auch immer sie inzwischen älter zu werden beschlossen hatten. Ja, hoffentlich wären sie alle, alle noch am Leben oder wenigstens gesund, wären verheiratet oder glücklich allein oder verpartnert oder zumindest nicht verreist, sondern verfügbar. Für einen ausgedehnten Tag des ungebremsten Erinnerns. Sie würde sich darauf freuen, und bis dahin konnte sie mehr als jedes Zimmer im Haus neu streichen und einrichten, konnte längst schon erhobenen Hauptes durch ihre Erinnerungen stapfen.

Als Steffi im Radio *Hungry Heart* lauter drehte, dachte Katja an ihren Mann.

Ich habe Freunde, ich werde neue brauchen und finden. Ich werde nichts von uns jemals ganz vergessen. Noch liege ich schräg in meinem neuen Bett, Jan, benutze die Seite mit, auf der niemand schläft, und habe noch nicht verstanden, warum du weg bist.

Like a river that don't know where it's flowing
I took a wrong turn and I just kept going...

Auf dieses Klassentreffen nächsten Juni gehe ich verdammt nochmal nicht als Single!

Mit dem Jackenärmel wischte Katja sich unbemerkt über die Wange, und vom Beifahrersitz hörte sie Menno verkünden:

»Ich sag euch was: Das wird richtig schön nächstes Jahr. Gigantisch und gemütlich!«

Schön, wenn du recht behältst, dachte Katja. Und mit etwas Glück, so redete sie sich ein, werden an diesem noch fernen Sommertag ein paar von uns froh sein, dass wir zeitgleich auf der Welt sind, alle zusammen. Und zwar genau hier.

*

Es war ein Hindernisrennen, und er musste schnell sein.

Verschlafen, mit der Nase in Isas Haaren – Franzbrötchen, Sex und schwere Lider – war Leon mittags zu spät aufgewacht, zu spät duschen gegangen, zu spät mit seinem Rad in Schöneberg aufgebrochen und würde nun nach Pankow fliegen müssen zum Friedhof.

Wenn Leon schnell und ohne nachzudenken fuhr, hatte er schon früher auf dem BMX-Rad geglaubt, erst Flo, dann Malte und überhaupt jeden überholen zu können: Heute war er überzeugt, trotz Wanderrucksacks auf dem Rücken per Rad viel besser voranzukommen. Besser, als wenn er es die Treppen zur Station Bülowstraße hochtrüge, um sich dann nach quälenden Warteminuten von der nächsten U-Bahn durch die Stadt schaukeln zu lassen, ohne selbst die Geschwindigkeit regulieren zu können.

Wie gestochen raste Leon durch den Berufsverkehr die Potsdamer Straße hoch. Pohlstraße, Lützowstraße, Reichpietschufer – er quälte die Pedale, er konnte Curt Haffner schon lästern hören:

›Bei Ihrer *eigenen* Beerdigung wären Sie sicher pünktlich, Leon, ja?‹

Potsdamer Platz, Tiergarten, über die Spree. Hochschalten, höher.

Die Ampelphasen schlugen sich auf seine Seite, es war trocken, nicht zu warm, nicht sehr kalt, er hatte seinen Rhythmus gefunden, er würde es schaffen, er würde das dämliche schwarze Sakko in einer einzigen fließenden Bewegung aus der Wohnung holen, gerade noch rechtzeitig.

Mittlerweile spürte er, wie die Schweißtropfen sich zwischen Augenbraue und Brillenrand sammelten. Auf der Invalidenstraße musste er eine abgedunkelte Fahrzeugkolonne mit Motorradgeleitschutz passieren lassen, Limousine um Limousine, Sekunden zogen sich wie Legislaturperioden. Dann endlich weiter. Links, wieder rechts, über die endlos scheinende Heidestraße. Otto-Weidt-Platz, wieder rechts, Kieler Brücke, An der Kieler Brücke.

An der Kieler Brücke passierte es.

Seltsamerweise konnte Leon sich gar nicht vorstellen, dass an diesem Tag noch irgendwer ein kleines bisschen riskanter als an anderen Tagen in eine Spielstraßenkurve einbog und dahinter keinen Gegenverkehr erwartete; dass ein Verkehrsteilnehmer in diesem Augenblick vielleicht mit den Gedanken woanders war.

In ein und derselben Sekunde wusste Leon, dass ihn keine Schuld traf und dass das entgegenkommende Auto zu schnell war. Zu seinem Glück konnte er auf dem Rad viel besser reagieren, konnte mit einem geistesgegenwärtigen Manöver über das Stückchen Vorgarten ausweichen, während der Autofahrer neben ihm wohl das Lenkrad verriss, die Gegenrichtung einschlug und seinen Wagen mit einem blechernen Kratzgeräusch gegen die Steinmauer gegenüber der Häuserreihe setzte.

Bei seinem rettenden Schlenker hatte Leon kaum Tempo verloren, den Aufprall sah er nicht, er hörte ihn nur, und nun hätte er nach kurzem Schreck in die Bremsen greifen müssen – und tat es nicht.

Er hielt nicht an, sondern versuchte, seinen eigenen Gedanken davonzueilen. Das da hinter ihm, nun schon zwanzig, dreißig, vierzig Meter entfernt, war ein Blech- und Schreckschaden, und er musste nicht stehen bleiben, nein, musste er nicht, nicht heute. Er durfte, er konnte nicht anhalten, er schaute sich um, er wurde ja gebraucht, er musste sein wie verrückt schlagendes Herz in die Wohnung und Herrn Haffner zum Friedhof Blankenburg schaffen, stehen zu bleiben war keine verdammte Option!

Schneller in die Pedale, die Boysenstraße im Schutz der Bäume hinauf, horchte er nach hinten, kein Auto, kein Rufen, keine Sirenen – das Krankenhaus!

Das Bundeswehrkrankenhaus war doch direkt um die Ecke, fiel ihm ein, da könnte er, sie, der Mensch, wer auch immer sich da gerade einen Schreck und eventuell ein kleineres Schleudertrauma geholt hatte, doch direkt rüber ins Bundeswehrkrankenhaus auf der Scharnhorststraße!

Keine hundert Meter, hören Sie, pochte es durch Leons Kopf, während er strampelte, ja, am besten gehen Sie direkt in die Notaufnahme und sagen ›Verdacht auf HWS-Distorsion‹, nur zur Sicherheit!

Nur zur Sicherheit.

Müllerstraße, grüne Ampel, Fennstraße, Reinickendorfer, trockener Mund.

Sein Puls trug Leon vorwärts, brennende Oberschenkel, auf die Uhr geschaut hatte er zuletzt am Potsdamer Platz, er fuhr und fuhr und hörte sein Keuchen, als ob er sich selbst verfolgte.

Das war nichts Wildes. ›Ich war … ungefährlich, ganz sicher.‹

Auf der Pankstraße sackte ihm das Herz bis zur Kette in die Hose, als er am Gebäude der Polizeidirektion vorbeikam. Niemand nahm ihn fest. Nie war er erleichterter gewesen, dass die Beamten im Wedding anderes zu tun hatten, als sich mit so einem Missverständnis unter Abbiegern abzugeben. Das hier war Berlin, wer wusste besser als Leon, dass Einsatzkräfte in jeder Hauptstadtstunde zu wichtigeren, überlebenswichtigen Einsätzen ausrückten. Man konnte wohl kaum bei jedem Reifenquietschen den Notruf wählen, wo kämen wir denn da hin – nach Hause jedenfalls nicht, und da wartete doch der alte Mann auf ihn.

An der Kreuzung Prinzenallee zuckte er zusammen, weil ein

Hupgewitter über einen zögerlichen Linksabbieger hereinbrach. Leon griff in die Bremsen und setzte einen Fuß auf den Boden, ließ den Oberkörper nach vorn fallen und versuchte, seine Atmung zu kontrollieren.

Ich hätte anhalten müssen. Umdrehen, nachsehen, *das* hätte ich machen müssen.

Nur zur Sicherheit.

Hatte er aber nicht. Und jetzt musste er weiter.

Die Ampel wurde rot, und er atmete einfach nur, wieder grün, und er regte sich nicht.

Ein Krampf schoss in seine rechte Wade, mit einem Schmerzenslaut riss er den Fuß zurück auf die Pedale und trat noch einmal an.

Er würde den Witwer auf die Minute zur Trauerfeier begleiten, es war ja gar nicht mehr weit bis zur Florastraße, ja, er würde ihn als Einziger stützen und trösten und später wieder nach Hause bringen. Ihm zuhören, das Kissen hinter den Rücken stopfen, den Glasrahmen des Hochzeitsbildes mit seinem Brillentuch putzen. Und vielleicht einen Schnaps einschenken überm Backgammonbrett, einen Schnaps für sie beide, noch bevor es dunkel wurde.

*

Auf der letzten Ruhestätte der schiefen Guste waren die meisten Blumen verwelkt, da stand Jochen Dock, die Hände in den Taschen, auf der schmalen Terrasse, auf der Auguste Weber 56 Jahre lang in jedem Sommer Weintrauben gegessen hatte und in manch eisigem Januar Sand gestreut.

Die Zeit der harten Fröste schien vorbei, längst waren die Winter hier oben so nass wie der kurze Herbst und Frühling. Jochen Dock hoffte auf trockenes Wetter, immer, Regen konnte er überhaupt nicht gebrauchen, denn er spielte Tennis und baute

Häuser. Früher vor allem große Häuser für Familien, die Platz brauchten, freistehende Existenzen, für Jahrzehnte; mittlerweile immer öfter praktische Häuser für Senioren, die Hilfe brauchten, barrierefrei, für die nächsten und die letzten Jahre.

Keine Gardinen mehr vor Gustes Fenstern, kein Windrad mehr zwischen den Rosen. Vor der Hauswand neben der Regenrinne ein schwacher Abdruck auf dem Pflaster, wo jahrzehntelang die Restmülltonne gestanden hatte. An diesem Spätnachmittag war Jochen extra noch mal mit dem kleinsten seiner Schraubenzieher angerückt, weil er fand, man könne mit dem Gemäuer nicht auch Gustes Namen auf der Klingel dem Erdboden gleichmachen, das ging nicht. Doch als er den Papierstreifen hinter der Plastikabdeckung entfernen wollte, stellte er fest, dass dort überhaupt gar nichts draufgeschrieben oder -gedruckt war.

Nicht beschriftete Klingeln oder Briefkästen waren für den Bauunternehmer immer *noch* nicht beschriftete in noch nicht bezogenen Neubauten. Das Symbol von bevorstehendem Einzug, von Neuanfang, wie der Geruch nach frischer Farbe und Folie im staubigen Treppenhaus.

Dieses Stück Papier aber, auf das er beinahe entrüstet starrte, war wohl schon immer weiß und namenlos gewesen. In der Seestraße Nr. 20 hatte seit 1963 die schiefe Guste gewohnt, Auguste Weber, geboren und gestorben in Tallstedt, und das wusste hier jeder. Man suchte oder verfehlte sie nicht, ihr langes Leben hatte gar kein Klingelschild gebraucht.

Motorengeräusch kam näher. Jochen Dock drehte sich von der Dämmerung überm See weg und warf, vorbei an der Hausecke, die es nächste Woche schon nicht mehr geben würde, einen Blick zur Straße. Ein Scheinwerferpaar erhellte die Sackgasse bis an ihr Ende. Vor dem Zaun hielt ein Wagen, zwei Frauen stiegen aus.

»Och guck, die Behnke-Deerns.«

»Moin, Jochen«, sagten Katja und Milena gleichzeitig und gingen auf ihn zu, um ihm die Hand zu schütteln.

»Na, jetzt sagt aber nicht, Lothar und Marlies haben sich schon wieder umentschieden!«

»Wir wollten bloß noch mal gucken, bevor ihr alles abreißt«, erklärte Milena. »Kann man sich gar nicht vorstellen, dass Guste und ihr Haus nicht mehr da sind.«

Er nickte.

»Dienstag kommt die große Schaufel.«

Die Finger seiner Rechten deuteten eine Kralle an.

»Dienstag um acht.«

»Aber«, hakte Katja ein, »was meintest du eben mit ›*schon wieder* umentschieden‹?«

»Na ja, so 'n grüner Blick«, er wies mit dem Daumen über die Schulter zum Seeufer, »das überlegt man sich ja zweimal, bevor man dadrauf verzichtet.«

»Wie, ›verzichtet‹?«, fragte Milena. »Unsere Eltern ziehen hier doch ein, wenn das Ding fertig ist!?«

Unschuldig hob Jochen die Hände.

»Dachte ich bis gestern auch, aber wenn Lothar sagt, sie wollen lieber in ihrem Haus bleiben, weil das von euch keiner haben will, dann kann –«

»Wat?«

Milena war so laut geworden, dass Katja ihr reflexartig auf den Bauch schaute, ob sie nicht das Baby aufgeschreckt hatte.

»Moment mal, Jochen«, sagte die Ältere, die Hand beruhigend auf Milenas Schulterblatt, »die haben dir abgesagt? Die reservierte Wohnung *abgesagt*?«

»Jawoll. Wusstet ihr gar nicht?«

»Ja, offensichtlich nicht!«, pampte Milena ihn an. »Aber das machen wir jetzt mal schön wieder rückgängig mit der Absage!

Ich meine, ich glaub, es hackt, oder? Die zeigen uns die Pläne und alles und ... und freuen sich und so, und jetzt – neeneenee«, sie ließ Katja, die gerade Luft geholt hatte, nicht zu Wort kommen, »die können doch nicht einfach alles übern Haufen werfen, nur weil David da–«

»Milena!«

Scharf ging Katja dazwischen und ranzte ihre Schwester an, damit die sich nicht weiter reinsteigerte, dann wandte sie sich Dock zu, der mit dem Minischraubenzieher in seiner Hand spielte:

»Jochen. Wenn Papa dir gestern erst abgesagt hat, dann lass mich doch noch mal mit ihm sprechen, und falls sie wirklich nicht in dieses super Appartement ziehen wollen – was wir uns«, ihr Blick streifte Milena, »was wir uns nun beim besten Willen nicht vorstellen können –, dann findest du ja sicher mittelfristig einen neuen Käufer, oder?«

Mit zusammengepressten Lippen nickte er und sagte dann: »Hab ich schon. Kurzfristig. Interessent Nummer eins auf der Warteliste.«

Empört machte Milena den Mund auf und wieder zu.

»Was?«, fragte Katja. »Wer? Ich meine, wie –«

»Pass auf, Jochen«, schaltete sich die Jüngere wieder ein, »wir klären das Missverständnis zu Hause, und du sagst deinem Dings, deinem Interessenten, das war ... ein Missverständnis! Wohnung ist doch schon weg, tut dir leid und so weiter. Okay?«

Sie setzte ein Lächeln mit zu vielen Zähnen auf und schob ihren Bauch ein bisschen nach vorne, Katja zog sie am Mantelärmel Richtung Auto, ehe Dock etwas erwidern konnte.

»Besten Dank für dein Entgegenkommen, wir melden uns! Und Grüße an Hilke. Tennis geht ja auch bald wieder los, man sieht sich!«

Wortlos hob Jochen Dock die Hand zum Gruß und nahm

sie nicht herunter, bis die Behnke-Schwestern außer Sicht waren.

So geht's ja nun nicht, dachte er.

Er klemmte den Schraubenzieher in die Brusttasche seines schwarzen Hemdes.

So ging's ja nun nicht.

*

Der Tag begann laut. Es klingelte Punkt halb sieben. Einmal und gleich noch mal und noch mal.

Mit hektisch überschminktem Schlafmangel stand Milena vor dem Haus ihrer Schwester, Finger auf der Klingel, neben ihr Amy mit dem marmeladenroten Rucksack, und trat von einem Fuß auf den anderen.

Viertes Klingeln, jetzt war Katja wach und torkelte nach unten, auch Henry steckte völlig verwirrt seinen Kopf aus dem Zimmer.

Vor dem siebten Klingeln riss Katja die Tür auf, ihr ganzes Gesicht ein müdes und verärgertes Fragezeichen.

»Katschi«, sagte Milena, sichtlich bemüht, ihre Anspannung im Zaum zu halten, »kann ich dein Auto haben, bitte, und kann Amy bei euch bleiben? Über Nacht?«

»Was ist denn los, es ist noch voll früh ...«

»Ich muss nach Münster!«

»Ist was passiert?«

Amy blinzelte zu ihrer Tante herauf.

»Dein Auto ist schneller als unseres, sagt Mama.«

»Ah.«

»Ich hab Spiele mitgebracht!«

Damit streckte sie Katja einen offenbar schwer bepackten Rucksack entgegen.

»Ist nur bis morgen«, erklärte Milena.

»Amy, geh doch schon mal rein, Henry ist bestimmt auch gleich wach ...«

Katja schob ihre Nichte in den Flur, nahm den Autoschlüssel vom Haken neben der Tür und gab ihn Milena.

»Ist es eine Zehn, Kröti?«, fragte sie und griff nach einer zerknautschten Haarsträhne.

»Mindestens achteinhalb.«

Die Wie-schlimm-ist-es-Skala von Lothar Behnke hatten die Zahnarztkinder schon früh aus der Praxis ihres Vaters übertragen auf jede Art von Schmerz oder Wut, Problem oder Ärger in der Welt da draußen jenseits des Behandlungsstuhls. So konnten sie sich schnell und ohne viele Worte verständigen, wie viel Trost jemand gerade brauchte. Tränenerstickte Empörung über eine ungerechte Zensur konnte, je nach Fach und Lehrer, eine Vier oder Acht sein, der eingeklemmte Finger eine Sechs, die rasch zur Drei abschwoll. Was dieser Typ in der neunten Klasse auf dem Jungsklo mit Milenas erstem Nokia 5110 gemacht hatte, war definitiv eine Neun, wofür er auf dem Schulhof von ihrer großen Schwester prompt eine schallende Ohrfeige kassierte, für ihn vermutlich eine 9,5. Und als Milena nach Jans Abgang Katja in den Armen hielt und ihren Rücken streichelte, bis das Schluchzen abebbte, da fragte sie fast unhörbar:

»Eine glatte Zehn, Katschi, oder?«

Eine Antwort hatte sie gar nicht erwartet, doch nach ein paar Sekunden sagte Katja, ohne sich aus der Umarmung zu lösen:

»Hat sich wie eine Elf angefühlt. Mindestens. Jetzt bin ich schon runter auf acht.«

Hinter sich im Wohnzimmer hörten sie, wie Amy ihrem Cousin erklärte, warum *Pustekuchen* eigentlich besser war als *Socken zocken*, aber nicht so lustig wie *Hamsterbande* oder

Schneck-di-wupp, was Henry sehr bald selber merken werde, denn sie würden ja ohnehin alle Spiele spielen, das werde sicher toll.

»Willst du nicht kurz reinkommen?«, fragte Katja ihre Schwester.

Energisch schüttelte Milena den Kopf.

»David hat eine Wohnung gefunden, er kriegt sich überhaupt nicht wieder ein, so toll ist die angeblich, er hat sogar« – sie verhaspelte sich beim Atmen, weil sie so schnell sprach – »morgen früh sollen wir da ... Er hätte fast schon die erste Monatsmiete bar bezahlt, verstehst du – bar! Ohne mich zu fragen! 2660 Euro! Wahnsinn, dafür kann er hier 'ne ganze Straße mieten, und ich hab gesagt, spinnst du eigentlich, wieso jetzt dieser Stress, ich kann doch nicht – jedenfalls muss ich da jetzt ... Hilft ja nix.«

Katja hatte zu folgen versucht.

»Ihr habt gestritten?«

»Na ja.«

»Du willst ... live weiterstreiten.«

»*Wollen?* Wir ... wir *müssen* das doch jetzt irgendwie klären, immerhin sind wir schwanger!«

»Hm«, machte Katja.

»Ich erkläre ihm das noch mal ganz in Ruhe mit Papas Haus, weißt du, weil uns das nun mal keine fucking dreitausend Euro kostet, und mit ... also dass wir eventuell erst, wenn das Baby da ist, dachte ich ...«

»Verstehe ...«

»Ist das denn okay mit Amy? Schlafsachen sind im Rucksack.«

»Klar. Fahr vorsichtig!«

Milena drückte Katja einen lauten, feuchten Kuss auf die Wange und ging zum Auto, das vor der Garage stand.

»Und sag mal, deine Wischerblätter, sind die in Ordnung?«

»Glaub schon.«

»In fucking Münster regnet's nämlich immer.«

Da stand plötzlich Henry barfuß mit Amy an der Haustür, die fing an zu winken und rief:

»Tschüs, Mama!«

Milena winkte zurück, während sie einstieg, »Tschüs, meine Große!«, winkte noch einmal, als sie den Motor angelassen hatte, und dann mit beiden Händen, sobald sie den Wagen aus der Einfahrt zurückgesetzt hatte, ehe sie Gas gab und davonfuhr.

»Also«, fragte Amy hellwach, »wollt ihr lieber zuerst *Billy Biber* oder *Burg Kletterfrosch*?«

*

Irgendwann würde es nicht mehr gehen, natürlich nicht.

»Irgendwann wird's nicht mehr gehen, vielleicht …«, sprach Leon vor sich hin, laut genug, um von Curt Haffner gehört zu werden.

»Was geht nicht?«

Auf seinen Rollator gestützt stand der alte Mann mitten in der Küche und überwachte, wie Leon die Tür des Küchenschranks wieder zu befestigen versuchte, die herausgebrochen war, als Haffner Salz fürs Kartoffelwasser aus dem Gewürzfach genommen und, wie er sagte, ›nur kurz geschwindelt‹ und etwas zum Festhalten gebraucht hatte.

»Dass Sie hier umkippen, Herr Haffner, und dass dann keiner da ist, das geht nicht.«

»Umkippen? N…ach, ich kipp ja nicht um, ich halt mich fest, nicht wahr? Ich hab mich festgehalten, Reflexe tadellos!«

»Aber wenn keiner hört, wie Sie –«

»Ich hab ja gefochten, früher, also mit den Schauspielern,

später am BE, die haben das ja alle auf der Schauspielschule gelernt, die mussten alle fechten können und Körperbeherrschung haben, jawoll, wegen der klassischen Fechtszenen, vor allem wegen, n...ach, wegen Shakespeare, und manchmal, Leon, da hat unser Manni von der Waffenkammer ein Auge zugedrückt nach Feierabend und hat die Degen rausgeholt.«

Haffner warf ruckartig seinen rechten Arm nach vorn, als wäre er bewaffnet, richtete sich auf und deklamierte:

»Ich will fechten, bis mir das Fleisch gehackt ist von den Knochen.«

»Ernsthaft, Herr Haffner, wir sollten wegen einer Pflege–«

»N...ach, gebt meine Rüstung mir!«

Leon musste schmunzeln. »*Hamlet?*«

»*Macbeth!*«

Für zwei Sekunden standen sie sich gegenüber, unsichtbarer Degen und defekte Holzklappe, dann erklärte Leon, das Ding sei hinüber, weswegen er Scharniere und Schrauben ersatzlos entfernen werde, der Trend gehe ohnehin zum offenen Gewürzregal. Das Salz – denn Haffner benutze doch vor allem das Salz? – stelle er ihm der Einfachheit halber direkt neben die Herdplatte:

»Für das Kartoffelwasser, zur Sicherheit.«

»Danke, Leon, ich danke Ihnen. Beim Fechten hätte ich gewonnen, n...ach, aber ich muss zur Toilette.«

Leon nickte.

»Natürlich. Aber – wenn ich heute beim Backgammon gewinne, dann sprechen wir darüber, wo Sie ... wie Sie ... dass dauerhaft jemand da ist für Sie, ja?«

Haffners Kinn zitterte leicht, er holte schon zum Widerspruch aus, doch dann schaute er Leon nur an wie ein Kleidungsstück, das sich beim Waschen verfärbt hat, wendete seinen Rollator Richtung Flur und sprach laut und knarrend:

»Komme, was da kommen mag, die Stunde rinnt auch durch den rausten Tag.«

»Öhm, Macbeth?«, rief Leon ihm nach. »Oder Lady Macbeth? Und heißt das, Sie sind einverstanden wegen der Pfleg–«

Aber da war sein Nachbar schon im Bad verschwunden.

*

Vierzehn? Tatsächlich, vierzehn. Allein im Wohnzimmer. Noch mal zehn in der Küche, davon die Hälfte über der Fußleiste.

Milena horchte auf den Klang ihrer Absätze in den leeren Räumen, sie trippelte einmal kurz, das Parkett machte Musik. Legte ihre Finger auf die Klinke zu dem großen Raum, in dem Amy schlafen und spielen würde, und daneben – kleiner, aber nur ein bisschen – das Zimmer für Penny oder Parsifal. Dann zählte sie noch einmal nach.

»Das sind sehr viele Steckdosen«, stellte sie halblaut fest, als sie Schritte auf dem Holzboden hinter sich hörte, und starrte weiter auf die weißen Wände der Maisonette, als müsse sie sich unbedingt die Lage jeder einzelnen Dose möglichst genau einprägen.

»Frau Sanders«, hörte sie die Zigarillostimme von Rosalie Körner, Eigentümerin der Wohnung, »wie kann ich helfen? Sie haben eine Elektrofrage, ja?«

Milena drehte sich um.

»Ich hab … eigentlich David gemeint, wegen der ganzen Dosen.«

»Ah ja, das ist –«

»Und mein Name ist Behnke. 'tschuldigung.«

»Natürlich, Frau Beeke, pardon, ich hab Sie beide«, Rosalie Körner schwenkte ihr riesiges rotes Smartphone, »als Paar notiert. Sanders.«

»Wir sind ein Paar.«

Ein hauchdünnes Fragezeichen blieb am Ende des Satzes stehen.

Frau Körner lächelte ein kosmetisch-chirurgisches Lächeln. Die ursprüngliche Fassung ihres Gesichts mochte an die sechzig Jahre alt sein, das Weiß ihrer Haare leuchtete unter einem Dutzend Deckenspots, und ihr Outfit, makellose Blautöne, sah an diesem frühen Samstagmorgen so aus, als würde sie nicht nur eine ihrer Wohnungen vermieten, sondern im Anschluss noch mehrere Wahlkampfauftritte absolvieren. Wie das einzige Exponat einer Ausstellung stand sie in dem Wohnzimmer mit der offenen Küche, baumgrün eingerahmt von der Fensterfront zum Jesuitenfriedhof. In diesen Räumen hatte noch niemand gewohnt, und für Milena sah es fast so aus, als solle hier auch niemand wohnen, keine Filzstiftlinien auf dem Malervlies hinterlassen, keine Dreiradspuren auf dem Boden. Neu roch es, edel und teuer, vor allem in der Küche. Dunkler Korpus, schicke Fronten. Diese Frau hatte sich und ihre Maisonette mit besten Materialien ausgestattet.

»Also«, Milena räusperte sich, »wir haben ein Kind und kriegen noch ein Kind«, was Frau Körner abermals zahnlos lächelnd zur Kenntnis nahm, all das musste David ihr ja auch schon erklärt haben. Wenn sie als Mieter gar nicht erst in Betracht kämen, dann wären sie ja nicht hier, dann würde Milena jetzt noch halb angezogen frühstücken mit David, der würde ihr das ofenwarm dampfende Brötchen auf der flachen Hand entgegenstrecken, damit sie sich ihre Lieblingshälfte aussuchte; und wenn sie sich nicht entscheiden könnte zwischen oben und unten und ihn fragen würde: ›Was möchtest *du* denn?‹, dann wäre seine Antwort: ›Ich möchte einfach nur das scheiß heiße Weißmehldings von meiner Hand nehmen …‹ – denn so hatten sie es schon ein Dutzend Mal gespielt, wie ein Paar mit Humor und Erfahrung.

Wir *sind* ein Paar.

Milena fiel ein, dass manche Frau in so einer Situation vielleicht in einer fließenden Bewegung einfach nur den Ring an ihrem Finger präsentiert hätte, ein bisschen gebogenes Metall, das alle Fragen beantwortete.

Einen Ring hatte sie nicht. Sie hätte sich Katjas leihen können, die trug ihn doch eh nicht mehr. Sollte Milena stattdessen ihren Bauch zeigen?

Am Abend zuvor hatte David sich den Milena-Bauch aus nächster Nähe angeschaut, als sie eine kurze Streitpause brauchten: die mysteriöse nackte Wölbung, an der er beim besten Willen keine Veränderung seit der letzten Begutachtung in Tallstedt feststellen konnte.

»Und wann«, fragte er zum x-ten Mal, »ist der Ultraschall mit der Geschlechtserkennung?«

»Donnerstag.«

»Sechzehn Uhr dreißig?«

»Sechzehn fünfundvierzig.«

Sie stritten viel an diesem Tag, und sie wurden besser darin, weil sie bei Lasagne und Pfefferminztee feststellten, dass sie ihre Liebe und ihre Chancen aufregender fanden als die Wiederholung von Standpunkten, zäh und verkniffen. All ihre Hoffnungen und Befürchtungen legten sie auf den runden Tisch in Davids Wohnzimmer, bewarfen sich mit den verschwenderischen Kissen auf seiner Sofalandschaft, wenn einer sich über die unverrückbaren Gefühle des anderen lustig machte: ›Du hast Angst vor Städten mit mehr als 5000 Einwohnern‹ – Kissenwurf. ›Du hast den Apfelkuchen von meiner Mama nicht gemocht‹ – Kissenwurf.

Es ging um Geld und die Frage, was für eine Familie sie sein wollten; um den vertrauten Duft beim *Bäcker Schramm* Ecke

Bahnhofstraße und um Münsteraner Ecken und Bäcker, die sicher auch ihren Duft hätten, nur anders. Immerhin kamen sie überein, die Kinder da rauszulassen: Das noch nicht geborene lebte bis jetzt in einem sehr begrenzten Umfeld, es würde bei seinem allerersten Umzug keine Freunde verlieren. Und Amy war noch nicht mal in der Schule, könnte schon in den nächsten Kitaferien für eine ganze Woche oder länger Oma Marlies und Opa Lothar besuchen und würde sich – aber was, wenn nicht? – an das neue Leben gewöhnen, denn Münster war nur Münster, nicht Mumbai oder Mexico City.

Zu selten hatte sie David wirklich zugehört, wenn er von seinem Zuhause erzählte, weil sie immer erst verstehen musste, dass er mit Zuhause nicht Heimat meinte, sondern Gegenwart.

Im Auto war ihr Blick seit der Ausfahrt Münster-Süd auf die Armaturen gerichtet gewesen, nicht auf die Stadt, in der der Vater ihres ungeborenen Kindes zu wohnen beschlossen hatte. An 350 Tagen im Jahr war Milena ohne Navi unterwegs: Ihr Wagen wusste, wo die Kita war und die Turnhalle, ihr Fahrrad rollte ganz von allein zum Supermarkt, Kinder- und Frauenarzt, und ihren Füßen musste niemand erklären, wie viele Schritte es waren von der Kaffeebude am Deich über die Treppen bis runter zur Promenade. Sie war ihr eigenes GPS, hatte ihre Route im Leben bis hierher immer selbst neu berechnet.

Was Amy wohl gerade machte?

Es ging um alles und gute Argumente: Es ging um Davids Firma und Davids Kontakte, um Milenas Gefühle und Milenas Musik, aber Musik sei ja quasi überall zu Hause – das hatte David, da war Milena sich sicher, aus irgendeiner Sprüchesammlung. Grübelnd und verschlungen rangen sie um den Grundriss ihrer Beziehung: um die Zimmer, Tapeten und Betreuung der Halbgeschwister. Die Zukunft, die sie haben würden. Schließlich könne man ja, wenn David erst so reich wäre, dass er nie wieder arbeiten müsste, mit dem ganzen Quartett zurückgehen, wieder nach Tallstedt, solange die Eltern noch lebten, solange die Flut die Ebbe ablöste und der Deich noch hielt. So redeten sie zuletzt auch über das Altwerden, über Verantwortung, über Katja, die Rechte der Großeltern und die nachlässig gewürzte Lasagne.

Sie rechneten ihre Fixkosten zusammen, und Milena bestand darauf, keine allzu lange Babypause einzulegen, bald wieder ihrer Arbeit nachzugehen, aber ab sofort schon die Hälfte zur Miete beizusteuern. David wollte wissen, warum sie darauf bestehe, wenn sie sich das doch ganz offensichtlich nicht leisten könne und er genug für sie beide verdiene.

»Hm. Weiß nicht.«

Was das Problem sei, fragte er, den Blick auf das Stück Pasta an seinen Gabelzinken geheftet.

»Mit der Lasagne?«

»Mit meinem Einkommen, Milly.«

Milena druckste herum. Die Summen, die er da erwähnt habe, gab sie zu, seien ihr immer noch nicht geheuer.

»Milly ... Unsere Firma ist seriös, die Branche boomt, ehrlich. Wir verdienen viel Geld, wir zahlen viel Steuern. Das hier ist Münster, nicht Palermo.«

Mit ausgebreiteten Armen beteuerte David, dass er die nicht ganz billige Maisonette nicht mieten wolle, um seine Freundin mit Luxus einzuschüchtern, sondern damit sie genug Platz hätten: Platz für alle vier, für sie beide, Platz zum Spielen für Amy, Platz zum Kacken, Krabbeln, Laufenlernen für den jüngsten Mitbewohner, der mindestens noch bis Donnerstag 16 Uhr 45 unter ›Mini‹ geführt würde, wobei sie ihn manchmal auch ›Emmy‹, ›Bryo‹ oder ›Pummel‹ nannten. Meistens

Pummel, denn wie ein Pummel, genügsam und ausbaufähig, hatte er auf dem letzten Ultraschall gewirkt.

Brauchte Pummel ein eigenes Zimmer?

Ja.

Aber wann?

Ja, irgendwann halt.

Und so weiter, bis die Lasagne nicht mehr dampfte.

Während David abräumte, stellte Milena sich breitbeinig an die Brüstung der Dachterrasse. Windstille. Sie schnupperte an der Stadtluft, die nicht nach Stadt roch, und wusste, dass sie hier war, weil eine Entscheidung anstand. Wusste, dass sie morgen die 300 Kilometer wieder zurückfahren würde. Und jetzt ging es darum, mit welchem Gefühl. Ihr Herz klopfte. Zickzackmelodie.

Unten am See lagen die kleinen Segeljollen an den Stegen. Würde etwa Amy, ein Küstenkind wie sie, nächstes Jahr hier segeln lernen? In einem Binnenhafen, auf einem See mit seltsamem Namen, über den Studenten ruderten, die Tallstedt in keinem *Diercke-Atlas* fänden?

Vergiss es, dachte sie, das wird doch nix.

Ehe es dunkel wurde, schnappte David sich Milenas Mantel, während sie eine Nachricht an Katja schrieb, streckte ihn ihr entgegen und sagte ohne Fragezeichen:

»Gehen wir noch 'ne Runde.«

»Ich bin schwanger.«

»Heißt das, du kannst nicht mehr gehen?«

»Das heißt, ich bin müde.«

»Jetzt?«

»Immer. Meistens.«

Er seufzte.

»Ich wollte dir noch was zeigen, Milly. Ist nicht weit.«

Es war ein fünfstöckiger Altbau in der Sperlichstraße. Auf einem Schild neben dem Säulenportal stand *Allegro – Neue Musikschule Münster*, und David kannte von irgendwoher die stellvertretende Leiterin. Auf Milenas Frage, ob er ihr also hier für die Zeit nach der Pummel-Geburt schon einen Job besorgt und sie überhaupt gar kein Mitspracherecht bei irgendwas mehr habe, erklärte er – nicht völlig ruhig, aber doch beinahe –, dass es in der neuen Wohnung auch ein Zimmer nur für sie gebe, falls sie lieber zu Hause unterrichten wolle, »aber«, er wies mit ausgestreckten Zeigefingern die Straße hinunter, »das Beste an dieser Musikschule ist ja das da.«

»Das da? Was da?«

Statt einer Antwort zog er sie mit sich bis zur Kreuzung Weseler Straße und zum Westeingang des Jesuitenfriedhofs, von dem er behauptete, das Beste daran sei der Osteingang, woraufhin Milena murrte, das sei ihr jetzt echt zu doof. Sie wollte zurück und beharrte darauf, sie müsse aufs Klo, das Klo sei überhaupt das Beste an Davids Badezimmer, doch da hatte er sie schon von vorn bei den Hüften gepackt und einen halben Meter angehoben.

»Siehst du das weiße Haus da, Milly, mit dem roten Alarmdings auf dem Dach? Prinz-Eugen-Straße. Das ist direkt am Osttor, das gucken wir uns morgen an, also, da könnten wir wohnen und hätten all diese alten Bäume vor der Nase, und du – bist in vier Minuten in der Musikschule!«

»Bin ich?«

»Bist du. Drei Minuten zweiundfünfzig.«

»Und ... wo ist dann Amy?«

Sie krallte sich in Davids Schultern, um nicht abzurutschen, er drehte sich mit ihr ein paar Zentimeter nach links. Bemüht, sich die Anstrengung nicht anmerken zu lassen, sagte er:

»Kita in der Turmstraße. Auch vier Minuten.«

Eine halbe Drehung zurück.

»Grundschule Straßburger Weg, fünf Minuten, nee: auch vier.«

Milena senkte den Kopf und fragte mit der Nase in Davids Haaren:

»Ist hier alles Wichtige vier Minuten entfernt, Herr Sanders?«

Er lachte.

»Nee. Achtung, festhalten!«

Sie wirbelten herum.

»Weißenburgstraße. *La Gioia*. Leckerer Italiener. Das sind nur drei Minuten. Zu Fuß und besoffen.«

Jetzt musste auch Milena lachen, und während sich Davids Gesichtszüge etwas verkrampften, fragte sie, sehr gedehnt und mit Pausen, als müsse sie über den Wortlaut erst nachdenken, wie lange er sie so halten könne.

»Vier Minuten«, presste er hervor.

»Vier Minuten ab jetzt?«

»Vier Minuten insgesamt ... ab da, wo ich dich ... hochgehoben hab!«

»Und wie lange haben wir noch?«

Indem er den Kopf zurücklegte, um seiner Freundin in die Augen zu schauen, und seinen Griff vorsichtig lockerte, so dass sie langsam herabrutschte und ihr Gesicht sich seinem näherte, sagte er, so feierlich er konnte: Dass er sie, wenn es nach ihm ginge, immer halten würde und sie noch sehr viel gemeinsame Zeit vor sich hätten, woraufhin sie, ehe sie endlich wieder die Fußspitzen auf den Boden setzte, nicht weniger feierlich erklärte: ›Immer‹ oder zumindest ›sehr lange‹ käme ihr absolut entgegen. Denn eines müsse er wissen, wenn er sie allen Ernstes und aus Liebe entführen wolle aus ihrem Bullerbü in dieses Münster: Milena Behnke sei keine Frau für vier Minuten.

Hand in Hand, wie so viele an diesem Feiertag irgendwo in dieser Stadt, hatten sie ihren Spaziergang fortgesetzt, vorbei an Bäumen aus dem letzten Jahrhundert, an den Gräbern von Menschen, die sie nicht gekannt hatten. Ohne Eile und nur von einem Kuss oder zweien unterbrochen, waren sie in Davids Wohnung zurückgekehrt, wo Kissen auf sie warteten, über den beheizten Wohnzimmerboden verstreut, ein bisschen staubig, ein bisschen warm, weich und gedämpft wie die Stimme nach dem Sex, wenn der Atem wieder ruhiger geht.

Natürlich sind wir ein Paar, dachte Milena jetzt grimmig, während die Vermieterin sie über ihre Gleitsichtbrille in den Fokus nahm, aber – das waren Jonas und ich auch mal, ein Paar mit Endorphinen, Hoffnung und diesem ganzen sorglosen Anfängergedöns. Das bleibt nicht so.

Endlich kam David die Treppe herunter, er hatte eben noch einen Anruf annehmen müssen, als sie gerade die Größe der Kinderzimmer verglichen, und entschuldigte sich nun, weil jemand aus seinem Team noch eine wichtige Frage an den Chef hatte, eine knappe Stunde bevor David die große *Konsolen-Konwäntschn* eröffnen sollte.

»David?«

Milena deutete mit dem Kinn zur Wand.

»Hier sind echt viele Steckdosen.«

»Ja?«

»Total.«

Sie bückte sich hinter die Spülinsel.

»Hier, guck mal, und hier und da unten.«

David schaute kurz zu Rosalie Körner, dann wieder zu Milena und sagte zu beiden:

»Das ist das Tolle am Neubau, oder? Die ganze Elektrik auf

dem neuesten Stand, superviele Steckdosen ... wo man total viel anschließen kann und so.«

»Aber Schatz«, Milena hatte sich wieder aufgerichtet und sprach nun wie in der ersten Klavierstunde zu einem begabten, aber etwas hektischen Kind, »das müssten wir ja alles kindersicher machen, komplett.«

Die Vermieterin kicherte, als sei das ein besonders rührender Pärchenwitz.

»Kriegen wir hin!«

Frohen Mutes nickte David beiden zu.

»Machen wir schön kindersicher, oben und unten, da passiert gar nix!«

Rosalie Körner räusperte sich.

»Herr Sanders, noch mal wegen des Termins ...«

»Kriegen wir hin!«

David schaute abwechselnd auf sein Smartphone, zu Milena und zur Vermieterin.

»Wie besprochen, Frau Körner – ich meine, wir –«

»Ich hab ja noch gar nicht gekündigt«, unterbrach ihn Milena an Frau Körner gewandt, und David, etwas atemlos, kommentierte auch das mit:

»Kriegen wir hin! Kriegen wir alles hin, ich muss nur wirklich gleich ... Zahlen wir eben doppelt, wenn das ... Was denn?«

»Wir?«

Milena verschränkte die Arme.

»Also«, schlug Frau Körner vor und tippte dabei auf ihr Telefon, als habe sie darin unzählige Nummern solventer und entschlossener Interessenten gespeichert, »vielleicht besprechen Sie beide in Ruhe, ob die Wohnung überhaupt generell noch für Sie in Fra-«

»Na klar!«

David hieb mit der rechten Handkante in die linke Handfläche, um jeden Einwand abzuwürgen.

»Die kommt immer noch so was von in Frage, Frau Körner. Wir können ja mal kurz ...«, er sah Milena mit weit aufgerissenen Augen an, »in den Garten? Das Terminliche abklären, final, und dann sind wir gleich wieder da und ... okay?«

Mit Schwung hielt er Milena die Tür zum Garten auf, achselzuckend ging sie an ihm vorbei auf die Terrasse.

Dort nahm er ihre Hände in seine.

»Milly«, sein Blick fast flehentlich, »was ist denn los? Gestern hast du gesagt, wenn die Wohnung so ist wie auf den Fotos, dann machen wir das! Dann trauen wir uns das, und dann kriegen wir alles hin. Oder?«

Sie schwieg.

»Ja, und jetzt? Bin ich doof? Hab ich wieder nicht richtig zugehört, hab ich zu viel versprochen mit der Lage und den Zimmern und so?«

»Nee ...«

»Also? Milly, sorry, aber ich hab gleich ein echt wichtiges Event, und es wäre total blama-«

»Das ist so hektisch plötzlich, alles, David! Und die Frau ist komisch.«

»Och Schatz, das ist doch nur die Vermieterin, mit der hast du doch nix zu tun, die will nur unser Geld, ansonsten lässt die uns in Ruhe.«

»Ich kann nicht zwei Monate oder so doppelt zahlen.«

»Musst du ja auch nicht.«

»Ich will auch nicht, dass *du* doppelt zahlst.«

David seufzte.

»Diese Hammerbude kriegen wir entweder zum nächsten Ersten oder gar nicht.«

Und da sie seinem Blick auswich:

»Willst du ... gar nicht?«

Milenas Stimme wackelte, als sie zurückfragte:

»Wenn ich gar nicht will, willst du mich dann trotzdem noch?«

»Ob ich dich –? Natürlich! Was soll der Quatsch?«

»Das ist kein Quatsch!«

»Okay, okay, ist kein Quatsch. Also: Willst du *gar nicht* hier wohnen, oder was ist das Problem?«

Milena löste ihre Hände aus seinen, um ihn plötzlich ruckartig zu umarmen, und atmete dreimal tief an seiner Brust.

»Ich hab einfach nur Restschiss, David. Ich hatte grad so 'n Gefühl wie früher, vor der Endrunde von *Jugend musiziert*. Weißt du, du hast hier ... du hast hier schon ein Leben, und ich? Ich hab zwei Kinder und 'nen Haufen Steckdosen.«

Sie schluchzte, das war ansteckend, und David musste schluchzen und schmunzeln zugleich.

»Und wenn«, sprach sie leiser weiter, »wenn du mich irgendwann nicht mehr willst, weil ... weil die Trulla aus eurer Grafikabteilung größere Titten hat oder was weiß ich, dann rufst du die komische Körner an, ob sie nicht noch was zu vermieten hat, und dann sitz ich hier mit deinem Geld und ... und den toten Jesuiten und ohne ...«

Sie verstummte.

»Ohne was, Milly?«

»Ohne Familie.«

So fest er es ihr und dem Babybauch zumuten konnte, drückte David sie an sich.

»Du weißt, dass ich das nie machen würde, oder?«

Sie schniefte eine Träne weg und sagte nichts, gar nichts.

David schob sie langsam von sich, holte eine Parkquittung und einen Stift aus der Innentasche seiner Jacke und notierte etwas auf der Rückseite des Papiers.

»Soo ... Moment ... So! Hier.«

Er reichte ihr den kleinen Zettel.

»»Hiermit««, las Milena halblaut, »»versichere ich, dass ich niemals wie das letzte Arschloch meine Freundin Milena Behnke sitzenlassen werde, zumindest nicht in ei– ... was? ... in einer Wohnung mit so vielen Steckdosen. Otto Waalkes‹.«

»Was?«

»Die Unterschrift. Das sieht aus wie ›Otto Waalkes‹.«

»Quatsch!«

»Wohl!«

Sie hielt den Zettel hoch, er versuchte, ihn zu schnappen, sie zog ihn weg, David griff in die Luft, strauchelte und klammerte sich an Milena fest, die ihn am Jackenkragen packte.

»David«, flüsterte Milena, die Stirn an seinem Kinn, »ich muss ... ich fahre jetzt nach Hause, ja?«

Er nickte.

Rosalie Körner gab ihnen eine letzte Bedenkzeit bis zum nächsten Mittag.

Um kurz vor zehn fuhren sie in unterschiedliche Richtungen davon: Frau Körner zum CDU-Vorstandsfrühstück, David zum *Skaters Palace*, wo tausend Zocker darauf warteten, dass er den Startbuzzer für das Gaming Event drückte, und Milena über die Bundesstraße zur A 1, um den flachen deutschen Norden zu durchpflügen von Baustelle zu Baustelle zu Baustelle, mit fünftausend Gedanken im Kopf und halb so vielen Songs auf ihrer Playlist.

Es passte ihr nicht, dass sie schon jetzt den Mann vermisste, von dem sie sich gerade verabschiedet hatte, und dass er mutiger war als sie. Sie freute sich auf Amy, die sie in ein paar Stunden wiedersehen würde, und zog auf die Überholspur, klopfte mit dem Refrain von Sammy Flandergans letztem Song auf Katjas Lenkrad:

Die Gegenwart ist dreist und drall
Sie steht uns vorm Gesicht
So sieht man von der Zukunft nix
Die Zukunft braucht mehr Licht

Schnell fuhr sie, und laut war die Musik. Hinter Bramsche kam die Sonne raus.

*

Amy war mit ihrem Opa im Garten.

Nach einer halben Stunde des Nachfragens hatte Katja herausgefunden, dass ihrer Mutter das große Haus längst zu groß geworden war und ihrem Vater die vielen kurzen Treppenstufen oft zu mühsam und gefährlich. Aber wenn keines der Kinder es haben wolle, ob nun aus Undankbarkeit oder Bequemlichkeit oder weil so ein Elternhaus heutzutage eben nichts Besonderes mehr sei, wie auch immer, dann also, nach all den Jahren, all der Mühe, all den Investitionen, dann blieben Marlies und Lothar doch lieber selbst dort, bis es gar nicht mehr anders gehe.

»Blödsinn, Mama«, sagte Katja so sanft und unmissverständlich sie konnte, »wir machen das rückgängig bei Dock, ihr kriegt die Wohnung, und ich mache einen Plan für euer Haus. Unser.«

»Einen Plan?«, fragte Marlies und nippte skeptisch an ihrem Baileys. »Was soll denn das für ein Plan sein?«

*

Beim *Bäcker Schramm* Ecke Bahnhofstraße traf man am Sonntagfrüh um sieben die tags zuvor angereisten Touristen, die am ersten Urlaubsabend, erschöpft und satt geatmet, so zeitig ins Bett gesunken waren, dass sie nun mit der Sonne aufstanden, hungrig auf Erholung und Brötchen, warm und süß. Guten Morgen, schönen Sonntag, was für ein Wetter!

Nur vier Minuten brauchte Milena für die einfache Strecke, plus je eine Minute für den Weg durchs Treppenhaus und das Auf- beziehungsweise Abschließen des Fahrrads. Nur für Sonntagsbrötchen, nur für das Schokocroissant, das ihre Tochter so liebte, hatte sie Amys ausdrückliche Sondergenehmigung, sie ganz kurz allein zu lassen, wenn sie noch schlief. Denn diese zehn Minuten konnte Amy an den Fingern abzählen, das hatten sie geübt, immer und immer wieder, und stolperten längst nicht mehr über die »doofe Fünf«, die Amy am Anfang meist übersprungen hatte (»Vier, acht, sieben, o nein …!«). Sollte Amy aufwachen und ihre Mama wäre weder im Bett noch im Bad, dann war Sonntag, und in zehn Fingerminuten gäbe es das leckerste Frühstück überhaupt, aber danach musste man sich ganz doll das Gesicht waschen, denn alles im Leben hatte auch Nachteile, angeblich.

Als Milena zurückkam und ihr Fahrrad an den Garagen vorbei in den Innenhof schob, hörte sie ein unverkennbares Flaschenploppen. Dass sich Nachbar Timmermann auf der rostigen Sitzbank unterm Hochparterrefenster ab und an sein abendliches Pfeifchen gönnte, während seine Frau die Doppelkopfdamen zu Besuch hatte, das war bekannt, aber dass er hier frühmorgens schon Pils zischte, konnte Milena sich schwer vorstellen.

Ein zweites Ploppen. Da trank also jemand entweder schnell oder nicht allein. Und als sie um die Ecke bog, erkannte sie erst die Stimme, die laut »Prost!« trötete, und dann, auf Timmermanns Bank gefläzt, den Nachbarn Tobi, ihm gegenüber in schiefer Sitzhaltung sein Trinkkumpan Lukas, den er mit ›Schädel‹ ansprach.

»Schädel! Alter! Mach ma Augen auf: Besuch!«

»Hi, Tobi. Hi.«

Milena ging an den beiden vorbei zu dem Flachbau neben der Wäscheleine, in dem Gartengeräte und Fahrräder untergebracht waren.

»Helloooo!«

Lukas' Stimme hatte ordentlich Schräglage, wie Milena jetzt erkennen musste.

»Hast uns Brötchen geholt oder was?«

»Ey, Alter!«, ranzte Tobi ihn an, »bleib mal höflich, wenn hier Damenbesuch kommt! Machst du denn für 'n Eindruck.«

Lukas schien etwas erwidern zu wollen, dachte nach mit der Bierflasche an den Lippen, zog es dann vor zu trinken. Ganz offensichtlich hatten Tobi und sein Cousin nicht sehr früh an diesem Morgen angefangen zu feiern, sondern seit gestern Abend noch gar nicht damit aufgehört.

Aus der Hosentasche nahm Milena den Schlüssel für den Schuppen. Auf die kurze Entfernung roch sie die Mischung aus Bier und Rauch, die den beiden in den Klamotten hing.

»Mach überhaupt kein Eindruck ...«, murmelte Lukas, und Tobi erklärte ihm, indem er mit knapper Geste auf Milena deutete:

»Wonder Woman.«

»Hä?«

»Wonder Woman. Sag mal, bist du besoffen, oder was? Deine Nach-ba-rin!«

Glucksend klemmte er seine Flasche zwischen die Knie, breitete die Arme aus, als wolle er abheben, und machte dann im Sitzen etwas, das wohl die pantomimische Darstellung eines Sturzfluges sein sollte, indem er den Oberkörper ruckartig zur Seite kippte und dabei die Augen aufriss.

»Ah!«, machte Lukas, »ach so, weil ... weil die so viele Stufen auf einmal genommen hat, ne?«

Er nickte sehr heftig, worauf ihm ein Rülpsen entwich, was offenbar Platz für einen Einfall schuf.

»Hast du Wonder Woman nicht meinen Sambuca geschenkt? – Ey, 'schulligung, schöne Frau, willst du die Flasche nicht mit uns teilen, zur Feier des Tages? Hm?«

Weil er offenbar begriff, dass das Ding unter Milenas Strickjacke kein Kissen war, setzte er hinzu:

»Wir zünden den an, also ist der Alkohol da quasi raus!«

Er lachte durch die Nase.

»Nur zum Anstoßen. Oder?«

Jedes Wort mit mehr als einer Silbe machte seiner Zunge große Mühe, doch hielt er seinen Vorschlag wohl für überzeugend.

»Was ist mit Kaffeebohnen? Hast du?«

»Sehr lustig, Jungs«, kommentierte Milena, während sie mit dem Fuß die Tür aufhielt, um ihr Rad in den Verschlag zu schieben.

»Ihr geht vielleicht besser langsam mal pennen.«

Während Tobi nur kichernd abwinkte, rappelte sein Cousin sich von der Bank hoch.

»Pennen? Um die Uhrzeit?«

Lukas schien etwas zu schwanken, seine Stimme wurde noch lauter, fast empört.

»Ganz alleine?«

»Ihr seid doch zu zweit!«, rief Milena nach draußen, verdrehte die Augen, nahm ihren Bäckerbeutel vom Gepäckträger – und erschrak, als plötzlich mit drei großen Schritten Lukas direkt vor ihr stand, schnaufend, die Augen zusammengekniffen.

»Was war das eben?«

»Puh, Junge, du hast aber 'ne amtliche Fah-«

»Hast du gesagt, wir sind schwul, oder was?«

Spucketröpfchen flogen durch die Morgenluft, keinen halben Meter konnte Milena zurückweichen, sie stand mit dem Hintern am Gepäckträger ihres Fahrrads, Lukas blockierte mit seinem Körper den Ausgang.

»Komm«, sagte sie und zeigte zur Erklärung ihre Brötchen, »jetzt lass mich mal durch, meine Tochter will frühs–«

»Ob du mich für 'ne scheiß Schwuchtel hältst, hab ich dich gefragt!!«

Er fuhr seinen rechten Arm aus wie einen Schlagbaum und stemmte ihn in den Türrahmen. Während er Milena fixierte, sprach er weniger lallend als noch zuvor über die Schulter mit seinem Cousin.

»Tobi? Hast du das mitgekriegt? Die arrogante Tussi hier meint, ich würde meinen eigenen Cousin ficken?!«

Durch den Spalt zwischen Lukas' Oberkörper und dem Türrahmen sah Milena, dass Tobi aufgestanden war und über den Hof schlurfte. Sie bekam eine Gänsehaut, als sie ihn gleichgültig sagen hörte:

»Muss pissen. Jetzt lass mal gut sein da, Schädel.«

Milena musste sich zusammenreißen, damit ihre Stimmbänder die Worte möglichst ohne Wackler herausbrachten:

»Lässt du mich jetzt mal vorbei, danke schön.«

Sie versuchte, Lukas' bohrendem Blick seitlich auszuweichen, nicht nach unten zu schauen. Nach endlosen Sekunden, in denen ihr übel wurde vom Gestank, den seine Klamotten und sein Atem verströmten, drehte er sich langsam zur Seite. In der Sekunde, als sie erleichtert annahm, er würde ihr mit einer übertrieben einladenden Armbewegung den Weg hinaus freigeben und den schlechten Scherz beenden, legte seine Hand sich auf die Klinke wie eine Stahlkralle, mit einem Ruck zog er die Tür zu und schubste Milena ansatzlos ins Dunkel, sie stieß einen Schrei aus, strauchelte gegen das Fahrrad von

Frau Timmermann, ließ den Beutel fallen, konnte sich irgendwie auf den Beinen halten, bebend.

»So«, hörte sie Lukas' Stimme, »du Bitch entschuldigst dich jetzt ...«

Er kam näher, er kam ihr viel zu nah, er packte sie mit einer Hand am Oberarm und legte den rechten Zeigefinger an seine Lippen, er beugte seinen Kopf vor, suchte in dem fensterlosen Raum Augenkontakt. Milena erstarrte, ihr Nacken prickelnd kühl, die Arme wie taub. Der Griff seiner Finger am Ellenbogen war eisern, und wie in Zeitlupe schob sich sein Daumen zu ihrer Brust.

»Einmal küssen ist das mindeste, schätze ich. Wonder Woman. Und ich meine«, hauchte er sabbernd, »nicht nur auf den Mund.«

Er hatte seine Stimme gesenkt, die rechte Hand an der Gürtelschnalle, und baute sich jetzt erwartungsvoll breitbeinig vor ihr auf, seine Mundwinkel zuckten.

»Ich hab Zeit, Bitch. Ist ja Sonntag ...«

Amy schlief noch. Länger als sonst. Sie wälzte sich herum, ihr rechter Fuß schaute unter der Decke hervor in das abgedunkelte Zimmer. Den dünnen Faden ihrer Traumgeschichte verlor sie in dem Augenblick, als achtzig Meter Luftlinie von ihr Lukas Schedler ›Ist ja Sonntag ...‹ sagte und ihre Mutter die rechte Schuhspitze mit voller Wucht nach oben rammte und danach, sobald Lukas sich nach vorn krümmte, den Handballen gegen seine Schläfe.

Mit weichem Flackern hoben sich Amys Lider, während ihre Mutter einen großen Schritt über den Mann auf dem Steinboden des Fahrradschuppens machte, der auf Knien nach Luft rang. Milena sah nichts als das Morgenlicht unter dem Türspalt, nichts als den Ausweg, sie hörte das Rasseln ihrer Angst.

Amy blinzelte den letzten Bildern der Nacht hinterher, nahm dann ihre Zehen wahr – eins, zwei, drei, vier, *fünf*! –, die das warme Bett schon verlassen hatten.

»Mami?«

Ungebremst warf Milena sich gegen die Schuppentür, stürzte ins Freie, schaute nicht zurück, überquerte den menschenleeren Hof, versuchte nichts anderes, als einen stabilen Schritt vor den anderen zu setzen, durch die Nase einzuatmen und aus durch den Mund; erreichte den Hintereingang zum Treppenhaus, nahm die ersten drei Stufen auf einmal, ihre Oberschenkel zitterten. Durch die Streben des Geländers hindurch fixierte sie schon die Tür zu ihrer Wohnung, sie zog sich hoch in den ersten Stock, die Tür, die Tür, sie musste durch die Tür, die man von innen verriegeln konnte.

Sobald Milena es geschafft hatte aufzuschließen, sobald sie schließlich im Flur stand, lehnte sie den Hinterkopf gegen die Wand, suchte ihr Gleichgewicht, um mit den Händen auf dem Bauch die Atmung wieder unter Kontrolle zu bringen, Zug für Zug.

Glimpfliches Glück. Luft holen.

Unvermittelt traf sie der Blick ihrer Tochter vor dem Badezimmer.

»Mami«, sagte Amy, schläfrig, überrascht und unendlich arglos, »wo hast du denn die Brötchen?«

»Heute«, keuchte Milena, »heute keine ... Brötchen, Schatz, da war leider zu, wir haben ... Nutella haben wir noch, ich muss mal kurz ...«

An Amy vorbei eilte sie in die Küche, zog den Rollladen hoch, schaute in den Innenhof, dann registrierte sie aus dem Augenwinkel die Sambuca-Flasche neben dem Gewürzregal – das Fenster aufreißen, einfach ausholen und werfen, überlegte Milena, warum nicht?

Weil sie sich selbst am meisten erschrecken würde. Und Amy erst. Aber, die Gedanken trieben ihren Puls vor sich her, wie sie die Flasche schleudern würde, ja, verfickt nochmal, so weit hinaus, in ganz hohem Bogen, weiter, als sie jemals den Schlagball bei den Bundesjugendspielen geworfen hatte!

Wie sie fliegt und die Luft durchschneidet mit schwerem Zischen, ein Geschoss aus Glas und gewürztem Likör! Wie die Möwen im Tiefflug abdrehen vor Schreck und zetern. Wie der Asphalt dort unten den Aufprall erwartet und die Disteln sich in die Fugen ducken. Milena könnte spüren, nachdem die Sambuca-Flasche ihre Hand verlassen hat, dass ein Kilo Angst und kratzende Wut in den Innenhof saust, Fassungslosigkeit steht auf dem Etikett, und im Schraubverschluss klebt die hechelnde Sorge um den Bauch, in den er hätte schlagen können, der blöde Wichser, wenn sie ihm nicht vorher in die Eier getreten hätte. Ruhig, Milly, ruhig.

Unaussprechlich und brennend scharf war das Bild, das sie loswerden wollte: sie und er auf engstem Raum, das Druckgefühl der Hand an ihrer Brust, während er seine ganze durchwachte Nacht ausatmete. Alles sah sie viel zu klar vor diesem frühlingsblauen Himmel, alles, was er hätte tun können, was er vielleicht mit ihr gemacht hätte, wenn er nicht zu besoffen gewesen wäre, um ihren Tritt mit einer lässigen Bewegung abzuwehren. Sich auf sie zu stürzen, sie in den Dreck zu stoßen zwischen ihrem Rad und der Schneeschaufel vom Hausmeister. Warum durfte diese rote Fresse ihr solche Angst machen? Mit so viel Kraft, so jäh und besoffen, mit bleckender Lust, eklig und dreist. Atmen, Milly, atmen.

»Mami?«

Milena schluckte schwer und öffnete das Fenster nicht. Niedergestreckt oder wenigstens zu Tode erschreckt hätte sie das Arschloch, wenn sie die Flasche tatsächlich aus dem Küchenfenster geworfen hätte; sie ging es immer und immer wieder im Kopf durch, achtundvierzig Würfe in der Minute, während sie den Toaster einstöpselte. Amy dachte wohl darüber nach, warum die Bäckerei ausgerechnet heute geschlossen war, so schade, na ja.

Milenas Augen brannten. Im Hof war niemand zu sehen außer der Katze, die jeden Morgen über die Garagendächer streunte.

»Hier, Schatz.«

Sie stellte Amys blauen Teller mit dem Nutellabrot auf den Tisch und drehte sich wieder zum Fenster.

Die Tür zum Fahrradschuppen stand halb offen. Vielleicht hatte Lukas sich die Brötchen geschnappt, die ihm nicht gehörten, und mit Tobi das Weite gesucht. Oder sie schliefen jetzt ein Stockwerk höher ihren Rausch aus. Ein paar Meter von hier.

»Mami, wann kann ich noch mal bei Tante Katti schlafen?«

Fröstelnd schaute Milena auf ihre Tochter, versuchte, die Bilder aus dem Halbdunkel zu verscheuchen.

»Bald, Süße. Jetzt iss mal dein Brot.«

Amy grinste mit verschmiertem Mund.

»Damit ich groß und stark werde?«

»Hm?«

»Das hat Henry ... der hat das gestern gesagt: Kleine Mädchen müssen frühstücken, weil, also, damit sie groß werden und stark, und dann ... und dann können sie die Jungs verprügeln!«

Mit großen Augen zeigte Amy ihren Stolz darüber, dass sie sich diese Lektion ihres großen Cousins gemerkt hatte.

»Hat er gesagt.«

Antworten konnte Milena nicht, ihre Lippen bebten, sie griff nach der Stuhllehne.

»Bist du traurig, Mami?«

Amy zögerte kurz, dann streckte sie ihrer Mutter die angebissene Toastscheibe entgegen.

»Bestimmt macht der Bäcker bald wieder auf.«

8

Kanonenschlag

APRIL

An den Öffnungszeiten der *Bäckerei Schramm* Ecke Bahnhofstraße ändert sich rein gar nichts in allen vier Jahreszeiten. Die selbstklebenden Ziffern auf der Innenseite der Türscheibe zeigen alle Tage den Feriengästen an, von wann bis wann hier Brötchen und Zeitung zu haben sind.

Im April wollte Milena nicht die Augen schließen und nicht mehr ihr Fahrrad rausholen. Also zählte sie die Monate, die sie vom zweiten Kind, und die Kilometer, die sie von dessen Vater trennten.

Mit angstkalten Händen listete sie nachts im Lampenschein tote Komponisten und Instrumente alphabetisch auf. Irgendwann übermannte die Müdigkeit die Angst, und wenn ihr nach Heulen zumute war, dann weil sie den Gedanken nicht ertragen konnte, dass ihr Umzug am Ende mehr Flucht als Entscheidung sein würde.

Ihre Wohnung verließ Milena nur noch im hellsten Licht und wenn es gar nicht anders ging, und dann hatte sie einen Schraubenzieher und Insektenspray in ihrer Manteltasche. Lukas oder Tobi liefen ihr nicht mehr über den Weg. David schickte ein Foto von einer Sternenhimmelnachtlampe, von dreierlei Wickelkommoden-Mobiles, geschlechtsneutral, und von dem Klingelschild Behnke/Sanders, das Rosalie Körner bereits hatte anbringen lassen. Inzwischen waren alle Steckdosen kindersicher.

Das Herz brauchte ein Zuhause und davor eine Fußmatte für schmutzige Tage.

Milena stürzte sich in die Erleichterung. Mit Amy an der Hand, den Kopf oben, würde sie in Davids ausgebreitete Arme fliegen, doch an ihrer ersten und einzigen eigenen Wohnung in Tallstedt klebte nun wie saurer Saft für immer das Bild einer Brötchentüte im dunklen Schuppen.

Erst als Ingo Dock ihr die Umzugskartons in den Flur trug, rief Milena ihre Mutter an und sagte in etwa das:

»Also, pass auf, Mama: David und ich, wir wollen jetzt doch – ich meine, kannst du Papa sagen, dass wir auch gerne Katschis Plan für das Haus ... euer Haus – also, unsere Entscheidung ist jetzt jedenfalls: Münster. So ... so ist das.«

»Ja«, sagte Marlies Behnke und bot mit fester Stimme an, auf Amy aufzupassen, damit Milena in Ruhe packen könne.

Im Mai zog Samir nach Neukölln in die Harzer Straße, Dachgeschoss, und klagte danach über Rückenschmerzen und Gentrifizierung. Im Juni ließ sich Isabel nach einer Stadtführung von einem Mann aus Dublin auf ein Bier einladen und fiel nach dem fünften neben Leon ins Bett, rüttelte an seiner Schulter, um zu fragen, ob noch was vom Gras übrig sei.

»Nää, alles aufgeraucht«, log er und drehte sich zur Wand.

Ein paar Tage später sah sie verständnislos durch Leon hindurch, als der sich freute, weil der gute alte Flo ihn zum Paten seines Kindes machen wollte.

›Unsensibel‹ sei sie, und sie nannte ihn im Gegenzug ›stur wie 'n Leuchtturm‹, es wurde kurz laut und doch spät wieder zärtlich.

An einem heißen Freitag feierte Katja ihren dreiundvierzigeinhalbten Geburtstag und rief am Montag danach in der Praxis an, die Lissy und Imke bei Hugos und Bruschetta empfohlen hatten, wegen der Ausstattung und der erfahrenen Ärztinnen und der vielen Parkplätze direkt vorm Ärztehaus.

»Ja«, sprach Katja in den Hörer, »Routine. – Nein, nicht akut. – Auch nicht schwanger, nein. – Schumann, Katja. – 11.1.76 – Ohne h. – Katja, nicht Karla. – Nein, noch nicht, ich war bisher bei Frau Dr. Störzel, in Tallstedt. Anna Störzel. – Das weiß ich, dass ich Ihnen das nicht sagen muss, wo ich ... – Man kann ja einfach so die Frauenärztin wechseln, und ich mö– ... Absolut. Und ein Donnerstagnachmittag wär prima. – Ja, dann halt in acht Wochen, meinetwegen. – Danke, Ihnen auch, tschüs.«

Die letzten zwei Ferienwochen verbrachte Henry komplett bei seinem Vater, während Katja für ein paar Urlaubstage ihren Bruder in Berlin besuchte, »weil du mit deiner komischen Tallstedt-Allergie ja sowieso nicht nach Hause kommst«.

Dabei konnte sie in dem Moment, in dem sie es aussprach, nicht leugnen, dass mit ›nach Hause‹ und ›zu Hause‹ irgendwas nicht stimmte: Diese Basisvokabeln schienen ihr wie aus den Zeilen gerutscht, es war, als müsse sie die Worte noch mal und noch mal aufschreiben, bis sie wieder bedeuteten, was sie bedeuten sollten – oder vielleicht war wirklich das Heft der Heimat vollgeschrieben, und es wäre längst an der Zeit, ein neues zu beginnen.

Leon nutzte die Gelegenheit, an einem langen Nachmittag im Café am Neuen See über Katjas Optionen anstatt über seine eigenen Absagen zu sprechen: Viel interessanter als die Frage, wann er denn nun endlich zu Besuch käme, sei doch die nach ihrer und Henrys Zukunft. Wie blöd sei es wirklich, mit dem Ex und seiner Neuen den Sozialkosmos zu teilen, sich im Weinkontor oder vor der Textilreinigung über den Weg zu laufen, ohne eine unverfängliche Konversation vorbereitet zu haben? Ob es Katja nicht reize, noch einmal durch den alten Kiez zu streifen, wo vielleicht in diesem Moment eine schöne Wohnung frei wurde? Ob nicht womöglich Henry große Lust auf Prenzlauer Patchwork habe und sie auf die Staatsbibliothek zu Berlin, auf eine zweistellige Auswahl von Textilreinigungen, wo niemand sie erkennt, auf Kinoabende mit ihrem Bruder, wenn ihr die Decke auf den Kopf falle?

Und an einem Samstagmorgen könne er auf der Straße vor ihrer Wohnung die Hupe seines Mietwagens bis in die Armaturen durchdrücken, sie wecken und ins Auto verfrachten, und dann gemeinsam ab nach Münster zu Kröti: Fünf Stunden fahren und quatschen, zwei Pinkelpausen, zweimal lauwarme Pommes und zwei Calippo-Cola, das wäre doch nicht schlecht.

Durch den Weißwein hindurch, der viel zu schnell warm wurde, blinzelte Katja zu den Stockenten herüber, hörte ihrem Bruder zu, seinem schnellen, leichten Satzgalopp, und malte sich alles aus in den Farben des Sommers.

Milena bekam einen Brief, das musste schon im August gewesen sein, von Maximilian, der ihr alles Gute wünschte und seine neue Klavierlehrerin voll doof fand.

Auf Schumanns blauer Tonne verkündete ein fabrikneuer Aufkleber, dass der Abfuhrtag für Altpapier sich geändert habe, einfach so.

An einem wirklich usseligen Tag entdeckte Katja eine tolle Kolumne über die Aufnahme des Wortes ›usselig‹ in den *Duden* und notierte den Namen des Autors, Magnus Simmering.

Anfang September ließ Henry seine miserable Laune an seiner Mutter aus, als er mit gerissener Fingerkapsel nicht Handball spielen und samstags bei seinem Vater nicht ausschlafen konnte, weil Ingo Dock direkt unterm Fenster Gehwegplatten mit dem Gummihammer traktierte.

Mit Steffen Harms und ein paar anderen fuhr Katja Mitte Oktober zur Frankfurter Buchmesse, legte auf dem Rückweg einen Zwischenstopp in Münster ein, und kaum war sie wieder zu Hause, da hatte sie einen kleinen Neffen und einen blöden Schnupfen.

Grau, aber erträglich verging der November mit den Weihnachtsplanungen. Anreise und Unterkünfte mussten organisiert, Wünsche koordiniert und Zeitabläufe optimiert werden: Wer würde wann mit welchem Geschenk zu Piet Behnke-Sanders' erstem Weihnachtsfest in Münster eintreffen? Lothar und Marlies stellten nüchtern fest, dass Heiligabend seit 1976 stets bei ihnen stattgefunden habe, immer zu Hause, was sprach dagegen? Ein Säugling sprach dagegen, die schlaf- und kraftlose Milena sprach dagegen und hatte kurzerhand beschlossen, dass ab sofort ihr neues Zuhause die familiäre Feiertagszentrale sei, und Punkt.

»Weihnachten ist, wo deine Kekse sind, *Oma*«, sagte Milena zu ihrer Mutter in einem Anflug von würziger Milde, und Kekse hatte Marlies soeben nach Münster verschickt: Sterne, Herzen, Schneemänner.

Lothar erwog, unter den gegebenen Umständen auf Adventstraditionen wie Außenbeleuchtung gleich ganz zu verzichten, da man ohnehin über die Weihnachtstage wegfahre. Oder? Wie denn Marlies darüber denke, die ja mit Veränderungen ungleich schlanker umgehe? Dazu nickte Marlies liebesklug, legte am 28. November morgens die Lichterkette gut sichtbar auf die Treppe neben der Haustür und freute sich, sie am Abend desselben Tages montiert zu sehen, warmweiß und ganz schön.

Am 23. Dezember, es war die letzte Stunde ihrer letzten Schicht vor den Feiertagen, wurden Leon und Samir von der Leitstelle nach Pankow geschickt. Florastraße, dritter Stock.

Und so fuhr Leon auch an diesem Heiligen Abend nicht nach Münster, sondern blieb bei Curt Haffner, der gestürzt war auf dem Weg zum *Rewe*, wo er für Leon ein Weihnachtsgeschenk kaufen wollte, ein Dankeschön für all die nachbarschaftliche Hilfe.

»Kekse und Schnaps, hatte ich gedacht, Kekse und Schnaps mögen Sie doch, Leon, was?«

Ja, schon, aber über der Grube mit dem gebrochenen Wasserrohr an der Heynstraße hatte eine verzogene Holzplatte gelegen, mehr Stolperfalle als Abdeckung, und Haffner hatte sich nicht abfangen können.

Sie spielten unzählige Partien in der Cafeteria zwischen Gynäkologie und HNO-Ambulanz, wo Haffners Rollstuhl genau zwischen den routiniert geschmückten Baum und die Fensterfront mit den aufgeklebten Vögeln passte. Stille, helle Weihnacht, für die Jahreszeit zu warm, schwarzer Tee im Pappbecher. Hinter Leon rieselte aus dem unscheinbaren Lautsprecher der Rundfunk-Kinderchor Berlin in Endlosschleife.

Irgendwann merkten sie, dass sie mitsummten.

Überall, überall soll Freude sein.

In Tallstedt hatte Marius Kuntze in seinem Gasthof *An den Birken* das beliebte Silvestermenü vom Vorjahr minimal variiert. Luftschlangen in Roségold glitzerten an Fachwerkbalken über den Tischen, wo die bekannten und vorangemeldeten Gesichter die bekannte Krabbenschaumsuppe löffelten: Börners und Bürgermeisters, Jordans und Steine-Jochen mit Hilke und den Töchtern, Höppners, Lüders und die Architekten. Marius' Eltern teilten sich den Tisch wieder mit Lothar und Marlies Behnke; die vier schafften es, ohne die Hände zu benutzen, permanent auf das Paar am Fenster gegenüber von Olaf und Annika Berthold zu zeigen: Wo vor einem Jahr noch Katja Schumann gesessen hatte, erkannte Marius nun die junge Ärztin, und ›jung‹ bedeutete, er konnte ihr Alter nur schätzen, weil sie nicht in Tallstedt zur Schule gegangen war.

Der Lärmpegel im Restaurant stieg bei bester Laune vom Aperitif bis zur ersten Raucherpause nach der Suppe, und wer sich noch nicht per Handschlag begrüßt hatte, holte das auf der Terrasse oder vor den Toiletten nach. Alle hatten sich schick gemacht, viele trugen neue Farben; ehrlich lobte man wahlweise Iberico-Schwein oder Schottlandlachs, die meisten genossen es, einander genießen zu sehen für einen langen Ausnahmeabend. Denn hinter dem Weihnachtsurlaub lauerte schon wieder Alltäglichkeit, schmucklos, da bliebe dann wieder viel zu wenig Zeit für Roségold und Pannacotta.

Nachdem kurz vor Mitternacht die Käseplatten mit den Wunderkerzen versehen waren, fand Gastwirt Marius Kuntze noch einmal fünf Minuten zum Durchschnaufen vorm Lieferanteneingang, wo er Fetzen eines Parkplatzgesprächs zwischen dem Bauunternehmer und seinem Anwalt aufschnappte. Hätten nicht ein paar verfrühte Heuler von der Teenagerparty auf dem Nachbargrundstück die Luft gellend durchschnitten, dann hätte Marius geschworen, rein zufällig und recht deutlich mit angehört zu haben, dass Anwalt Jan Schumann sagte: Wie versprochen brauche Jochen Dock sich um die Paragraphen der Bauvorschriften am Rande des Naturschutzgebiets keine größeren Sorgen zu machen, weil Lothar und Marlies wirklich sehr dankbar seien, dass das mit der Wohnung doch noch geklappt habe.

Und nein, das müsse Katja in der Tat nicht wissen, ›komm, wir gehn wieder rein‹.

Man schaltete schließlich um 23 Uhr 58 zum öffentlich-rechtlichen Countdown den ansonsten für Fußballübertragungen gedachten Fernseher ein, man zählte, lachte, johlte. Alle tranken, viele küssten, vor allem zwei.

Anna Störzel schloss die Augen von Herzen fest, als sie ihren Mund auf Jans Mund presste, bis das Glockengeläut verklungen war, und machte ihn glücklich. Seine ehemaligen Schwiegereltern nickten ihm zu, als sie um halb eins den Gasthof verließen, mit Regenschirmen, Hand in Hand und leis beschwipst.

Mit Knallgestank, mit Pracht und leuchtend hatte 2019 ein Ende genommen, wie die Jahre auf dieser Welt das nun einmal tun, wenn ihnen die Tage ausgehen; auf einen letzten alten Tag würde ein erster neuer folgen, die Menschheit würde ungerührt den Rauch von kalten Raketen beiseitefächeln und dem noch unbenutzten Kalender wie eh und je gegenübertreten: Wo man zu sein, was man zu tun hatte, all das war vermerkt vom 1.1. bis 31.12. Dann war das Jahr ein gutes oder nicht so gutes, und manch einer verschwendete bei dieser Gelegenheit einen Wintergedanken an den Umstand, dass auf einen letzten Tag irgendwann kein neuer folgen wird: ein Leben aus gehabter Zeit, gut oder nicht so gut. Kanonenschlag, Goldregen, Augen zu.

Das erste Mal fand Milena ihren Freund Mitte Januar im Bad, auf dem Boden zusammengekauert zwischen Klo und Waschmaschine, wo er sich wimmernd in die Hand biss, sein T-Shirt hatte er unter kaltes Wasser gehalten und sich um den Nacken geschlungen. Sie erschrak, als er zu erklären versuchte, was sein Körper gerade mit ihm anstellte, denn sie hatte seine Stimme so noch nie gehört, fahrig und flehend, er habe Angst, ohnmächtig zu werden, stammelte er, und das gehe nicht vorbei, seit einer halben Stunde schon, und das solle weggehen, das Gefühl, weg, sonst wolle er einfach bloß noch umkippen, weg-weg-wegkippen, und der Schweiß glänzte kalt auf Davids Stirn.

Irgendwann konnte er das Schluchzen kontrollieren und erklären, wie er plötzlich und packend ganz sicher gewesen war, er werde alles verlieren, was er hatte: Milena, die Kinder, die Firma, es würde ihm alles durch die Finger gleiten. So starrte er auf seine Hände, sagte etwas vom Zittern, diesem verschissenen Zittern, und ging am nächsten Morgen zum Arzt.

Milena hielt David und seine Panikattacken aus, wann immer und so gut sie konnte, die Depression aber hatte so gar nichts Anschmiegsames; David und sein Therapeut würden Geduld aufbringen müssen, und das Traurigste, fand Milena, war, wie großartig ihr Freund sich zusammenriss, wenn sie und die Kinder ihn brauchten. Als er einmal Amy aus der Kita abholte und sie wissen wollte, warum sie eine Oma weniger habe als Leonora, Pascale und Dilani, da glitt ein kaum wahrnehmbares Zucken durch Davids Gesicht, bevor er mit seiner Vorlesestimme erklärte, dass Mütter manchmal krank werden, bevor sie Großmütter werden, aber Oma Marlies komme sie sicher bald besuchen.

Die für den Februar geplante Reise nach China, wo David irgendeinen Millionendeal unter Dach und Fach bringen wollte, übernahm sein Kompagnon, während Piet Behnke-Sanders sich zu Füßen seines gerührten Vaters vom Bauch auf den Rücken drehte, zum ersten Mal, und noch einmal und wieder zurück, sein Tag- und Lebenswerk bis hierhin, ehe eine quälende Blähung ihn jäh unterbrach.

Schaltjahr.

Von: Fam Behnke
An: Leon B aus B
Aw: Entschuldigung ...

Lieber Leon,
 danke für deine Mail.
Papa hat meistens keine Lust, sich an den Computer zu setzen, ich habe gerade deine Nachricht abgerufen und wollte dir antworten, bevor ich sie lösche, denn er muss sie gar nicht lesen.

Du hast immer gedacht, Papa wäre böse auf dich, nachdem du damals das Geld aus dem Sekretär genommen hast, aber das stimmt nicht. Er ist einfach nur zu stolz, dich anzurufen und zu sagen, komm uns doch mal wieder besuchen. Er kann das nicht, er ist wie du, nur älter.

Dass da 800 Euro fehlten, hat er nie gemerkt, weil ich von meinem Nachhilfegeld die Scheine ersetzt habe, die du rausgenommen hast, bevor es ihm auffallen konnte. Jetzt weißt du das.

Allerdings verstehe ich immer noch nicht richtig, was du dir dabei gedacht hast. Nur weil du unbedingt dieses Fahrrad wolltest? Ich kann mich vage erinnern, dass Papa dir ein neues Rad zum Staatsexamen versprochen hat, wie du schreibst, aber da hattest du doch gerade erst Abitur gemacht, das war doch vielleicht gar nicht so ernst gemeint und ist so lange her! Meinst du nicht, er hat in der Zwischenzeit akzeptiert, dass du nicht Arzt werden möchtest und dass du lieber in Berlin bist als hier oben? Ach Mensch. Musstest du das Geld nehmen, um deine Entscheidung deutlich zu machen? Wie auch immer – Schwamm drüber.

Ich wüsste manchmal gern, warum ihr zwei früher oft aneinander vorbeigeredet habt und dann gar nicht mehr. Ändern kann ich das aber wohl auch nicht, ihr habt den gleichen Behnke-Dickschädel, und inzwischen ist es mir lieber, das Thema Geld oder Streit oder ›Funkstille‹ wird gar nicht mehr angeschnitten, bitte.

Also, du musst nicht warten, dass Papa deine Entschuldigung annimmt, bitte vergiss die blöde Sache. Das Geld hat er nie vermisst, seinen Sohn aber schon.

Ja, es wäre schön, wenn du dir über Ostern freinehmen kannst, lieber Leon, und natürlich bist du hier willkommen! Immer. (Bitte nicht zurückschreiben.)

Liebe Grüße und hoffentlich bis bald
Mama

Papa hat sich gerade nach dem Frühstück noch mal hingelegt, was er sonst ja nie macht, aber es geht ihm offenbar nicht so gut. Hoffentlich nichts Ernstes.

Leon rief Katja an, um ihr von der seltsamen Mail zu erzählen, von den 800 niemals vermissten Euros.

Sie pochte darauf, er solle verdammt nochmal endlich seinen Arsch nach Hause bewegen und Papa alles erzählen, trotzdem oder erst recht oder – egal, warum, aber sie habe keine Lust darauf, dass die Familie das noch länger mit sich rumschleppe, alle Beteiligten seien doch erwachsen genug. Und wurde richtig sauer, als Leon Zweifel anmeldete, ob Lothar es ihm danken werde, ein solches Fass überhaupt aufgemacht zu haben; ob es nicht die viel bessere Idee sei, schlug Leon allen Ernstes vor, ihn zwar zu besuchen, sich für die lange Funkstille knapp zu entschuldigen und von da ausgehend nicht überschwänglich, aber höflich und regelmäßig Kontakt zu halten.

»Leon?«

»Katschi?«

»Das ist nicht die viel bessere Idee, das ist eine feige und alberne Scheißidee.«

»Hm. Vielleicht hast du recht«, knirschte er. »Wenn ich darüber nachdenke, hast du wahrscheinlich am Ende wieder mal recht.«

»Weißt du was, kleiner Bruder, wenn du darüber erst nachdenken musst, tust du mir leid. Ruf wieder an, wenn du dir sicher bist, dass du nicht auf den letzten Metern mit unseren alten Eltern faule Kompromisse machen willst. Ich muss Schluss machen, ich krieg Besuch.«

Denn da hatte der Freund, der Mann und Buchhändler ihres Vertrauens den Finger schon auf dem Klingelschild.

Auf der Couch mit dem Buchhändler, als Katja an den unbestechlichsten Stellen ihrer Haut spürte, wie sehr Steffen Harms sie wollte, wie unbedingt und nun aber wirklich sie beide es an diesem Tag wollten, nachdem Katja sich schon für den Weltfrauenstrauß mit einem etwas zu langen Kuss auf Steffens Mundwinkel bedankt hatte, da stellte sie halb beleidigt, halb belustigt fest, dass sie sich beobachtet fühlte, und legte bremsend die Hände auf Steffens Schultern.

»Steffen? Warum hast du den Fernseher angemacht?«

»Hab ich nicht.«

»Ist aber eingeschaltet.«

»Ich glaube«, sagte er und verlagerte sein Gewicht von einem Knie aufs andere, »du hast dich auf die Fernbedienung gerollt.«

»*Du* hast mich auf die Fernbedienung gerollt!«

»Nee.«

»Doch!«

Er seufzte.

»Okay. Ähm, wo waren wir?«

»Warte mal«, Katja richtete sich auf, »ist das schon die Ansprache?«

Das war schon die Ansprache. Die Kanzlerin, die Flaggen, der Ausnahmezustand.

Katja und Steffen unterbrachen, was sie begonnen hatten, und als sie viel später damit weitermachen wollten, wo sie nun eh schon einmal zusammen waren, da schickte Leon versöhnliche Emojis – ehe Katjas Mutter anrief, die redete sehr schnell sehr viel und von Sorge getrieben, und dann war der Krankenwagen da und brachte Lothar in die Klinik.

»Es ist sehr ernst«, sagte Dr. Lasse Seibold am nächsten Morgen am Telefon und behielt leider recht.

Das jüngste Enkelkind verschlief die Trauerfeier, die Töchter weinten gefasst. Der Sohn saß am selben Abend, schlotternd im weißen Hemd und dem dünnen schwarzen Sakko, mit fünf Flaschen Bier auf der Rampe der Halfpipe, wo früher sein BMX-Hügel gewesen war. Auf dem Handy hörte Leon abwechselnd *Out of Time* und *Lonely People*, den Lautstärkeregler bis zum Anschlag, und warf die Frage in die hereinbrechende Dunkelheit, wie lange er wohl so stinktraurig sein, wie lange er wohl keinen Trost von irgendwem wollen würde. Die Antwort versickerte wie der Frühlingsregen zwischen frischen todesgrünen Kränzen: So viel kannst du gar nicht trinken.

Seltsame und endgültige Dinge gingen Leon durch den Kopf. Dass er heute einigen Leuten stumm die Hand geschüttelt hatte, die Lothar Behnke fast fünfzig Jahre lang gekannt hatten. Dass er von nun an und für immer jedes Bier auf das Andenken seines Vaters trinken, dass er sich um seine Mutter kümmern würde.

Das beispiellose Jahr.

Aus dem toten Winkel unserer kontrollierten Zivilisation hieb eine unsichtbare Faust auf die Pause- und die Löschtaste. Die Stadt, das Land, die ganze Welt: Mikrobiologie sollte alle Menschen ins Wanken bringen, all ihre Geschichten aus dem Gleichgewicht. Leben wurde bang und fahl.

Es ist kalt geworden.

Papa kommt nicht mehr zum Kaffee.

9

Die engsten Verwandten
WEIHNACHTEN

Feiertagsfrösteln.

Obwohl die Wintersonne partout nicht rauskommen will und keine Sitzkissen auf den Holzstühlen liegen, setzen Katja und Leon sich nach dem Essen nebeneinander auf die Terrasse, jeder mit einem Espresso gegen die Mittagsmüdigkeit.

»Ist dir nicht kalt, Lego?«, fragt Katja.

»Immer.«

»Decke?«

»Geht schon.«

Leon zieht den Reißverschluss seiner Kapuzenjacke etwas höher, Katja schmunzelt.

»Genau wie Mama. Immer eisekalt.«

»Mhm.«

Katja zögert kurz, bevor sie fragt: »Du hast noch gar nichts erzählt von Isabel. Was ist denn jetzt eigentlich ... mir, dir und euch? Perspektivisch, meine ich?«

Leon zieht die Augenbraue hoch.

»Du klingst wie eine Mischung aus unseren Eltern.«

»Wir *sind* eine Mischung aus unseren Eltern, Lego.«

Seine Miene wird spöttisch.

»Das wär mir 'n bisschen zu einfach, wir sind ja wohl ... noch mehr als ... das, oder?«

»Warte mal ab«, entgegnet Katja, »bis ihr selber Kinder

habt, dann wird sich wahrschei–... Was ist denn, hab ich was Falsches gesagt, warum guckst du so komisch?«

»Wird nix«, brummt Leon.

»Wird nix?«

Schweigen.

»›Wird nix‹ heißt, du willst gar keine ...«

Leons Kopfschütteln unterbricht sie.

»Ihr wollt beide kei– ...«

Sie versucht, in seinem verkniffenen Gesicht zu lesen.

»Oder hat's nicht funktioniert? Wart ihr beim Spezialisten, an wem liegt's?«

Ein Mundwinkel in Leons Gesicht zuckt.

»Du stellst sehr viele Fragen, Mama.«

»Ey! Ich bin nur ...«

»... neugierig?«

»Besorgt! Okay, neugierig auch. Sorry, aber – weißt du«, sie malt mit den Händen in der Luft, »ich hab mir immer vorgestellt, eines Tages kommt mein süßer kleiner Bruder mit einer tollen, klugen Frau im Gepäck nach Hause, und die hat ohne Vorwarnung so eine schöne Beule unterm T-Shirt, und ich, als superstolze große Schwester, ich darf den Namen aussuchen, weil ihr euch zwischen zweien, die ihr beide gut findet, nicht entscheiden könnt!«

In Zeitlupe schlürft Leon vom Espresso und macht »Hm-m«.

Katja klatscht sich auf die Oberschenkel.

»Okay, lass uns über was anderes reden! Wie geht's denn eigentlich dem Samir? Hallo? Leon?«

Ohne sie anzusehen, sagt Leon gespenstisch leise:

»Mathilda fänd ich schön. Wie Uroma, weißte? Oder Adrian, für Jungen.«

»Und«, sie senkt ebenfalls ihre Stimme, »und was findet Isabel?«

»Die will … keine Ahnung, die wollte irgendwie nur – mich … Die wollte nur mich.«

Leon hebt den Kopf und sieht seine Schwester an.

»Das ›nur‹ klingt jetzt blöd, oder?«

Ein brüchiges Lachen.

»Also, jedenfalls«, plötzlich sacken Leons Schultern runter, und Katja weiß nicht, ob er als Nächstes einen Wutschrei ausstoßen oder stumm gegen Tränen kämpfen wird, wie er sie lange nicht vergossen hat, »das mit Nachwuchs und so, das …«

»… wird nix«, stellt sie fest und streckt ihm ihre Hand entgegen.

Er nimmt sie, drückt ihre Finger, nur einmal kurz und fest, dann lässt er wieder los, und hinter dem Gartenhäuschen wühlt der Nachbarhund die Erde auf. Die Feiertagssekunden rücken schrecklich langsam vor auf dem Zifferblatt, freudlos, und Leon erzählt von der Trennung, nachdem sie so viele Monate durchgehalten, einander ausgehalten hatten.

Aufgemuntert, angebrüllt, systemrelevant der eine, Tigerin im Käfig die andere; festgeklammert am einzigen, am so bitter nötigen Menschen, der nun alles sein und tun und ersetzen sollte. Kochen und Online-Yoga, Netflix und Hörspiele, Anträge stellen, verzweifelter, verhüteter Sex, zwei Wände streichen und Tomaten züchten – sie haben alles versucht, zusammengeschweißt in verschärfter Zweisamkeit, bis die Nähte platzten.

Ihren letzten großen Lagerkollerstreit hatte Leon an einem Pankower Putznachmittag losgetreten mit der Behauptung, wenn sie zu dritt wären, würden sie sich vielleicht nicht ständig an die Gurgel gehen.

»Du willst einen Blitzableiter in die Welt setzen, Leon? Nee, oder?«

»Vielleicht«, sagte er bemüht lässig, »wär eine Schwangerschaft 'ne prima Ablenkung.«

»Ablenkung? Ernsthaft? Jetzt drehst du endgültig durch. – Mach doch mal das Ding aus, wenn wir uns zoffen!«

»Sicher, dass *ich* der bin, der durchdreht?«

Leon schluckte trocken, zögerte kurz, dann trat er auf den Staubsaugerschalter.

»Leon. Wir zwei sind überhaupt nicht ... perfekt zusammen. Ziemlich okay, wenn wir nicht gerade ständig aufeinanderhocken, aber gar nicht perfekt. Richtig? Richtig. Wir ...«, nach Erklärungen suchend, schwenkte sie den Universalreiniger in ihrer Hand, »... wir hatten bisher meistens Spaß und hauptsächlich selbstgemachte Probleme. Aber ich hab doch jetzt noch keine Ahnung, ob unsere Beziehung dieses Scheißjahr ohne bleibende Schäden übersteht, verstehst du? Ich vermisse sogar Schröder und meine WG, wir hocken hier halb freiwillig aufeinander, ich kann nicht arbeiten, du kannst dich bei der Arbeit jederzeit anstecken, wir –«

»Ich finde«, grätschte Leon dazwischen, »ein Kind ist kein Problem oder ... oder Blitzableiter, sondern eine Aufgabe. So was wie eine Mission ... für die Menschheit, egal, was auf der Welt passiert.«

»Mission? Du hast in letzter Zeit echt zu viele Spiele gespielt.«

»Die haben wir zusammen gespielt, Isa. Statt Kino, Konzert und Amsterdam und so. Zusammen.«

Isabel biss sich auf die Unterlippe.

»Das ... was du willst, ist nicht, was mir fehlt, Leon. Also, jetzt gerade und überhaupt. Mir fehlt das Tanzen, im *Clärchen*. Ich will Freunde und ... und wegfahren, durchschlafen sowieso, und ich muss endlich mal wieder jemandem um den Hals fallen ... außer dir.«

»Was stimmt nicht mit meinem Hals?«

Ein Schmunzeln blitzte auf und war gleich wieder weg.

»Wenn die ganze Scheiße vorbei ist«, sagte sie, »dann will ich Party machen! Ohne Maske, ohne Abstand und mit verbotenen Substanzen! An der Spree, auf der Spree und in der Spree, verstehst du, und will nicht … bei der Rückbildungsgymnastik über Koliken und Pseudokrupp quatschen!«

»Isa …«

»Warum hab ich Spanisch und Japanisch gelernt? Soll ich das mit 'nem Säugling sprechen? Das … das musst du doch nachvollziehen können, zumindest ein bisschen?«

»Na, wenn ich muss, dann mach ich das …«

Isabel schaute hinab auf ihre Socken.

»Ich sag's dir noch mal: Ich bin keine gute Mutter, Leon.«

»Und woher weißt du das?«, fragte er lauter dagegen und drückte den Staubsaugerschlauch zusammen. »Ich meine, vielleicht könnte dein Kind dich verdammt gut leiden, so wie ich? Hä?«

»Ach ja?«, fauchte Isabel und knallte die Putzmittelflasche auf den Schuhschrank, »und du garantierst dem Kind dann, dass wir immer zusammenbleiben, wie Eltern das halt so machen? Du kannst garantieren, dass keiner brüllt und keiner abhaut, wenn es gerade seine Mathe-Eins zeigen wollte!? Ja? Das kannst du versprechen, dass so 'ne Familie heil bleibt, nur weil da ›Leon Behnke‹ draufsteht? Ja? Nee! Kannst du eben nicht. Und«, sie rang nach letzten Worten, die sie nicht bereuen würde, »und es kotzt mich an, wenn nicht mal du das kannst. Ich hab … ich hatte dich nämlich … mit dir ist … fuck, sorry, ich muss was trinken.«

Ihre Lippen hatten zu beben begonnen und wollten gar nicht mehr aufhören.

Also leerten sie in getrennten Zimmern hinter bockig verschlossenen Türen ihre Vorräte an Bier und Wein aus angebrochenen Flaschen. Die Wohnung blieb halb geputzt, und als das Gähnen immer resignierter wurde und keiner eine Antwort darauf fand, ob es eine gute Idee sein würde, zumindest befreundet zu bleiben, gingen sie schlafen: Leon mit Schuhen auf der Couch, Isabel mit brummendem Kopf auf Leons Seite des Bettes.

Es sei zu Ende gegangen wie eine große Koalition, erklärt Leon seiner großen Schwester, beide hätten sie zuletzt zähnefletschend aufgeatmet, nach so viel Zweckbündnisabnutzungskampf.

»Du bist Single«, stellt Katja fest, nachdem sie schweigend zugehört hat, und es klingt wie ›Du bist Brillenträger‹ – so als wäre ihr das bisher nicht aufgefallen, als hätte sie es bemerken müssen.

»Jap.«

Sie denkt ›Genau wie ich‹ und ›Das bleibt nicht so‹, beißt sich auf die Unterlippe.

Der Hund hinterm Zaun starrt hechelnd auf die Erde, die er aufgeworfen hat, irgendwo öffnet sich ein Fenster, aus dem Gänsedunst und fröhliche Weihnacht nach draußen dringen.

Mit dem kleinen Finger holt Leon Kaffeeschaum vom Boden der Tasse, und seine Schwester schlägt vor: »Sollen wir los?«

Die Hände etwas unbeholfen gefaltet, steht Leon neben Katja, die mit der Schuhspitze ein paar Erdkrumen von der Marmorkante schubst. Mitten auf der glänzenden Grabplatte über Lothars Urne klammert sich eine Nacktschnecke an das bisschen Freiraum zwischen Geburt und Tod, kühl und glatt.

»Schöne Schrift«, sagt Leon.

»Gefällt dir?«

»Schön schlicht.«

»Mhm.«

Sie schweigen, während Isolde Jordan an ihnen vorbeischlurft, deren Augen nicht mehr so gut sind und die deswegen an manchen Tagen jeden grüßt, dem sie begegnet, und an Tagen wie heute niemanden.

Irgendwie war es ihnen nach der Beisetzung gelungen, sich am Grab die Sprüche von Isolde Jordan vom Leib zu halten, die seit jeher keine Tallstedter Beisetzung ausließ und mit einer konstanten Weinbrandfahne ein Arsenal von Beileidsbekundungen abfeuern konnte, das wie eine Mischung aus Bauernkalender und *Apotheken-Umschau* klang.

»Weißt du noch«, sagt Leon, »als Oma gestorben ist, hat die olle Jordan gesagt, im Himmel müsste man wenigstens keine Treppen mehr steigen, und wenn Oma sich da oben ein zweites Stück Bienenstich nimmt, drücken die Engel ein Auge zu.«

Katjas Kichern kommt leise und zaghaft, sie zwinkert ihrem Bruder übertrieben deutlich zu, dann schweigen sie wieder.

»Aber was ist denn mit dir?«, fragt Leon nach einer Minute, als habe er das vorhin im Garten vergessen, »hast du irgendwen?«

Seine Schwester dreht ihm den Kopf zu und hebt die Augenbrauen.

»Ich meine«, ergänzt Leon, »das ist nicht Berlin, also ... findest du irgendwen ... hier ... Neues?«

»Neues?«

»Na ja, alle Männer, die immer schon hier waren, die kennst du ja. Oder ist jemand zugezogen? Oder – *Parship*, was ist mit *Parship*? Nee? Öhm, oder *Tinder*?«

»Wat!?«

»Ja, nee, stimmt, bei dir wär's eher *ElitePartner*, oder? Ich meine, du bist über vierzig, aber du hast ja Diplom. Und siehst jünger aus!«

Sie stellt sich Leon gegenüber, verschränkt die Arme, legt den Kopf schief.

»Verarschst du mich, kleiner Bruder?«

»Wie? Was? Quatsch!«

Wie ihre Nichte beim *Memory* kneift sie die Augen zusammen.

»Aber hallo. Du verarschst mich, weil ich alt und verlassen bin.«

»Nee!«

»Und ohne Hoffnung.«

»Überhaupt nicht! Ich wollte nur sagen, das Internet ist ... größer als Tallstedt. Für alle. Für alle Altersklassen. So meinte ich.«

»Mhmm.«

Sie schaut ihn an wie 1988, als er, die sirrende Plastikbohrmaschine hinter dem Rücken, Stein und Bein geschworen hat, mit den Kratzern an Katjas Tennisschläger habe er überhaupt nichts zu tun.

»Na ja«, er winkt ab, »du hast hier ja dein soziales Umfeld, und Mama ist da und deine Arbeit und so. Du ... du bist hier bestimmt ... wichtig und nicht hoffnungslos!«

»Klasse, Lego, schreib das doch auf meinen Grabstein.«

Sie lacht, damit er einstimmen kann.

Unter den Baumkronen der Allee scheint der diesige Feiertag schon wieder der Dämmerung entgegenzugehen, ehe er so recht begonnen hat. Leon löst seine Hände, um zwei Halsbonbons aus der Hosentasche zu kramen, die er Katja anbietet.

»Auch?«

»Nee.« Katja macht eine abwehrende Handbewegung.

»Zu Mama?«

Sie nickt, und schweigend machen sie sich auf den Weg. Von der Allee biegen sie nach links in den Weg 5a, passieren die Gräber von Wolfhard Fehling und Elvira Seibold, Egon Adomeit, Frau Timmermann und Herrn Dankert, und da liegt die schiefe Guste. Sie gelangen zum Westtor an den Parkplätzen, wo sie Sekunden später eine Frau aus ihrem Volvo steigen sehen, die Leon nicht kennt, und seinen Schwager, dem er lange nicht begegnet ist.

Am Jackenärmel bugsiert Katja ihren Bruder um 180 Grad herum und beschleunigt routiniert ihren Schritt.

»Wir nehmen den anderen Ausgang.«

»Haben die uns nicht schon gesehen, Katschi?«

»Glaub nicht. Egal.«

»Henry ist gar nicht dabei.«

»Schläft bestimmt. Kommst du?«

»Und das ist also Anna Dingsbums?«

Leon schaut im Gehen zurück zum Parkplatz.

»Störzel.«

Katja geht weiter, wird noch etwas schneller.

»Und wollen wir ... Jan nicht frohe Weihnachten wünschen?«

»Hab ich schon. Von uns allen. Auch von dir. Und vor allem Gesundheit nach diesem verrückten Jahr und so weiter. Warum gehst du so langsam?«

»Ist ja gut, herrje, ich dachte, ihr habt ein okayes Verhältnis.«

»Absolut. Deswegen muss ich trotzdem nicht mit Anna Störzel plaudern.«

»Pfff ...«, macht Leon.

»Mama wartet bestimmt schon. Hast du den Schnelltest?«

Er klopft auf seine Jackentasche. »Hab ich.«

»Sehr gut. Irgendwie brauch ich jetzt Kekse.«

*

In Münster schlafen die Kinder und gähnen die Eltern.

Amy hat neue Spiele bekommen und Piet Bauchschmerzen. Sie haben bildtelefoniert mit allen: Oma, Katja und Leon, sogar Henry. Milena hat Klavier gespielt, *Alle Jahre wieder*, Amy gesungen, David gebrummt und Piet die Augen weit aufgerissen und auf einem Stoffball gekaut.

Für eine seelenruhige Viertelstunde sitzen sie vor dem bodentiefen Fenster und schauen über die Lichter der Stadt.

»Alle zu Hause ...«, murmelt David und nippt an dem teuren Scotch, den Milena ihm bestellt hat.

»Mit Mama wäre ich in die Kirche gegangen«, sagt Milena, »Papa ist immer zu Hause geblieben und hat den Wein atmen lassen.«

»Nächstes Jahr sind bestimmt wieder Gottesdienste«, sagt David.

»Mhm.«

»Und Weihnachtsfeier und Weihnachtsmarkt und Schlittschuhlaufen und Glühwein und ... jede Menge von allem.«

Milena nickt und lächelt.

»Du, mein Mann?«

»Hm?«

»Wir haben's total schön mit unseren Kurzen, oder? Und wie die beiden zusammen ...«

»Total.« David lässt sich zurücksinken, die Knie angewinkelt, der Blick zur Decke, er atmet Whisky und Entspannung aus. »Total.«

»Ich hab nur ...«, sagt Milena, ohne ihn anzusehen, das Kinn auf dem Knie, »... ich weiß nicht ... irgendwie –«

David dreht den Kopf zu ihr.

»Irgendwie was?«

»Ach nix.«

»›Ach nix‹?«

Er setzt sich wieder auf, legt ihr die Hand auf den Rücken und streichelt, sehr langsam, auf und ab.

»Lass mich raten, Milly. ›Ach nix‹ heißt so viel wie: ›Ich hab Heimweh, und Weihnachten ohne meine Eltern ist kein richtiges Weihnachten, aber das sa–‹«

»Nee, Quatsch –«

»›... aber das spreche ich mal besser nicht aus, das deute ich nur so an und lasse es dann stehen. Weil mein Mann nimmt ja Antidepressiva und hat gar keine Eltern mehr, also nicht nur halb tot und weit weg, sondern ganz tot, alle beide, und bestimmt ist er ganz traurig, wenn ich sage, dass ich ein bisschen traurig bin, und dann –‹«

Sie schneidet ihm das Wort ab und wischt seinen Arm weg.

»Ist gut jetzt?«

»Milly, ernsthaft, wir hatten das schon tausend Mal: Wenn dich was beschäftigt, dann sag es, und zwar sofort und komplett, damit kann ich umgehen.«

»Ach ja? Ist dir das echt lieber, wenn ich auf hohem Niveau jammere, als Rücksicht zu nehmen? Na gut, du Psychoexperte, dann sag ich dir was: Das ganze ... das ganze beschissene Jahr über hocke ich hier mit zwei Kids, während du in deiner leeren Firma bist, und versuche, nicht durchzudrehen, damit die beiden nicht durchdrehen. Wenn ich ... wenn ich von Papa träume, hab ich so 'ne selbstgenähte schwarze Maske vorm Gesicht und sag irgendwas zu ihm, und er versteht mich nicht.«

»Hey ...«

»Meine Mama hat ihren Mann verloren und sieht ihre Enkelkinder nur am Bildschirm, sie ist Risikogruppe und geht dreimal die Woche einkaufen, weil sie sich langweilt, und ich – kann – nichts – machen! Nichts!«

»Milly, hör mal –«

»Ich kann nix machen, verstehst du?«

Ihre schöne Stimme, die er so bewundert, springt und flattert jetzt.

»Was ist das denn für eine Scheiße, wenn das Beste, was ich an Weihnachten für Mama machen kann, ist, dass ich sie nicht besuche? Ich hab so keinen Bock mehr, David, echt ...«

»Aber«, sagt er schnell in ihre Luftholpause, »wir ziehen das durch, und wir kriegen das hin! Jetzt ist es scheiße, aber das bleibt ja nicht so, ratzfatz sind wir alle geimpft!«

Schnaufend atmet sie aus, spricht leiser, allmählich ruhiger, und auf ihrer Wange glänzt in schmalem Streifen eine Salzwasserspur.

»Ja. Ja, haste recht. Und bis dahin halten wir noch durch.«

Sie sieht ihm in die Augen und will, dass wahr ist, was sie sagen.

»Ich hab nur«, sie greift nach Davids Hand und schaut wieder nach draußen, während sie ihre Tränen wegzubeißen versucht, »ich hab halt nur da vor dem Baum, bei der Bescherung, als ich euch drei ... mit euren Geschenken, als ich euch so beobachtet hab, weißte, und als Pummel so gequiekt hat, weil er das Papier zerreißen durfte, da ... da hab ich mir vorgenommen, dass ich nicht so weit von Mama entfernt leben will ... oder kann, also, und das – nee, warte – und das ist total unfair, weil du deine ... na ja, also, dass das anders werden muss, das wollte ich dir sagen ... eigentlich *nicht* sagen, meine ich. Nicht heute.«

Sie hat so viele Worte an den richtigen Stellen ihres langen Satzes zu platzieren versucht, dass sie gar nicht bemerkt hat, wie nah David an sie herangerutscht ist, erst jetzt spürt sie seine Nase und Lippen warm in ihrem Nacken. Sie lehnt sich bei ihm an, sie hört seinen Atem, Zug um Zug, und sein leises, klares »Okay«.

*

Federleicht sind die Lego-Steine, überraschend weich, jetzt kann Leon sogar darin baden, und seine Mutter wird ihn in das große Handtuch wickeln. Alles ist warm und nichts ein Problem, so beruhigend ist's zu träumen.

Er ist auf dem Sofa im Wohnzimmer seiner großen Schwester eingeschlafen, zu satt und faul, die Treppe raufzuwanken. Er wolle noch die Nachrichten schauen, hat er gesagt, als Katja schließlich schlafen ging, hat auf den Fernseher zeigen wollen und dabei fast die zweite Weinflasche in den Adventskranz gekippt. Bald ist er in den Lego-Traum gesackt, wie ein Kind vom Ende der Rutsche in den Sand plumpst, und jetzt japst er sich mit einem lauten Atemaussetzer selbst aus dem Schlaf. Er weiß sofort, wo er ist und dass er nicht wieder einschlafen kann, denn es fühlt sich verdammt nochmal genauso an wie damals.

Die letzte Besuchernacht im Haus Behnke – Leon, gerade einundzwanzig und unversöhnlich wie ein Stoppschild, wälzte sich im Bett vor Scham und Wut, bis der dämliche erste Vogel auf der Regenrinne vor seinem Dachfenster alle aufweckte.

Nach dem Essen mit seinen Eltern, Zürcher Geschnetzeltes mit Kroketten zur *tagesschau* mit Castortransport, war er auf den Dachboden gegangen, ohne recht zu wissen, ob er dort etwas anderes suchte als einen Grund, nicht den ganzen Abend neben seinem Vater zu sitzen. Nicht reden und erklären oder, schwerer noch, die Stille dazwischen aushalten.

Mit beiden Händen griff Leon dort oben in die riesige Kiste voller Plastikspielzeug, dem er seinen Spitznamen verdankte. So viel Lego aus den frühen Neunzigern! Welche D-Mark-Beträge hier auf dem Dachboden lagen, den Marlies und Lothar Behnke so selten betraten.

Ausrangierte Bettlaken in trübem Weiß schützten die

Schätze und Sammelsurien vor dem Staub: drei Kinder, drei Stapel von Kartons und Boxen aus dem Niemandsland zwischen Sentimentalität und Entsorgung. Eine Murmelbahn, *Malen nach Zahlen*, der Puppenwagen mit durchgerosteter Vorderachse. Leon lüpfte jedes Tuch, obwohl seine Mutter ihm vor dem Aufstieg über die Schiebetreppe genau erklärt hatte, in welcher Ecke wessen Zeug lagerte und dass er die Sachen der Mädchen doch besser so stehen lasse, wie sie stünden, er würde ja auch nicht wollen, dass sie seine Siebenvier auseinanderbauten.

Leons ›Siebenvier‹, das war die ›Traumvilla Classic Town Holiday Home‹ mit der Hausnummer 74, sein erster Bausatz, fast so alt wie Leon selbst, ein Geschenk seiner Uroma zur Einschulung. Im August '87 zählte Leon schon souverän, aber in seinem ganz eigenen Stil, denn wenn die höheren Zahlen ihm zu schwierig schienen, machte er eben aus der 74 eine ›Siebenvier‹, unbeholfen auf der ersten Silbe betont, und so wurde der weiß-blaue Zweierstein, auf dem die Hausnummer der Traumvilla stand, bei Familie Behnke zur ersten Lego-Erinnerung.

Warum konnten Eltern so was nicht auch mal vergessen? Wie stellt man denn ein eigenes Leben auf die Beine, solange sie über die Erinnerungen wachen? Sollte er das alles hier abtransportieren, vielleicht alles verschenken, verkaufen? Und warum stand seine Mutter am Fuß der Treppe und fragte nun schon zum zweiten Mal, ob er vorhabe, noch lange da oben zu spielen, es gebe Pudding zum Nachtisch?

Ja-ha, ein bisschen wolle er noch wühlen, rief Leon nach unten, setzte die grüne Platte mit dem Miniaturhaus behutsam auf den Boden und kniete sich davor: diese grob gepixelte Welt und ihre rumpelnde Logik der Idylle. Die Mundwinkel in den postgelben Gesichtern der Legomenschlein zeigten stets nach oben, zumindest in der frühen Ära. Aufstrebend eingefroren, die Mimik westdeutscher Spielwaren.

Immerzu lächeln ist wohl normal, solange man sechs Jahre alt ist. Was für eine Kindheit, dachte Leon, und seine Knie knackten dazu, in der man bunte Teile zusammenfügte, wie es einem passte, dann gab's was zu essen, und unterm Tisch stach man die Schwestern abwechselnd mit den Zinken der kurzen Gabel, einfach so, weil man zwischen ihnen saß und aus Spaß an der Behaglichkeit.

Es fehlte tatsächlich kein einziger Stein an diesem dreißig Jahre alten Haus, das er in Tallstedt errichtet hatte. Zum ersten Mal fielen Leon die Finessen im Farbkonzept des Bausatzes auf: Hatte in der großen, erwachsenen Welt jenseits seines Zimmers auch Marlies Behnke anno '87 so ein Lego-Oberteil getragen, in exakt den gleichen Farben wie Sonnenschirm und Markise? Weiß, blau und rot, bester Laune längs gestreift. Leon konnte sich an seine 37-jährige Mutter nicht als eine Frau erinnern, deren Klamotten ausgesehen hätten wie ein einziger langer Grillsommer im Garten.

Und was, fragte sich Leon, während er den Deckel einer stapelbaren Box anhob, was hat Uroma Mathilda sich nur gedacht, als sie dem Verkäufer in der *Hertie*-Spielwarenabteilung sagte, sie brauche ein Geschenk zur Einschulung? Was sprach denn gegen einen von diesen Scheinen mit dem Holstentor in Sepia?

Die Uroma starb an dem Tag, als Lego das Batmobile herausbrachte.

In der Kiste ist Leons erstes Sparschwein, vom Weltspartag 1988. Das hoffnungsvolle Schütteln, ein einsamer Glückspfennig klimperte im Porzellan.

Jetzt also, hatte sein Vater seinerzeit erklärt, könne Leon lernen, mit Geld umzugehen, Verantwortung zeigen, nicht immer auf Katjas Sachen schielen; und wenn er ihr was kaputt mache – sei es Absicht, sei es Versehen –, könne er es von nun an mit seinem Ersparten ersetzen. Leon hatte genickt und zum Abschluss der Ansprache die Hand seines Vaters auf seiner Schulter erwartet, doch der gab dem Sparschwein einen Klaps und sagte, er habe immer die meiste Freude an den Sachen empfunden, die er sich selber verdient hätte.

Beim Essen hatte Leon den Wetterbericht im Fernsehen zum Anlass genommen, noch einmal von der Fahrradstadt Berlin zu schwärmen, in der man mit einem richtig guten Rad so viel billiger von A nach B komme als mit Bus und Bahn, ohnehin überfüllt von Touristen.

Ob denn Leon, da er sich noch immer nicht für Zahnmedizin eingeschrieben habe, nicht selber so etwas wie ein Dauertourist in Berlin sei, fragte Lothar, während aus seiner halbierten Krokette der Dampf aufstieg; und ob er sich erinnern könne an das versprochene Geschenk zum Staatsexamen, das neue, das ›richtig gute‹ Fahrrad?

Wenn er, presste Leon durch die Zähne und umklammerte seine Gabel, für dieses Fahrrad ein Examen vorweisen müsse, quasi als Gegenleistung oder Bedingung, dann handele es sich ja wohl kaum um ein Geschenk. Und nein, er habe momentan nicht vor, den Medizinertest abzulegen, und strebe weder Examen noch, wo sie schon dabei wären, den Einstieg in die väterliche Praxis an, da wolle er lieber als Tourist, Fußgänger oder sonst was in Berlin leben.

Und zwar wovon, wollte sein Vater wissen; denn immerhin müssten selbst Fußgänger, Touristen und Sonstige – er sagte tatsächlich ›Sonstige‹ – doch wohl irgendwo wohnen und irgendwas essen.

An dieser Stelle schaltete sich Marlies Behnke mit der Anmerkung ein, dass Katja sich für morgen zum Brunch angekündigt habe, und fragte gleich hinterher, wem sie noch Salat auftun dürfe.

Ihr Mann sah sie mit einem Lächeln an.

»Mir. Sehr lecker übrigens. Und bitte lenkt nicht ab, ich gehe davon aus, dass du ihm Geld überweist, aber ...«

»Aber was?«, fragte Leon und legte sein Besteck auf den Teller.

Lothar schaute von seinem Sohn zu seiner Frau und wieder zurück, er setzte an, etwas zu sagen, drehte dann stattdessen sein Bierglas gegen den Uhrzeigersinn auf der Tischdecke, kratzte kurz und heftig seine linke Bartwange und schüttelte schließlich ratlos den Kopf.

»Was?«, fragte Leon gereizt.

Lothar schnaufte.

»Es muss doch möglich sein, mal über ... Ziele zu sprechen. Über so etwas wie einen Plan, nein?«

»Lothar –«, sagte Marlies, mehr aber nicht.

»Ich meine, es wird doch nicht deine Absicht sein, mit den Almosen deiner Mutter durch Berlin zu laufen. Oder zu radeln oder was weiß ich. Das ist doch ...« Er sah seine Frau an. »Oder? Ist uns das egal, Marli? Halten wir uns da komplett raus?«

Marlies sagte kopfschüttelnd gar nichts, Lothar atmete schwer aus, hob entschuldigend die Hände, seine traurigen Augen verrieten: Er wusste beim besten Willen nicht, wie er anders hätte aussprechen sollen, was ihn umtrieb.

Heute, fast zwanzig Jahre danach, kann Leon sich nicht mehr erinnern, ob er kommentarlos auf den Dachboden verschwunden war oder noch eine Bemerkung im Wohnzimmer gelassen hatte, hilflos wie die Geste seines Vaters, ein Fingerstrich an der beschlagenen Scheibe.

Die Lichterkette am Baum, den die Geschwister aufgestellt haben, wirft die schlierigen Schatten der Weihnachtskugeln an die Wand. Die Heizung läuft noch, und Leon schmeckt Rückstände eines schweren Barolo auf seiner Zunge.

Während sie den Pudding aßen, hatte Marlies Geschichten von Milenas Klassenkameradinnen wiedergegeben, so unzusammenhängend sie sich erinnern konnte, dann endlich kam Leons kleine Schwester von ihrer Chorfahrt zurück, nahm ihn ungestüm in den Arm und hüpfte ins Gespräch, als könne oder wolle sie den Eisberg nicht sehen, der zwischen Vater und Bruder aufragte. Sie ließ sich Leons erstes Handy zeigen, fragte ihn nach Berlin aus, nach Freunden, einer Freundin und all den tourenden Bands, die, wie sie wusste, demnächst in der Hauptstadt Station machen würden. Dabei löffelte sie Leons Puddingschale leer, während er überlegte, wie lange sie wohl noch ein Kind in diesem Haus bleiben würde, der letzte Vogel in einem Nest aus piksenden Zweigen.

Ob auch Kröti als Dritte im Bunde nach der Schule ihr Glück in der großen Stadt versuchen würde? Als Musikerin vielleicht. Dann würde er sich bei ihren Konzerten in die erste Reihe stellen, würde die Arme hochreißen, ihr entgegen, wenn sie sich bei der Zugabe nach vorn fallen ließe, um sich vom Publikum auffangen und durchs Velodrom tragen zu lassen.

Aufgekratzt trug Milena ihn durch die Reste dieses Abends und drückte Leon schließlich, als von all dem Chorgesang und Brudergequassel ihre Stimme müde geworden war, einen klatschenden Schmatzer auf die Wange und wünschte allen eine gute Nacht. Sie war zwölf, ihre Nächte waren immer gut. Lothar und Marlies tauschten einen Blick, der Leon nicht entging, und verließen im Gleichschritt den Raum.

»Nacht.«

»Nacht.«

Drei große Bier später ging Leon durch das schummrige Haus, in dem er aufgewachsen war, fand den nie vergessenen Weg zum Klo wie mit der Abiturientenblase nach einer Party und setzte sich schließlich an den Sekretär, auf dem die Familienfotos aufgereiht waren – jede Menge Behnkes hinter Glas, von heller Eiche eingefasst: ganz links Uroma Mathilda, der irgendjemand an einem schwarz-weißen Silvesterabend ein Partyhütchen aufgesetzt hatte; ganz rechts Kröti als Solistin im Schulchor; dazwischen Katja neben Imke mit Tennisschläger und einem Pokal, fast größer als sie selbst. Lothar und Marlies auf der gusseisernen Bank im Garten. Leon, dreizehn mal achtzehn Zentimeter, als Konfirmand vor dem Turm der Marktkirche, im sehr weißen Hemd, hatte die Hacken so zusammengeschlagen, dass man durch die O-Beine das Kopfsteinpflaster erkannte.

Nachdem er die Galerie betrachtet und jeder Aufnahme ein ungefähres Datum zugeordnet hatte, drehte er den Messingschlüssel nach links, ließ vorsichtig die Schreibplatte des Sekretärs herunterkippen und hatte dreißig Zentimeter vor seiner Brille das schmale Schubfach, unverriegelt, in dem sein Vater Kontoauszüge und Überweisungsträger deponiert hatte. Und Bargeld. Leon unterdrückte ein Rülpsen.

Mit brennenden Augen nahm er am nächsten Morgen hektisch Abschied von seiner Mutter, die eben erst aufgestanden war – ›Willst du nicht frühstücken? Willst du nicht tschüs sagen? Was ist mit Katja?‹ – wollte er nicht, nichts davon, nur zum Bahnhof und weg – ›Viele Grüße an Katschi, ich ruf sie an, tut mir leid, Mama‹ – und das tat es, verdammt nochmal, aber er würde keine Minute länger in der Traumvilla Behnke bleiben.

Auf Katjas Couchtisch stehen noch eine abgegraste Packung Toffifee und das Geschenk für seinen Neffen, etwas grob verpackt. Henry hat Heiligabend und den 25. bei Jan verbracht, zum ersten Mal, bei Jan und dessen neuer Freundin.

Leon hängt herzklopfend fest in der Erinnerung an diese beschissene Begegnung mit seinem Vater, an Pudding, Enttäuschung und den Geruch des Dachbodens.

Doch in all die zwecklose Wut auf sich selbst mischt sich das seltsame Gefühl dieser besonderen Weihnacht: Er kann sich nicht vorstellen, wann er jemals wieder in einem gründlich desinfizierten Leihwagen über die A 24 nach Tallstedt fahren wird, um dort mit Katja *Michel aus Lönneberga* zu schauen, später auf der Terrasse bei windigen sieben Grad Burger zu grillen und gegen seine Mutter und Schwester so viele Partien *Verrücktes Labyrinth* zu verlieren, dass es ihm am Ende gar nichts mehr ausmachte. Nach jedem Spiel haben sie einen großen und starken Schnaps auf Lothar getrunken, dann ist Marlies nach Hause gegangen, kerzengerade.

Und nächstes Jahr, denkt Leon, während er sich die Wolldecke bis zum Kinn hochzieht und die Lichter auf den Tannenzweigen von oben nach unten zählt, selbst wenn alle Behnkes wieder gemeinsam feiern dürfen, werden die Feiertage wieder ganz anders sein, weil man Familie halt immer neu erfinden muss, wenn am Stammbaum neue Äste sprießen. Vielleicht werden sie in Münster bei Milena, David und den Kindern sein oder in Hamburg. Vielleicht will auch Marlies sie alle um sich haben, denn sie schwärmte schon vom Blick auf einen schneebedeckten Stadtpark, in dem Amy einen Schneemann bauen könne, der von der Loggia aus zu sehen wäre.

Für den Moment, für diesen erstarrten nächtlichen Moment, ist Leon einverstanden mit allem, was das Universum für ihn in petto haben mag. Er lässt sich auf das Kissen sinken, klickt sich in seinen digitalen Fotoordner und betrachtet noch einmal das Bild, das das Pflegeteam von Sankt Johannis geschickt hat: Herr Haffner, mit Maske und Krawatte, scheint recht zufrieden mit dem neu glänzenden Backgammonbrett auf seinem Tisch, das Leon ihm geschenkt hat – zumindest hat Haffner auf diesem Foto seine Stirn mal nicht gerunzelt. Und ganz bald, so schreibt der Pflegedienstleiter mit seinem hoch ansteckenden Optimismus, wird Leon den Alten sicher auch wieder besuchen dürfen, um sich von ihm wie eh und je in Grund und Boden würfeln zu lassen.

Gesund bleiben, ist Leons letzter Gedanke – ein weichgezeichneter Befehl, ein mattes Stoßgebet. Gesund bleiben.

Die Decke riecht nach Karamell. Die Nacht ist eine gute Nacht, wenn keine Sorgen vor den Augen flackern.

10

If you think you know how to love me

1975

In der ofenwarmen Küche wies Lothar Behnke, frischgebackener Doktor der Zahnmedizin, seine so liebenswert gewölbte Braut freundlich, aber zweifelsfrei darauf hin, dass die Plätzchen zwar lecker, aber ungesund – ach, Schwamm über die Karies –, dass sie zwar hübsch, aber eben auch zerbrechlich seien: Ein netter Schneemann, Marli, ja, doch bei diesem hier sei der Zylinder schon abgebrochen. Und jeder zweite Stern verliere Zacken, »Sieh nur!«, sagte Lothar, während sein kleiner Finger sekundenlang über den defekten Exemplaren schwebte. Nur die Herzen, bilanzierte er, die Herzen schienen ihm als dem Beobachter des Verfahrens unverwüstlich, kompakt – sein Blick huschte über den Babybauch – und in Form und Funktion nahezu perfekt.

»Ich glaube«, sagte er also schließlich, indem er seinen Bart kratzte und die Jahreshits im Transistorradio runterregulierte, »wir brauchen mehr von diesen robusten Herzen, oder?«

»Und ich glaube«, entgegnete Marlies, die gerade einen deftigen Tritt gespürt hatte von Katja oder Milena (da hatten sie sich noch nicht abschließend entschieden), »wir brauchen mehr von diesen Blechdosen.«

Sie warf einen Blick auf die Zeiger der orange-braunen Wanduhr.

»Besorgst du uns noch Blechdosen? Vom *Hertie*?«

Das wolle er mit Vergnügen und schnell erledigen, sicherte Lothar zu und sah sich nach dem Autoschlüssel um, wenngleich er Marlies ungern in dieser Situation allein ließe.

Er könne ganz beruhigt sein und sich Zeit lassen, erwiderte sie, schließlich sei sie ja noch nicht in den Wehen.

Als er ihr zum Abschied mit geschlossenen Augen die Lippen entgegenreckte, gab sie ihm erst einen Kuss und gleich danach einen Schneemann ohne Zylinder, ehe sie das Radio wieder etwas lauter drehte und, sobald sie die Melodie des Refrains erkannte, zu summen begann, mit einem Lächeln – robust wie nur irgendwas.

11

Dach überm Kopf

JAHRE SPÄTER

Da ist er wieder. Da sitzt und wartet und guckt er. Magnus Simmering, ein Häufchen Hoffnung.

An jedem Donnerstag, nicht weit nach elf Uhr, taucht der Tallstedter Stadtschreiber in der Bibliothek auf. Mit seinem hellen Hut für jedes Wetter. Eine dünne nachgebräunte Ledertasche unterm linken Arm, stößt Simmering die Glastür mit den durchgestreckten Fingern der Rechten auf, lächelt heller als Halogen und würde diesen Auftritt wohl selbst als ›recht schwungvoll‹ bezeichnen. Auf der Schmutzfangmatte bleibt er stehen, um eng am Körper die freie Hand zu heben, und friert so Gruß und Lächeln ein, bis Katja Schumann hinter ihrem Schreibtisch den Blick hebt.

»Guten Morgen«, sagt sie.

»Da bin ich ja!«, trällert Simmering, schreitet auf sie zu und reckt seine Aktentasche in die Luft, als bringe er Katja wie versprochen die Weltformel vorbei. Nimmt eilig Platz auf dem Stuhl vor ihrem Schreibtisch, lässt die Verschlüsse seiner Tasche aufschnappen und zieht eine Textseite hervor, um sie Katja zu übergeben.

Und wartet und guckt. Wartet, dass sie liest und lobt, was er geschrieben hat für seine wöchentliche Kolumne im *Tallstedter Tageblatt*, immer samstags, den ganzen Sommer, zweispaltig neben dem Lokalsport, meistens Handball.

Als Leiterin der Bibliothek hat Katja in der ersten Maiwoche selbstverständlich in vorderster Reihe der alljährlichen Amtseinführung des Tallstedter Stadtschreibers beigewohnt: Wenn der Frühsommer kommt, dann bezieht ein Schriftsteller – zuletzt sogar dreimal am Stück eine Schriftstellerin – das alte Gutshaus am Fuße des Deichs, das die kulturellen Herren der Stadt in den Nullerjahren haben sanieren lassen für Stipendiaten, und die bewerben sich zahlreich aus allen Ecken des Landes. Im Frühjahr kommt ein Autor, im Herbst jemand anders. Eine Malerin aus Erfurt, ein Komponist aus Böblingen, ein Bildhauer, der grundsätzlich drei Wohnsitze angab, darunter Berlin-Köpenick und die Toskana. Und in diesem Jahr ist es also Magnus Simmering gewesen, der die Schlüssel zum Gutshaus von einem hauptsächlich schwarz-weißen Fotografen übernahm.

Sobald die Begrüßungsreden auf und von Simmering gehalten und die Häppchen hereingerollt waren, stellte sich Katja vor und lud den neuen Stadtschreiber wie alle seine Vorgänger zu einem Besuch der Stadtbibliothek ein, wo sie, selbstverständlich, alle seine Werke ausleihbar präsent habe – wenn die lesenden Bürgerinnen von Tallstedt sie nicht momentan, selbstverständlich, allesamt entliehen hätten.

Simmering schüttelte Katjas Hand, als wolle er die Beweglichkeit von Arm und Schulter einem Härtetest unterziehen, und machte ihr das nicht abzulehnende Angebot, gleich am nächsten Tag zwei weitere Exemplare seines aktuellen Romans für die Stadtbibliothek vorbeizubringen, als Schenkung:

»Persönlich, frühzeitig und mit Vergnügen.«

»Das ist sehr nett«, sagte Katja.

»Aber das sind Sie ja auch«, entgegnete Simmering. »Ich komme um acht Uhr dreißig.«

Die Bücherübergabe am nächsten Morgen, als Katja das

Bibliotheksgebäude gerade aufgeschlossen und noch nicht mal ihren Regenschirm abgestellt hatte, zelebrierte Simmering, als habe er den erwähnten Roman ohnehin nur für diese Stadt, deren Bibliothek, deren Leiterin geschrieben.

»Das ist für Sie, Frau Schumann«, waren seine Worte, »das ist für Ihre Stadt und Ihre … Ihre Entleiherinnen und Entleiher.«

»Vielen Dank. Darf ich Ihnen vielleicht einen Kaf-«

»Signiert«, unterbrach er, »ich habe beide Exemplare noch gestern Abend signiert. Hoffentlich werden sie sehr oft entliehen. Gerne, mit Milch und Süßstoff.«

Seitdem tummelt Simmering sich regelmäßig zwischen den Regalen, zumeist in der Abteilung Küstenbücher, und lehnt nie den Kaffee ab, den Carolin oder Katja ihm anbieten. Wenig Milch, viel Süßstoff, von Zeit zu Zeit ein mürber Keks.

Er recherchiere für sein neues Buch und für die obligatorische Kolumne in der Lokalzeitung, hat Simmering erklärt und kam schon bald auf die Idee, auch einmal über die Bücherei selbst, »diese Schatztruhe für Groß und Klein«, zu schreiben. Ja, was ihm vorschwebe, sei »so ein lustvoller Wochenendtext über den schönen Bestand und die sch-«, er räusperte sich ruckartig, »über die kundige Bibliothekarin«, ja, das wolle er gern schreiben, und selbstverständlich werde er es nicht ohne deren Einverständnis an den Redakteur geben.

»Oh«, hat Katja gesagt. »Nein?«

»Nein! Wenn ich über Sie schreibe, Frau Schumann, sollten Sie doch Gelegenheit haben, meine Buchstaben unter die Lupe zu nehmen, bevor sie gedruckt werden.«

Und weil Katja nur mit geschlossenem Mund nickte, setzte Simmering hinterher:

»Das sollten Sie.«

Da er nicht gerne E-Mails schreibt – das sei keines seiner Hobbys, wie er es ausdrückt, und man weiß nicht, ob er andere hat –, kommt er mit seiner ausgedruckten Kolumne vorbei und lässt erkennen, dass er von Katja nicht weniger als die umgehende prüfende Lektüre erwartet.

Wie oft haben Katja und Carolin seitdem gemeinsam zu rekonstruieren versucht, was genau Katjas Kommentar zu Simmerings Zeilen gewesen ist, welche ihrer Formulierungen im Besonderen es ihm derart angetan hat, dass er seither, im ganzen herrlichen Sommer, jeglichen Verbesserungsvorschlag mit ungebrochener Begeisterung annimmt.

»Was du gesagt hast, ist egal«, hat Carolin mit einem Zwinkern behauptet, »aber *wie* du es gesagt hast ...«

»*Wie*? Wieso wie? Ich hab ganz höflich irgendwas von ›originell‹ gesagt ...«

»... ich hab ›originär‹ verstanden ...«

»Nee, Caro. Echt? Jedenfalls fand ich's ja auch schon ziemlich auf den Punkt, aber da–«

»Punktlandung! Du hast behauptet, der Einstieg wär 'ne ›Punktlandung‹, aber der Mittelteil ...«

»Weiß ich nicht mehr. ›Kryptisch‹?«

»Dachte ich auch, aber er meinte ja, ›unnötig elliptisch‹, das wäre das beste Feedback, seit seine erste Lektorin gestorben ist, oder?«

»Du meinst, der verwechselt mich mit einer toten Lektorin?«

Lachend schüttelte Carolin ihre perfekte Frisur.

»Lange nicht beflirtet worden, Frau Diplom-Bibliothekarin?«

»Ach komm, Caro, du glaubst nicht ernsthaft, dass der Typ flirtet!«

»Ich nicht. Er schon.«

Ihre Brust hebt und senkt sich schnell, ein Lachanfall naht, sie tippt sich auf den Kopf.

»Vor allem, Katja, er ist ... hehe, er ist doch kein *Typ*, er ist, uhuhu, er ist doch – der Zauberer.«

Zwar hat der Tallstedter Stadtschreiber mit Thomas Mann nicht allzu viel gemeinsam, doch Carolin als Aufmunterungsbeauftragte schickt öfter mal das montierte Foto als Mailanhang an ihre Chefin, mit der Bildunterschrift Bei der Geburt getrennt: Thomas Mann, das Original, im kalifornischen Garten, beinahe verschmitzt, vor den Palmen leuchtet sein Hut; und daneben Magnus Simmering, siebzig Jahre später, vor der Kulisse des grünen Deiches von Tallstedt, auf seinem Kopf ein Borsalino aus Panamastroh, so weiß wie das weißeste Ei.

Magnus Simmering. So viel Inbrunst unterm Strohhut, so viel unverstellte Leidenschaft für die Bücher und die Buchmenschen. Katja mag ihn, wie sie Spargel mag.

Nun, da der Juli schon seine heiße Mitte erreicht hat, ist Schreiber Simmering mit ungewohnt verstockter Miene erschienen und legt mit dem knappsten Gruß seit Amtsantritt einen Text vor, der die Überschrift DIE NATUR DER WÜRSTE trägt:

In Tallstedt, hoch im Norden, schauen die Menschen auf ihren Fluss, seit Wasser fließen kann. Alle gärtnern und parken hier vorbildlich ausgeglichen. Sie atmen tief, sie leben gut, sie entscheiden schnell.

Klarer als die Luft, hat mal ein trefflicher Tourist gesagt, sind hier oben nur die Verhältnisse. Und klar war immer schon: Kultur schadet uns nicht, Natur ist uns alles. Besser als drinnen sitzen ist von alters her: draußen grillen, solange es noch schön ist.

Katja hört auf zu lesen und hebt ängstlich den Blick.

»Das ist«, erläutert Simmering, indem er beide Arme wie Baggerschaufeln zur Untermalung benutzt, »eine Spitze.«

»Sie meinen, eine Breitseite?«

»Eine Spitze be zett we eine Breitseite. Sie treffen es, wie üblich.«

»Sie ... sind enttäuscht, weil bei Ihrer Lesung letzte Woche drei oder vier Plätze frei geblieben sind?«

»Drei od–? Zwölf! Frau Schumann!«

Seine Stimme überschlägt sich beinahe, Katjas Blick huscht zu den tuschelnden Viertklässlern, die Carolin gerade durch die Abteilung mit den Naturbüchern führt.

»Herr Simmering. Ach je ...«

Niemals in tausend Jahren hat ein Mann einen Fuß in diese schnell zu vermessende Stadt gesetzt, der ›be zett we‹ sagt anstatt beziehungsweise; nie hat einer einen so weißen Hut bei jedem Wetter durch die kurzen Straßen von Tallstedt getragen; nie hat jemand eine so sommerliche Fülle an Worten gefunden für die Schönheit des Lebens zwischen Kirchturm und Hafen. Dieser Dichter will bester Freund von Fluss und Einwohnern sein, will für ihre gute Luft die besten Vokabeln finden. Und nun das. Zwölf unbesetzte Plastikstühle.

Die Tallstedter, die Simmerings Texte lesen, grüßen ihn beim Einkaufen und besuchen seine Lesungen, wenn das Wetter mitspielt – was hier bedeutet, dass der Regen stärker als der Wind ist. Sollte es allerdings am frühen Abend noch warm genug sein, um im T-Shirt zu grillen, dann tun einige mitunter spontan genau das. Aufgeschlagen auf dem Gartentisch, neben Hüftsteaks, Bügelflasche und Fladenbrotachteln, liegt die Tallstedter Zeitung vom Tage: das Interview mit dem Autor, die Ankündigung seines Auftritts, darunter jedoch vier knappe Zeilen mit ein paar bunten Symbolen und den Wetteraussichten für die kommenden Tage. Wer heute nicht grille, so unkt die Prognose, wird wohl viele Tage warten müssen auf den nächsten lauen Abend ohne Niederschlag.

Irgendwie schafft es Katja, Herrn Simmering zu besänftigen. In der dritten Überarbeitung kurz vor Redaktionsschluss ist aus der gekränkten Tirade ein tiefes Loblied geworden auf Holzkohlen, die langmütig glühen, und auf die Halme von frischgemähtem Rasen zwischen nackten Zehen, großen wie kleinen.

Spontan sein, so schließt die Kolumne vom 16. Juli, das ist Drama, das ist Leidenschaft. *Carpe diem* übersetzen wir hier mit: Auf, Freunde, da ist noch Sonne im Garten! Und sind die Bücher nicht ohnehin schon so staubig, wie auch wir es eines Tages sein werden? Wir können sie doch niemals alle lesen oder uns vorlesen lassen in der Zeit, die uns bleibt. Seien wir nur gewiss: Sie sind auch morgen noch da, im wetterfesten Regal unserer guten Vorsätze, wenn der Wind aus Nordwest schlechtes Wetter zu uns trägt und der Rost nicht mehr glüht wie Würmchen und Geselligkeit.

In den folgenden Wochen ignoriert Katja höflich, dass Simmering flirtet, und fühlt sich glaubwürdig geehrt, vorab lesen zu dürfen, was er im *Tageblatt* und später in Buchform zu veröffentlichen gedenkt. Als Ablenkung ist der Dichter ihr durchaus lieb und willkommen.

Den Höhepunkt des Kultursommers bildet das Bücherfest im September, bei dem auch die Stadtschreiberin oder, wie in diesem Jahr, der Schreiber eine Abschlusslesung hält. Unter dem großen Zeltdach, das Malte Dock und sein Team am Seeufer aufgespannt haben, versammelt sich alles, was Funktion und Bedeutung hat. Simmerings Tallstedter Leserschaft ist so vollzählig wie gespannt angetreten, um zu hören, zu welcher Erzählung, zu welchem Romananfang das Stipendium und der Charakter der Stadt den Autor inspiriert haben.

Das Catering steht in den Startlöchern, Simmering verschluckt sich hinter der Bühne tückisch am Halsbonbon. Die Bürgermeisterin begrüßt, dankt und verweist auf die lange, schöne und fast ununterbrochene Tradition, platziert eine Bemerkung über die Wirkmacht von Impf- und Lesestoff. Dann tritt der Borsalino auf und verzaubert sein Publikum.

Weil sie den Text schon bis zum letzten Semikolon kennt, schweifen Katjas Gedanken während der Lesung immer wieder ab. Sie beobachtet, wie interessiert alle zuhören, entdeckt in der Menge die guten Bekannten. Mit einem vertrauten Nicken grüßt sie Steffen Harms am Büchertisch, der albern einen Luftkuss zurückwirft, unbemerkt von seinem Azubi Bastian Gerster, der Magnus Simmerings sämtliche Werke mit Preisaufklebern versieht. Weiter hinten neben Menno und Doro Sievers kleben Imke, Steffi und noch ein paar aus ihrer Abschlussklasse wie eh und je tuschelnd aneinander; die Floristin und der Steinmetz müssen noch beim Friseur gewesen sein, echt schick, Stadtdirektor Kuntze ist brauner als ein Fachwerkbalken, Katjas Mutter hat ihre Sonnenbrille nicht abgenommen, Kollegin Carolin nestelt am Halstuch ihrer Freundin, und Hartwig Gerster niest seine Gräserallergie so leise wie nur möglich heraus.

Einige Reihen weiter vorn, neben Olaf und Annika Berthold, sitzt Jan neben Anna, beide so sommerhell und modisch wie eine Plakatwerbung, als hätte man das Paar aus dem Hafen von Marbella ausgeschnitten. Sie gehören zusammen, verrät Jans Arm um Annas Schulter, sehr zusammen, sagt ihre Hand auf seinem Knie.

Gibt Schlimmeres, denkt Katja, während Simmering am Kapitelende, nach einem perfekt platzierten Satz über die lauten Wasser der Sturmflut, das stille Wasser vom Lesepult in einem Zug leert, woraufhin die Bürgermeisterin persönlich in gebücktem Gang umgehend nachfüllt.

In den letzten Jahren hat es Gutes und Schönes für Katja gegeben, das so vielleicht nicht passiert wäre, wenn Jan sich nicht neu verliebt hätte. Lange haben Steffen Harms und sie diskutiert, wie sie das denn nun nennen sollten, was sie miteinander hatten – Affäre, Beziehung, Liebschaft womöglich –, und sind übereingekommen, dass ›Romanze‹ die beste Bezeichnung sei, weil da ›Roman‹ drinsteckt und weil man irgendwie selbstverständlich davon ausgeht, dass so etwas nicht ewig dauert. Wohingegen aus einer Affäre ja durchaus, siehe Ex-Mann mit Ex-Frauenärztin, eine haltbare Beziehung werden könne. Am Ende sei es auch egal, entschieden sie, denn sie haben sich zum richtigen Zeitpunkt als alte Freunde für eine schöne und erhitzte Weile in die Gegenwart verliebt, die sie miteinander verbrachten; haben einander die Monate der Kontaktbeschränkungen gewidmet für ausgiebigen Körperkontakt. Das war praktisch und reizvoll, es hatte Trost, Geschmack und ein Mindesthaltbarkeitsdatum. Nun ist Steffen wieder der einsame Lesewolf, und Katja sitzt, seitdem Henry studiert, auf gepackten Gefühlen: Wenn das Haus erst verkauft sei, redet sie sich seit den ersten Besichtigungsterminen ein, dann finde sie bestimmt auch den Mut, ihre Stelle zu kündigen, neu anzufangen, hier oder woanders, vielleicht bei ihren Geschwi–

Applaus brandet auf im Festzelt, Simmering muss wohl ans Ende gelangt sein, aber wieso starren dann alle Leute sie an? Katja will selbst ins Klatschen einfallen, hebt den Blick zur Bühne, da steht der Stadtschreiber an dem wackeligen Treppengeländer und streckt die Hand aus, als wolle er die Bibliothekarin zum Tanz bitten.

»Frau Schumann?«, sagt Magnus Simmering mit seinem lyrischen Bariton, »Madame? Ich hab Sie doch nicht verschreckt mit meiner Bitte? Seien Sie doch so gut und kommen für einen Moment auf die Bühne.«

Katja zeigt fragend mit dem Finger auf sich und blickt sich um, steht schließlich auf und geht die fünf Stufen zur Bühne hinauf, gleich gefolgt von Frau Börner, die sich an Katja vorbeimogelt, als sei sie unsichtbar, um Simmering einen exorbitanten Blumenstrauß in die Hand zu drücken, den er beidhändig halten und auf einem Unterarm ablegen muss wie ein Neugeborenes.

Nun, da die Leute zu klatschen aufhören, spürt Katja, wie sie rot geworden ist, während ihr die Sorge durch den Kopf schießt, für einen solchen Strauß überhaupt keine Vase im Haus zu haben. Dann beginnt Simmering, indem er sowohl Katja als auch sein Publikum im Blick behält, zu sprechen:

»Meine Damen und Herren, Frau Bürgermeisterin. Ich habe mir erlaubt, zum Ende dieses Abends, dieses Kultursommers, meines Aufenthalts in Ihrer Stadt unter allen Buchfreundinnen und Buchfreunden in diesem luftigen Saal eine auf dieses rüstige Podest zu bitten, die mir in den letzten Monaten meines Schaffens zur Seite stand, unschätzbar zur Seite stand.«

Er macht eine Pause, atmet und schaut, atmet und schaut.

»Katja Schumann, Ihrer aller, Tallstedts – und ich darf sagen, einen Sommer lang auch meine – Diplom-Bibliothekarin hat die Zeit gefunden und die Güte besessen, jede einzelne Zeile, die ich seit Mai zu Papier gebracht habe, sei es Kolumne, sei es Romankapitel, zu lesen und«, er hielt inne, »mir ihre Meinung zuteilwerden zu lassen, die ich nicht anders als ehrlich, kundig und wertvoll nennen kann, ungemein wertvoll, ungemein.«

Stadtdirektor Kuntze beginnt schon mal zu klatschen, doch Simmering ist noch nicht fertig: »Schreiben mag leichtfallen, wenn der Nordwind lau durch die Gedanken rauscht, aber selber zu lesen, was man da fabriziert hat ... Nein, seien Sie versichert, ich sitze Tag für Tag wie der Wurm vor der Welle, wenn es darum geht, den eigenen Text zu überarbeiten, das Brauchbare herauszuschälen, das Unbrauchbare der Löschtaste anheimzugeben.«

Katja fühlt sich zunehmend unwohl in ihrer Haut, möchte sich an den Bühnenrand schleichen, doch in diesem Moment spricht Simmering sie direkt an, weich, aber volltönend.

»Sie, liebe Frau Schumann, sind mir Korrektiv und Leitplanke gewesen, gleichermaßen zauberhaft.«

Aus dem Augenwinkel bemerkt Katja, wie Carolin sich in die Hand beißt.

»Sie haben mir, was in Texten stehen sollte und was nicht, was diese Ihre Heimat gut und was sie weniger gut beschreibt, geduldig dargelegt. Ungemein. Ein Tallstedter Buchmensch schlechthin, das sind Sie.«

Gegen das Erröten hilft jetzt gar nichts mehr, da muss sie durch, verstohlen mustert sie das Publikum auf Fremdscham. Und in dem Moment, als Simmering wie Martin Luther King in den Saal ruft: »Katja Schumann ist aus Tallstedt nicht wegzudenken!«, da schaut Katja zu ihrer ersten größten Liebe hinab, zu dem Mann, von dem sie bald geräuscharm geschieden sein wird: Jans Arm immer noch auf Annas Rückenlehne, die andere Hand jedoch, genau wie Annas – auf ihrem Bauch, flach und behutsam. Nasenspitze an Nasenspitze lächeln sie sich zu.

»... kann ich im Interesse meiner Nachfolger nur appellieren«, fährt Simmering fort, »passen Sie gut auf Ihre unverzichtbare Bibliothekarin auf! Stadterklärerin, Fehlerfinderin und darf ich sagen: Lieblingsleserin? Nun denn, dieses Wunderwerk der guten Frau Börner«, er nickt der Floristin zu, »sei Ihnen, liebe Frau Schumann, ein blühendes Dankeschön von einem dankbaren Tallstedter Stadtschreiber.«

Damit geht er, das opulente Gebinde vor sich, auf Katja zu, um es ihr darzureichen.

»Wie froh ich bin, dieses Amt in einer Zeit bekleiden zu dürfen, in der ich Ihnen gefahrlos die helfende Hand schütteln kann. Frau Schumann, vielen Dank«, er macht eine halbe Drehung zum Bühnenrand, »liebe Menschen von Tallstedt: Es war mir Ehre und Freude.«

Und da niemand sich traut, mit dem Klatschen zu beginnen, fragt er mit ausgebreiteten Armen:

»Ja, will denn niemand das Buffet eröffnen? Ich habe massiv überzogen, Sie müssen umkommen vor Hunger!«

In Frau Börners großem Eimer wartet der Riesenstrauß am Seiteneingang auf das Ende der Veranstaltung. So viele Hände sind zu schütteln, so viel Smalltalk liegt zwischen Katja und der festen Nahrung. Ständig drückt ihr einer ein Glas mit Geprickel in die Hand, möchte wissen, wie sie bloß diesen Mann beziehungsweise seine Werke habe verbessern können, ob sie denn mit der Büchereileitung unterfordert sei und wer eigentlich im nächsten Mai als Stadtschreiber in das Gutshaus am Deich einziehen werde: weiblich, prominent, interessant?

Katja nickt und plaudert und lacht, vor allem aber nippt sie und ignoriert eine volle Stunde lang das fordernde Knurren ihres Magens. Immer prostet irgendjemand ihr zu, am Rande nimmt sie wahr, wie ihre Mutter sich verabschiedet, wie Magnus Simmering jedes Buch unendlich gründlich signiert, wie Jesus von Steine-Jochen ein Schulterklopfen für die stimmungsvolle Location kassiert. Als ihr schon leicht übel geworden ist und endlich, endlich niemand mehr zwischen ihr und dem Weidenkorb mit Minibrötchen steht, hält sie darauf zu, streckt die sektflötenfreie Hand nach der Zange voller Fingerabdrücke aus – und rennt jemanden über den Haufen, der, da ist sie sich sehr sicher, oder ziemlich, eben noch nicht da stand, wo sie hinwollte.

»Oh!«

»Ups!«

Seinen Teller hat er noch in der Hand, es liegt nichts mehr drauf. Ein Falafelbällchen ist auf die Schuhspitze des Mannes gestürzt, hat sich auf den Holzbohlen abgerollt, um zwischen Katjas Füßen liegen zu bleiben, von Staub paniert. Auf dem hellblauen Hemd bildet eine Mischung aus Currycreme, Schnittlauch und einem Feldsalatblatt, von dem Dressing trieft, einen satten Fleck.

Katja starrt ihn an, den Fleck, wundert sich beim Anblick des Männerbauches, der sich darunter abzeichnet, dass ihr selbst auch um diese Uhrzeit noch gar nicht kalt ist, und erfasst dann das Gesicht, das zu Teller, Fleck, Bauch und Mann gehört.

Ihr Verstand arbeitet scharf wie Crémant: Sie hat diesen Mann, den sie nicht kennt, schon mal gesehen.

»Tut mir leid mit dem ...«, und ihre Augen verengen sich zu einem Schlitz. »Wir kennen uns nicht, aber ich hab Sie schon mal gesehen.«

Der Mann, der recht angenehm gealtert wirkt, runzelt die Stirn, nicht ganz symmetrisch, sein Bart scheint beim Denken zu knistern, dann sagt er:

»Ja! Stimmt! Aber wie-«

»Aaah, Moment!«

Ohne Vorwarnung greift Katja dem perplexen Mann an den Hemdkragen und klappt ihn mit zwei schnellen Handgriffen nach oben.

»*So* haben Sie ausgesehen! Der Mantel. Wo ist denn der schicke Regenschirm, den Sie mir damals weggekauft haben?«

Er ist einen halben Schritt zurückgewichen, der aufgestellte

Hemdkragen scheint ihm unangenehm, doch er hält noch seinen verschmierten Teller mit beiden Händen.

»Wieso«, fragt er, »wieso können Sie sich daran erinnern?«

»Pöh, Sie erinnern sich doch auch!«

Den Rest des halbvollen Glases leert Katja, als wäre sie nicht hungrig, sondern durstig zum Buffet gestürzt.

»Ach so, ja. Also: Tut mir leid mit dem Schirm, den Sie wollten!«

»Okay, dann tut's mir leid mit dem, was Sie essen wollten.«

»Martin von Campen.«

»Katja Schumann.«

»... unverzichtbare Bibliothekarin.«

»O Gott«, sie schlägt beschämt die Augen nieder, »ja, das ... das war ...«

»Das war sehr freundlich von dem Autor. Vermutlich angemessen, offensichtlich pathetisch, aber definitiv freundlich.«

Martin von Campens Lächeln, findet Katja, ist irgendwie gut auf seinen Bartschnitt abgestimmt.

»Ja? Ja, oder?«

Sie drückt den Rücken durch, ist bis auf den Zentimeter so groß wie von Campen.

»Fand ich auch, irgendwie. Und Sie sind ... Sind Sie ein Fan von ihm oder ...?«

Er hat eine Lücke neben den Lachshäppchen gefunden, um den Teller abzustellen, und schiebt nun überraschend diskret eine Serviette zwischen Haut und Hemd.

»Nee, Literatur ist nichts für mich, aber ich hatte gehört, das Buffet soll hier sehr gut sein.«

»Echt? Oh, sorry, und ich hab Ihnen den ganzen Salat da ...«

»Das, äh, war nicht ernst gemeint, Frau Schumann. Ein ... ein Scherz.«

»Ach so? Aah, ich glaube, ich hatte schon mehr hiervon«, sie hebt ihr leeres Glas an, »als hiervon …«, beiläufig nickt sie Richtung Brotkorb, den aber hat Bastian Gerster soeben beherzt geleert.

»Ich bin eigentlich geschäftlich in Tallstedt«, erklärt von Campen.

Katja lacht auf, am Mousse-au-Chocolat-Tablett drehen sich einige Leute aus dem Tennisclub um.

»Geschäftlich? In Tallstedt? Da haben Sie sich verfahren, hier gibt's keine Geschäfte. Oder – das heißt, doch, aber die Geschäfte machen die da ganz alleine.«

Sie deutet auf die Dock-Brüder, an die Bühne gelehnt, im Gespräch mit Bürgermeisterin und Stadtdirektor.

»Ja, der Herr Dock, genau, mit dem hab ich … Also, ich wollte vor ein paar Jahren ein bisschen was investieren, da hatte Herr Dock eine schöne Wohnung, gleich da drüben, mit Loggia und Seeblick, und ich war wohl auch eigentlich auf Platz eins der Warteliste, aber dann hat irgendwas gehakt.«

»Ge…hakt?«

»Ich hab's nicht ganz durchschaut, da ist wohl immer ein Passus irgendwo in der Ausschreibung, dass bei Neubauten die Tallstedter eine Art Vorkaufsrecht haben.«

»Ich … ja? Also, ich bin mit Immobilien nicht so – meinen Sie, es gibt noch Brötchen irgendwo?«

Sie finden Brötchen und ein ganz neues Gesprächsthema, und dann noch eines und zwei weitere, auch Falafelbällchen, unversehrten Feldsalat und Schinkenmelone. Sie steigen auf Rosé um, ihr Sohn will Virologe werden, seine Tochter nach Australien, und reden trinkend und trinken redend inmitten all der spätsommerlich entspannten Menschen. Nach einer Weile stellt sich Magnus Simmering zu ihnen, prostet beiden zu, und Katja sucht in den träger gewordenen Gedanken dieses Abends nach dem, was sie dem Stadtschreiber unbedingt noch hat sagen wollen. Trinkt und sucht, jetzt ist ihr Glas schon wieder voll, für eine Sekunde muss sie sich an von Campens Oberarm festhalten, im Hintergrund geht ihr Ex-Mann Richtung Toiletten, ein Stichwort schwirrt über den Stehtisch, dann weiß sie es plötzlich wieder:

»Mein lieber Herr Simmering!«, der Name hat eine Silbe an den Wein eingebüßt, »wegen dem, was Sie vorhin … Sie meinten, ›unverzichtbar‹ oder so, ja?«

»Aber ja, Frau Schu–«

»Nee, jetzt lassen Sie mal kurz, sonst weiß ich wieder nicht – ich wollte das nämlich – ›nicht wegzudenken‹, sooo, das haben Sie gesagt: Frau Schumann ist hier nicht wegzudenken!«

Ihre Stimme hat etwas Fahrt aufgenommen, ein paar Gäste unterbrechen ihr Gespräch, was Katja bemerkt.

»Ich wollte das noch mal … das können ruhig alle …«

Sie nimmt Simmering seinen Signierfüllfederhalter ab, klopft damit gegen ihr Weinglas, reicht ihn dann an von Campen weiter und hüstelt mit einem Hickser.

»Ähm, hallo, darf ich mal kurz? Ja? Weil der Herr Simmering das vorhin so nett gesagt hat, und die Blumen sind echt schön … Nee, was ich sagen will, als ›Tallstedter Bücherfrau‹ quasi: Ich bin ja schon mein ganzes Leben hier, ich hab so viele Bücher ausgeliehen damals und verliehen dann später an euch und eure Kinder und so, und ich selber, ich hab bei dir, Steffen, ganz viele Bücher und Buchtipps gefunden, die hab ich gern weitergereicht.«

Sie prostet Steffen Harms zu.

»Alter Bücherfreund! Danke für alles, echt! Und ich – nee, nicht klatschen, sonst bin ich raus! – also, hier war jedenfalls immer mein Zuhause, irgendwo zwischen Bücherei und Tennisplatz. Das ist so komisch: Ich kenne hier quasi alles und jeden – also bis auf Herrn … Martin hier, den kenne ich erst seit vorhin, und er hat den schickeren Regenschirm ... Also: Wie einige wissen, werde ich irgendwann fünfzig, und damit meine ich bald, und wenn man etwas nie in Frage stellt, fünfzig Jahre lang, dann ist das irgendwann genauso beruhigend wie«, sie konzentriert sich, »be-unruhigend. Mir geht es jedenfalls so. Und heute, nach der Rede vorhin«, fügt sie seufzend hinzu, »hab ich das Gefühl, ich muss unseren Stadtschreiber ein letztes Mal korrigieren ...«

Katja lässt ihr Glas sinken, schaut sich unter den Anwesenden um, es ist ein harter und guter Kern von Tallstedt-Menschen, denen sie das sagen möchte:

»Ich bin wegzudenken. So. Keine Ahnung, für wie lange, aber: Ich bin so was von wegzudenken. Ich bin hier ... immer hier gewesen, meine ich, außer im Studium, und jetzt ist es Zeit für was Neues. Zeit zum Wegdenken, sozusagen. Weil ... die Heimat geht ja nirgendwo hin. Und was machen wir? Tja ...«

Es scheint, als horche sie für einen Moment in das Festzelt, ob sie noch eine letzte Pointe hätte. Dann hebt sie die Arme, will vielleicht alles umfangen und anschließend wegfliegen.

»Aber hey: Prost! Auf gute Zeiten, oder? Und, ui, und jetzt muss ich nach Hause. Wir ... man sieht sich.«

Etwas unbeholfen winkt sie in den Halbkreis, dreht sich dann schnell auf dem Absatz um und eilt mit langen Schritten zum Seitenausgang, spricht vor sich hin: »Wo sind denn jetzt meine Blumen? Weiß irgendeiner, wo ich die Blumen hingelegt hab? Caro? Ist Caro noch da? Meine Mama ist aber schon weg, oder? Die waren nämlich echt schön, die Blüm... – Ah! Danke. Das's lieb.«

Der Mann mit dem letzten schwarzen Schirm hat die Blumen für sie geholt. Auch ein Taxi ruft er ihr, platziert Katja und den Strauß vorsichtig auf dem Rücksitz, daneben ihre Handtasche und darin, diskret und entschlossen, einen nicht eingelösten Leergutbon.

Auf die Rückseite hat Martin von Campen seine Telefonnummer geschrieben, in des Dichters blauer Tinte: elf einwandfreie Ziffern neben einem eilig skizzierten Schirm unter drei langgezogenen Regentropfen.

*

Google Maps permanent geöffnet, pflügt sie einen Zickzackkurs durch alle Viertel südlich der Altstadt: Milena hat in den Stunden, in denen Amy in der Schule ist und Piet bei der Tagesmutter, unzählige Wohnungen besichtigt und immer noch nichts Passendes gefunden: Die Ausstattung überprüft sie auf Barrierefreiheit, die Lage bewertet sie nach den Zufahrtswegen für Rettungswagen. Das Wichtigste: fußläufige Entfernung zur Prinz-Eugen-Straße und für Amy eine machbare Fahrradtour.

Eine Überraschung soll es werden für Marlies: zwei Zimmer, Küche, Enkelkinder, im Herzen von Münster, zentral, aber ruhig. Doch wie überrascht wird Milena sein, wenn sie schließlich die richtige Wohnung gefunden, wenn sie wunderschöne Fotos von Piet und Amy am kleinen Erkerfenster geschickt haben wird und Marlies nicht viel mehr zu antworten weiß als: ›Ach Mensch.‹

»Ach Mensch, das ist lieb« und »Ach Mensch, das ist ganz lieb gemeint von euch, aber ich will nicht mehr umziehen«.

So ändern sich die Zeiten und die Traurigkeiten: Zerknirscht wird Milena am Abend, während die Kinder zum Nachtisch noch fernsehen dürfen, ihrem Mann in der Küche davon erzählen, wie ihr Plan auf Grund gelaufen ist, und was soll David anderes dazu sagen als:

»Na ja, wer nicht umzieht, wird besucht, oder? Wir fahren

ganz bald wieder zu deiner Mama, Milly. Okay? Und ganz oft. Solange sie noch da ist.«

»Aber ... jetzt, wo Katschi sie da oben ganz alleine lässt, einfach so, und ... und überhaupt wär's doch viel besser, wenn sie hier wohnt! Dann wär alles ... so einfach, weißt du.«

»Erstens: Besser für uns heißt nicht gut für sie. Ich weiß, du weißt es, und ich verstehe, dass du es nicht wahrhaben willst. Zweitens: Deine Schwester lässt eure Mutter nicht im Stich, sondern geht ihren eigenen Weg. Kommt dir bekannt vor? Und du –«

»Kannst du aufhören, so vernünftig zu argumentieren, das ist ja ekelhaft.«

»Weiß ich. Trotzdem. Und, ähm ...«

»Was?«

»Willst ausgerechnet du behaupten, es wäre *so einfach*, aus Tallstedt wegzuziehen?«

Mit einem schmutzigen Teller in der Hand beugt sich Milena tief in die Spülmaschine und murmelt:

»Ich hab unrecht, du hast recht, Herr Sanders, wieder mal, toll. Liebe dich trotzdem.«

»Sorry, wie war das am Ende? Das ganz Leise mit der Liebe?«

»Jaja.«

Sie richtet sich wieder auf, David steht ganz nah vor ihr und sieht ihr in die Augen.

»Ich dich sowieso«, sagt er, und als sie eine Hand auf seine Brust legt, fügt er hinzu:

»Und deine Mutter. Und die lange rote Zunge, die du mir gleich rausstreckst.«

Sie zieht ihre Nasenspitze nach oben, boxt ihm in Zeitlupe grinsend gegen die Schulter, dann legt sie einen Finger an die Lippen und lauscht Richtung Wohnzimmer.

»Ich glaube, die Kinder haben gerufen: Sie haben die Nase voll von Zeichentrick und Wackelpudding, sie würden jetzt gern ausgiebig Zähne putzen und dann anstandslos ins Bett.«

»Meinetwegen«, sagt David, »aber erst rufen wir Oma an und fragen, ob sie am Wochenende schon was vorhat.«

*

Sie spielen nur noch mit den extragroßen Würfeln, die Leon eigens hat anfertigen lassen, doch Curt Haffner ist nun oft nach der ersten Partie schon zu müde und hat es lieber, wenn Leon ihm für eine halbe Stunde aus einem Nachrichtenmagazin oder einem Buch vorliest.

Schon beim schwach durchbluteten Handschlag hat der alte Mann gefragt, ob Leon zufällig was von Stephen King dabeihabe – leider nicht –, denn den habe Anita früher gerne gelesen, wie ihm wieder eingefallen sei, und Haffner selber auch, während er an seinem Arbeitsplatz in der Requisite auf die Umbaupause wartete, in der er die umgestoßenen Flaschen von Mackie Messers Hochzeit einsammeln musste.

Unter der Stehlampe rückt Leon seine Brille zurecht und schlägt den Roman auf, den Schröder ihm empfohlen hat, *Doktor* Schröder, wie er neuerdings nicht müde wird zu betonen.

»... was Russisches, Herr Haffner.«

»... soso, n...ach.«

Leon liest einfach an der Stelle weiter, an der er das Buch am Abend zuvor beiseitegelegt hat. Nach zehn Minuten ist er auf den letzten Seiten angekommen, seine Stimme hat er runtergedimmt, noch sind Haffners Augen einen furchtsamen Spalt weit geöffnet.

»»So verlebe einer die Tage, die ihm beschieden sind. Hauptsache, Dach überm Kopf, wo's nicht reinregnet, und was zu fressen. Keiner, der einen auf Arbeit scheucht. Des eignen Glücks Schmied sein. Schlafen, wenn einem danach ist. Einzig vor der Sonne sich verneigen. Gekrault wird nur, was ein Fell hat. Geredet nur mit den Vögeln im Walde. Was braucht der Mensch mehr?› Herr Haffner?«

Kurz darauf schläft Curt Haffner, ein Kissen auf dem Schoß, und röchelt fast unhörbar.

Wie oft wird er noch schlafen, wenn ihm danach ist, fragt sich Leon – schlafen, um später wieder aufzuwachen, wie oft?

Ein paar Minuten später macht Leon sich auf den Weg ins Medienkaufhaus, wo sich ab heute sein neues Spiel stapelweise verkaufen soll.

*

Die Aufregung macht den Unterschied: sekundenweise kribbelnde Kopfhaut, der hektische Griff nach dem Schlüsselbund, das Abrutschen von dem oft getretenen Pedal, die Vollbremsung am übersehenen Zebrastreifen. Ein leichtes Wackeln der Routinen, der Puls hat gut zu tun.

Wie selten ist es vorgekommen, dass Katja auf dem Weg zur Arbeit nicht im Kopf durchgegangen ist, was sie am Abend essen und dafür auf dem Heimweg einkaufen will, sondern ihre Gedanken einzig und allein um den Arbeitstag kreisen, um das, was sie heute richtig und richtig gut machen will: für sich, für den Vorstand und ein bisschen auch für den Dichter Simmering, auf dessen glühende Empfehlung die Stiftung sie zum Vorstellungsgespräch eingeladen hatte. Seitdem sie den neuen Job angetreten hat, sind schon einige mehr oder weniger berühmte Autorinnen und gelegentlich Autoren in der Villa an der Heilwigstraße zu Gast gewesen. Katja hat die Aufenthalte, die Lesungen, die Pressetermine koordiniert, hat im Wintergarten imposant eine Bibliothek mit Alsterblick aufgebaut, die niemand ohne anerkennendes Nicken betritt.

Viel schneller als an Durchschnittstagen ist sie durch Hohenfelde gefahren: An diesem aufgeregten Donnerstag wird sie ihre Lieblingsautorin am Hauptbahnhof abholen und zur Villa bringen. Um jeden Preis will Katja sich, die Stiftung, das Haus, die Hamburger Literaturwelt und überhaupt alles von der besten Seite zeigen. Irgendwann in den nächsten Wochen wird sie die Gelegenheit finden, der Autorin zu erzählen, was deren beste Bücher Katja in den schlechtesten Momenten bedeutet haben: wie sie sich festgehalten hat an den Menschen in den Geschichten, sobald ihr die Menschen in der Wirklichkeit abhandenkamen. Wie sie es liebt und genießt, wenn Buchstaben zum ehrlichen Leben erwachen.

Die Morgensonne streift die Uhlenhorster Dachspitzen. Katja hat die Hände vom Lenker genommen und hebt ihren Blick, hört für einen Moment auf zu treten. Das wird ein wunderwarmer Tag.

*

Auf ihrer Chaiselongue kreuzt Marlies die Beine, lugt über den Rand des E-Readers und kratzt sich mit der rechten Hacke am linken Schienbein, dann sucht sie die eben verlassene Zeile.

Schlafen, wenn einem danach ist, liest sie. Einzig vor der Sonne sich verneigen.

Das gefällt ihr, das gefällt ihr sehr.

Gekrault wird nur, was ein Fell hat. Geredet nur mit den Vögeln im Walde. Was braucht der Mensch mehr?

Marlies schließt mit leisem Klappgeräusch ihr elektronisches Buch und lässt den Kopf in Richtung Fenster kippen: Schönes Blau, hell blitzt der späte Sonntagvormittag.

Was sie denn nun als Nächstes lesen werde, würde Lothar sie in einem solchen Moment fragen; ob Steffen Harms ihr schon wieder etwas empfohlen habe?

Hat er nicht, aber Katti hat mir was geschickt. Sogar signiert, Dolo, schau.

Ach, ob Marli ihn denn nun, wo er nicht mehr da sei, wirklich immer noch beim Kosenamen rufen müsse.

Du bist doch immer bei mir, Doktor Lothar.

Hierauf wüsste er nichts mehr zu sagen und kraulte rechts den Bart von Ohr bis Kinn.

Frühestens in zwei Stunden kommen Leon und Kim, sie werden Kuchen mitbringen und Obstbrand. Marlies schwingt die Beine von ihrem Leseplatz und greift sich die Jacke für Frühling und Herbst.

Noch mal kurz runter zum See, ein paar Schritte am Ufer entlangspazieren. Vor der Sonne sich verneigen.

*

Klatschnasse Böen peitschen die Küste entlang, und wer irgend kann, bleibt heute im Warmen. Irgendwo in Winterhude leuchtet Leons smartes Display auf: Das Foto seiner jüngeren Schwester ruft an.

»Hey, Kröti.«

»Hey, Lego! Stör ich?«

»Ich baue gerade am Prototypen von *Schimper*. Flo und Jenny kommen morgen zum Testen.«

»*Schimper?* Ist das dieser Regenwalderfinder, von dem du erzählt hast?«

»So ungefähr.«

Leon schwenkt die Handykamera kurz auf die Papierfiguren und die kleinen grünen Plastikbäume auf seinem Schreibtisch.

»Jedenfalls macht man da als Botaniker so was wie 'ne Zeitreise und muss den Regenwald retten, unter anderem. Und bei euch so?«

»Schlafen alle. Ich komme gerade vom Kneipenchor. Hey, wir proben seit heute dein Lieblingslied von früher, das ist mega!«

»Welches Lied soll das sein?«

Milena räuspert sich, schließt die Augen und singt:

»*Wir haben Angst und sind allein, Gott weiß, ich will kein Engel sein ...*«

»Das war mein Lieblingslied?«

»Jedenfalls hast du es immer genau dann voll aufgedreht«, antwortet sie augenrollend, »wenn ich versucht habe, diese beknackten Lateinvokabeln zu lernen.«

»Wegen mir warst du so schlecht in Latein?«

»Wegen deiner Boxen war ich irgendwann froh, dass du ausziehst.«

»Hm.«

Ein Grinsen schleicht sich in sein Gesicht.

»Dein Geklimper war auch laut.«

»Geklimper?«

Milena versucht, wütend zu schauen, es gelingt nicht so richtig.

»Na ja, wir waren jung«, sagt Leon achselzuckend im Tonfall, der ihn selbst an seinen Vater erinnert, »Kinder machen halt Krach, oder?«

Milena bestätigt mit heftigem Nicken.

»Amy liebt die Musikschule und wünscht sich ein Schlagzeug.«

»Von wem hat sie das nur?«

»Tja. Sie hat übrigens schon wieder eine Idee für ein Würfelspiel, von der sie dir gleich unbedingt erzählen will.«

»Cool …«

»Ja, ich weiß. Aber du würdest sie sehr glücklich machen, wenn du's dir zu Ende anhörst, Onkel Leon.«

»Na klar.«

»Apropos«, Milena schaut nicht direkt in die Kamera, »du bist doch jetzt angeblich glücklich verliebt – werde ich denn auch noch mal Tante, oder wie ist das?«

»Sag ich dir Bescheid, wenn's so weit ist.«

»Okay, das heißt aber, ihr wollt Kinder?«, fragt sie.

»Ja.«

»Und?«

»Ja, noch nix ›und‹.«

»Ah.«

»Wir sind beide keine fünfundzwanzig mehr«, sagt Leon.

»Mhm.«

»Ich nehm jetzt so Selentabletten«, fügt er mit gerunzelter Stirn hinzu, »und Kim hat was für die Schilddrüse gekriegt.«

»Hm. Und habt ihr's auch mal mit Sex probiert?«

»Du bist so blöd, Kröti.«

Das Schwesterlachen platzt in die Kamera, bis er nicht anders kann, als einzufallen, etwas tiefer als sie, nicht ganz so dreckig, aber herzhaft laut. Und wenn seine kleine Schwester das nächste Mal anruft, ist Leons Freundin schon in Woche zwölf.

12

Alles zum Geburtstag!

JAHRE SPÄTER

Irgendwann einmal kommt man zu spät. Will gratulieren wie im Jahr zuvor, hektisch oder nachträglich vielleicht, will Sätze sprechen wie oftmals zuvor, doch man ist zu spät. Kein Geburtstag mehr.

Das Backgammonbrett, die großen Würfel, ein weißer Umschlag, der nach Schublade riecht, darin eine Handvoll Fotos. Was Curt Haffner ihm hinterlassen hat, kann Leon bequem in seinem Rucksack verstauen.

Er lässt ein paar Tage und Schichten verstreichen, ehe er die Sachen auspackt. Das Spielbrett ist ein trotziges Stück Holz, das versucht, sich seinen Geruch zu bewahren, alles andere riecht längst nach dem Putzmittel im Seniorenstift. Finale Tünche von Sankt Johannis.

Zwischen den Fotos, die Leon schon kennt – Anita Haffner in der roten Regenjacke, die Enten im Schilf, der Bratfisch –, steckt eine etwas größere Ansichtskarte. *Gruß aus Tallstedt – Man sieht sich* steht unter dem Fotomotiv: Sonnenuntergang über dem Watt.

Schöne Farben, denkt Leon. Schön.

Er dreht das alte Stückchen Pappkarton um.

Adressiert an das Renaissance-Theater, 1000 West-Berlin 19, zu Händen von Curt Haffner. Von dem Poststempel im Vierzig-Pfennig-Gesicht von Rosa Luxemburg ist nur noch 197 zu erkennen. Vermutlich ist die vierte Ziffer eine 5 oder 6.

Es ist besser, wenn du nicht mehr allein herkommst. Ich bin jetzt verlobt, und ihr seid sicher auch irgendwann zu dritt. Es war aber von Herzen schön. Ach Mensch. Zeit heilt. Pass auf Dich auf. Schreib bitte nicht zurück!

Da ist keine Anrede, kein Gruß, keine Unterschrift unter den knappen Zeilen. Aber dieser steile Anstieg, den das M nimmt, das ausschweifende Z der heilenden Zeit, und dann der eckige Übergang zum e in Mensch, das eher wie Meusch aussieht, der ist so unverkennbar wie der verrutschte Punkt unterm Ausrufezeichen: Das ist, aus jeder Zeit gefallen, die Schrift von Leons Mutter.

Offenbar ist mit Curt Haffner eine kurze, längst vergangene Romanze gestorben, offenbar hatte die junge Marlies ein kleines Geheimnis im großen Berlin. Jetzt sind Jahre und Jahrzehnte über diese Buchstaben seiner Mutter hinweggerauscht, und eine Entscheidung gegen einen Menschen, abgestempelt von der Deutschen Bundespost, ist amtlich: der nicht eingeschlagene Weg.

Leon stellt die Postkarte auf die Fensterbank, zieht sich einen Stuhl heran und setzt sich nah davor, das Kinn auf den gekreuzten Armen, als ließe sich mit der nötigen Geduld bei mehrmaligem Lesen noch mehr aus den Worten von Neunzehnhundertirgendwasundsiebzig herauslesen. Für einen Moment fällt ihm der Mädchenname seiner Mutter nicht mehr ein, nach einer Weile dreht er die Karte um.

Endgültigkeit ist so seltsam und berechenbar; kein Stein, so flach und perfekt geworfen er sein mag, hüpft ewig über spiegelglattes Wasser. Wer immer das Leben erfunden hat, der ist auch für den Trick mit der Laufzeitbegrenzung verantwortlich.

Und das, denkt Leon, als der *Gruß aus Tallstedt* vor seinen Augen verschwimmt, ist unser einziges Problem, unser einziger Trost.

Das ist alles.

*

Von allen anderen hat sie sich schon verabschiedet und will nur noch Steffen Harms Lebewohl sagen. Geduldig wartet Katja, während der Buchhändler einen Kunden berät, da betritt ihr Ex den Laden und wünscht ein frohes neues Jahr:

»Schon alles gepackt, Katja?«, fragt Jan und nimmt seinen Hut ab. »Wann geht's denn morgen los?«

»Übermorgen. Wollte hier noch tschüs sagen. Und du?«

»Und ich?«

»Was machst du hier? Lässt du dir Bücher nicht lieber schicken oder schenken?«

»Ach so, nee«, seine Wangen werden rot, »ich hab was bestellt. Ein Geschenk.«

Katja ist überrascht, gerührt.

»Oh, zum Abschied? Was ist mit dir denn los?«

»Es ist eher ... zum Geburtstag.«

Ihr Geburtstag ist nächste Woche, aber was hat Jan für aufmerksame, sentimentale und unerwartete Anwandlungen?

»Jan, wir ... wir schenken uns nichts mehr.«

Sein Blick huscht zur Seite.

»Für Anna. Hab ich für Anna bestellt. Zum Geburtstag.«

Am liebsten möchte Katja zwischen Diätbüchern und Küstenkrimis im Boden versinken.

»Ja klar«, sie greift eine grau schimmernde Haarsträhne und zieht sie an der Wange entlang, »ich hab nur Spaß gemacht.«

Jan nickt erleichtert.

»Anna hat kurz nach dir Geburtstag.«

»Oh, dann ist sie ja etwas jünger als ich«, sagt Katja, »ich meine, das ist sie definitiv ...« – und wartet auf eine Reaktion von Jan, doch der murmelt irgendwas wegen Henry, und dann ist auch schon der andere Kunde raus mit zwei Reiseführern und Steffen bei ihnen mit voller Aufmerksamkeit:

»Tach zusammen. Katja, Cappuccino wie immer?«

Und an Jan gewandt: »Soll ich dir *Blumenfriedhof* als Geschenk verpacken?«

*

»Alles zum Gebuurtsta-hag!«, trällert Amy, die die Melodie dazu selbst erfunden hat, und ihr Halbbruder gluckst und klatscht, denn das kann Piet besonders gut.

›Er hat dein Glucksen‹, sagt Milena immer.

›Er hat dein Klatschen‹, sagt David.

*

»Alles zum Geburtstag, Katschi!«, wünscht Leon, viel weiter nördlich, »nett hast du's hier. Jetzt ziehst du aber nicht mehr um, oder?«

Mit Martins Gläsern und Champagner stoßen sie an und zerdrücken zur Feier des Tages die Luftpolsterfolie bis zum letzten Knall. Leon sitzt auf einem unübersehbar beschrifteten Umzugskarton – WOHNZIMMER FERNBEDIENUNGEN – in der Altbauwohnung, die jetzt Katja gehört, einen weiteren nimmt er als Fußhocker. Katja geht auf und ab und erklärt Martin, der den mitgebrachten Korkenzieher zurück in seine Sakkotasche gleiten lässt, was es mit Leons Spruch auf sich hat: Mit zwei oder drei Jahren nämlich hatte Milena gerade mal die einzelnen Vokabeln beisammen, da gratulierte sie, souffliert von ihrer Mutter, schon morgens im Bett der großen Schwester, viel vorfreudiger als das Geburtstagskind selbst, und verkürzte den Glückwunsch zu ›Alles zum Geburtstag!‹. Vor Aufregung hatte sie das ›Gute‹ vergessen. Diese Variante wurde von da an bei den Behnke-Kindern zum Standard, das sagten und schrieben, das riefen und simsten und whatsAppten, das wünschten sie einander auch heute noch.

›Alles zum Geburtstag!‹, hieß alljährlich: Du wirst immer nur so alt, wie wir dich sehen. Wir kennen dich seit dem Topfschlagen, wie du haben wir heimlich in Papas Hecken gepinkelt, unsere Milchzähne liegen im selben Schuhkarton. Wir bleiben Geschwister, bis keiner mehr zum Kaffee kommt.

»Das hat was«, sagt Martin, »also, wie ihr immer das ›Gute‹ weglasst«, und ergänzt mit Blick auf das Tempo, in dem sich die Magnum-Flasche leert und die Stimmen lauter durch das hohe Erkerzimmer hallen:

»Weißt du, in welchem Karton dein Espressokocher ist?«

»Nee, keine Ahnung. Ach komm, Jungs, wir bleiben bei Schampus!«

»Ich nicht mehr!« Mit der Hand deckt Leon sein Glas ab. »Ich hab noch GVK.«

»Deine neue Brettspielgruppe?«, fragt Martin.

»Unser Geburtsvorbereitungskurs.«

»Ach Leon«, seufzt Katja und hält sich die Hand vor den Mund, aus dem sie Sätze wie von ihrer Mutter vernimmt, »wann bist du nur so erwachsen geworden.«

Achselzuckend steht er auf, um sich zu verabschieden, und seine Schwester schwingt das Glas Richtung Stuckdecke.

»Auf euch! Alles zum ... Geburtsvorbereitungskurs!«

*

Die Enkelin lässt es sich nicht nehmen, etwas vorzuspielen, auch wenn sie David nicht hat überzeugen können, anstelle der Geige das Schlagzeug in den Kofferraum zu packen. Ziemlich genau an der Stelle, wo sie irgendwann einmal splitterfaserfröhlich im Planschbecken gesessen hat, steht Amy nun, Schweiß über den zusammengepressten Lippen, und spielt in praller Nachmittagshitze Coldplay für ihre Oma, die auf der Bank mit gefalteten Händen zuhört. Kein schöneres Geschenk sollte Marlies jemals mehr bekommen als *Viva la Vida* in ihrem alten Garten.

Später beim Aufräumen, während Leon mit Kim seine Mutter heimfährt und David die Kinder ins Bett bringt, muss Milena mehrfach erwähnen, wie erleichtert sie war, dass Katja den Geschwisterurlaub im *Haus Dolo* nicht abgesagt hat.

Das Argument, sie könne doch wegen irgend so einer Bücherveranstaltung nicht ihre Familie allein lassen, hat Milena schon auf der Zunge gelegen, so schräg es auch klang, aber sie wissen beide viel zu gut, wohin so was führt. Emotionale Erpresser werden immer geschnappt. Einen Satz wie ›Du kannst nicht einen von Mamas letzten Geburtstagen verpassen‹ hätte Katja reflexhaft gekontert mit ›Du kannst nicht die Zunge rollen‹.

Das alte Du-kannst-nicht-Spiel. Das hatten sie früher immer gespielt, wenn die eine der anderen Schwester partout erklären wollte, was sie tun könne und, vor allem, was nicht.

›Du kannst doch nicht abhauen, ohne Bescheid zu sagen.‹
›Du kannst nicht im Schneidersitz sitzen.‹
›Du kannst Papa nicht für alles die Schuld geben.‹
›Du kannst die Bundeskanzler nur bis Schmidt.‹

Und immer so weiter, bis es zu laut oder langweilig wurde.

Nein, Milena hat nichts dergleichen gesagt, nur siebzehn Mal getextet, unter Zuhilfenahme schamlos süßer Fotos von Amy und Piet, wie sehr sich in Münster alle auf die *Dolo*-Woche freuen. Nun sind sie hier und erleichtert und alle Kratzbürsten im Schrank.

»Weißt du was, Katschi?«

Am Gartenhaus drückt Milena ihr zwei Klappstühle in die Hand.

»Ich glaube, David beneidet uns manchmal. Als Geschwister.«

»Echt?«

»Na ja, er hat niemanden, verstehst du?«

»Er hat doch euch, Kröte.«

»Ja, weiß ich doch, das meine ich nicht.« Sie fuchtelt Spinnweben beiseite. »Wir beide, wir haben uns, wir haben Leon, wir haben sogar noch Mama.«

Katja legt ihr den Zeigefinger auf die Nasenspitze.

»Haste recht. Ist 'ne ganze Menge.«

»Eben. Sind da eigentlich noch so Gartenfackeln?«

»Ähm ... hier!«

»Gib mal.«

Milena rammt die zwei Bambusfackeln in den Rasen.

»Und duuu«, sagt die kleine Schwester mit langem u, »du hast ja auch ... jemanden, oder?«

»Hm?«

»Was ist denn mit deinem Martin? Ist der vorzeigbar, kommt der nächstes Mal mit?«

»Vielleicht.«

»Aber dass du lieber alleine wohnst, also, nicht mit ihm, das ...«

»Ja.«

»Mhm. Wo is 'n das Kerzenfeuerzeug?«

»Liegt doch da.«

»Also, Lego meint ja, Martin und du, ihr passt zusammen.«

»Lego hat Hormone.«

Das Lachen ist bis zu den Nachbarn zu hören. Die Fackeln lodern rußig in den abendroten Himmel.

»Ich hoffe«, sagt Milena und schaut in die Flamme, »dass der richtig ist für dich ...«

»Hoffe ich auch.«

Katja nickt ihrer Schwester und sich selbst zu.

»... und dass er's vor allem *bleibt*!«, ergänzt Milena.

Einige Minuten lang stehen sie sprachlos nebeneinander, es ist so ein Alles-gesagt-Moment, auf den man später zurückgreifen kann, überraschend ernst, wohltuend ehrlich, nach dem nur noch Blödelei oder Alkohol kommen kann, notfalls beides. Trinken werden sie gleich sicher noch, wenn die Männer mit ihren etwas zu bunten Kapuzenjacken sich zu ihnen gesellen.

»Du, Katschi?«

»Was?«

»Soll ich dir mal sagen, was ich bei Jan und dir immer so richtig albern fand?«

»Nein.«

»Dass ihr euch nach der Hochzeit dieses beknackte Tandem gekauft habt!«

»Ich hab nein gesagt.«

»Wie, ach, *du* wolltest das Ding gar nicht?«

»Nein, ich hab gesagt: Nein, du sollst mir *nicht* sagen, was du albern findest!«

»Ach so! Aber – war doch wirklich scheiße, oder?«

»Ja-ha, wahrscheinlich. Henry fand uns immer peinlich auf dem Ding und ...«

Sie stockt. Muss plötzlich an ihren Sohn denken, wie er als Baby im Garten durch Jans Beine gekrabbelt ist. An ihr Elternhaus, das immer ihr Elternhaus bleiben wird, und an ihren geschiedenen Mann, der noch einmal ein Vater werden wird, wenige Kilometer Luftlinie von hier.

»Und was?«

»Ach nix. – Weingummis?«

»Erdnussflips!«

»Yes! Und Sambuca mit Kaffeebohnen! Da lassen wir uns heute mal schö ... Was ist, Kröti? Du kannst auch was anderes trinken, oder warum guckst du jetzt so?«

An diesem Abend erfährt Katja von dem rostigen Nagel aus Angst, den Lukas Schedler ihrer Schwester ins Herz getrieben und den Milena seit dem Umzug mit sich herumgetragen hat.

Nicht mal David weiß davon, sie will ab jetzt nie mehr darüber reden, sie will und muss das anders machen als David, sagt sie, jeder müsse so was für sich klären, sie komme schon zurecht, sie sei ja weit, weit weg.

Hoch und heilig gelobt Katja, es nicht weiterzuerzählen, nie wieder zu erwähnen, und bricht den Schwur, sobald die Münsteraner wieder abgereist sind. Wo Lukas Schedler inzwischen wohnt und jobbt, ist nicht schwer herauszufinden, nur eine halbe Autostunde entfernt, und Leon, von Katja eingeweiht und knarzend zur Verschwiegenheit verdonnert, hat auf dem Weg zum Baumarkt einige schöne Ideen, mit welchen Werkzeugen sie Lukas' Auto demolieren, mit welchen Substanzen sie seine Wohnung durch die gekippten Fenster bestialisch unbewohnbar machen können. Es ist nicht viel, es ist besser als nichts.

Katja macht ein Foto von dem zerkratzten Wagen mit den aufgeschlitzten Reifen, fügt es in eine Nachricht an Milena ein und bastelt eine halbe Stunde an dem Text dazu. Schließlich löscht sie den Entwurf und mailt der Frau, die in Münster den Kneipenchor *Stimmgruppe Absacker* leitet: Ein paar Monate später singen die Frauen und Männer, von denen viele jetzt Milenas Freunde sind, *Alles zum Geburtstag*, eigens für sie arrangiert, zur Melodie von *Where Have All the Flowers Gone?*.

*

Der Fluss ist weg, sein Bett klafft breit. Es herrscht Ebbe unter der Junisonne. Die ersten Stunden versprechen einen funkelnden Tag, warm und fröhlich. Frühsommer in Tallstedt, der längste Tag in diesem Jahr.

»Ich lege mich hundert Prozent auf die Nase, Leon. Uaah, ist das glitschig ...«

»Du machst das toll. Du bist eine großartige Wattläuferin.«

»Dich mag ich. Deinen Sarkasmus mag ich nicht.«

Leon bleibt stehen, wendet sich seiner Freundin zu:

»Kim. Wenn du im Dreck landest, wenn du komplett braun besudelt im Schlick liegst –«

»Oh, wird das wieder so eine Spielidee von dir? *Matschen?* Oder *Schlicktrick* oder so?«

»Nein«, entgegnet er ohne Wimpernzucken, »das wird romantisch. Nämlich, wenn du hinfliegst, dann – ich schwöre – dann leg ich mich neben dich.«

Sie schiebt ihre Sonnenbrille runter.

»Das würdest du für mich tun?«

»Yep. Weil heute dein Geburtstag ist.«

»Komm mal her.«

Eine Hand auf seine Brust gelegt, haucht sie ihm ins Ohr: »Ich würde das Gleiche für dich tun, Leon.«

Er lacht auf, da hat Kim schon ihr Bein hinter seines gestellt und schubst ihn mitsamt seinem ungläubigen Gesichtsausdruck rücklings ins Watt.

*

Wie sie es immer tut, seit der Grabstein gesetzt ist, schaut Katja auf die Inschrift, um sie sich einzuprägen. Als könne irgendwer bis zum nächsten Besuch die für Dr. med. dent. Lothar Behnke eingravierten Worte tilgen und vergessen machen, silbern auf schwarz:

> Und geht es in die Welt hinaus,
> Wo du mir bist, bin ich zu Haus.
> Ich seh dein liebes Angesicht,
> Ich sehe die Schatten der Zukunft nicht.

Ihre Mutter mag Theodor Storm, und bei Gott, warum nicht. Ein bisschen Literatur hat noch keinem Friedhof geschadet.

Katja muss sieben oder acht gewesen sein, da hatte ihr Großvater sie manchmal zu seinem Sonntagsspaziergang an die Hand genommen. Zwischen Frühstück und Mittagessen schlenderte er gern unter uralten Bäumen entlang, langsam genug, um den Bekannten über den Weg zu laufen, die es genauso hielten: bisschen spazieren statt singen und beten.

Das Glockenläuten von der Marktkirche hallte noch nach, und hier auf der Friedhofsallee begrüßte man sich mit den Namen, die irgendwer ihnen irgendwann verpasst hatte: Es patrouillierte Hermann ›Kritzel‹ Kuntze, dessen Tochter jetzt den Schreibwarenladen führte, es winkte von weitem schon ›Tulpen-Börner‹, zuletzt kam aus Richtung der alten Schmiede auch ›Amboss‹ Jordan mit gewienerten Stiefeln. Nah standen sie beisammen – Männer, die schon älter als ihre Väter geworden waren, inzwischen selbst vom Zellabbau gedrosselt, doch noch fest auf dem Boden ihrer Küstenheimat, etwas gebeugt und so einander zugewandt wie Tiere desselben Rudels.

Sie redeten nicht viel und nicht laut. Auf allen Gräbern kannten sie jeden Namen unter Grünspan, Moos und Vogelscheiße.

Aus einer Höhe von ein Meter dreißig schaute Katja auf zu den schrundigen, seelenguten Gesichtern und lauschte gebannt der Geheimsprache ihres Opas, den plattdeutschen Worten, die sie vor dem Stein von Hans Weber fallenließen, den sie zehn Jahre zuvor beerdigt hatten, »Veel to fröh«, und neben dessen Namen man reichlich Platz gelassen hatte für Auguste.

»All teen Johr doot«, sagte Kritzel.

»Jo.« Das war Amboss.

»Teen Johr doot is uk bloß doot«, fasste Börner zusammen, und alle pflichteten ihm wortlos bei.

Am Himmel schob sich ein dunkelgrauer Wolkenklumpen vorbei an der kleinen Stadt, ungeschlacht und ohne Eile und als wolle er eines Tages ganz sicher zurückkommen.

»Dat gifft Regen.«

Hinrich Behnke zwinkerte seiner Enkelin zu.

»Af no Huus.«

Dann schwiegen sie, aus Respekt vor den Menschen, die gestorben sind, und dem Wetter, das sich nicht ändern lässt.

So komme, was da kommen mag!
Solang du lebest, ist es Tag.

Schon bald wird Katja mit ihren Geschwistern auf dem Teppich hocken, wird Tee mit Rum und Tränen schlürfen. Die Keksdose und der Schuhkarton, drei Blumen, große Sonne. Aber das weiß sie heute noch nicht.

Allmählich sollte sie aufbrechen, Martin wollte sie am Wochenmarkt treffen; er liebt Lammkoteletts und Pünktlichkeit.

Die Hand in der Jackentasche, streicht Katja mit dem Daumen über den neuen Ring, befühlt den Stein in der Mitte. Wie lange ist das her, dass sie den anderen Ring von dem anderen Mann in den Fluss geschleudert hat?

Wie die Zeit versickert.

Im Vorbeigehen bemerkt Katja, dass ein Maulwurf im Grab der Webers gewütet hat. Er kann noch nicht lange weg sein, das aufgeworfene Erdreich glänzt frisch. Sie bleibt stehen, mustert den roten Steinblock und tippt auf die Taschenrechnerziffern ihres Smartphones: Die schiefe Guste, die heute Geburtstag gefeiert hätte, hat so einige Stunden auf dieser Erde verbracht. 834 864.

Katja stellt sich eine alte Katja vor, wie sie sie gerne hätte: zäh und wacker und nie verdrossen, vielleicht ganz so wie Guste und ihre Bodendeckerrosen. Eine Lesebrille wird sie brauchen und einen Gehstock und Trost in der Dämmerung, wenn wieder ein Tag sich aus ihrem Leben stiehlt.

Weich sterben, das wäre gut. Auf einem dicken Kissen am offenen Fenster, unterm selbstgemalten Himmel. Im Lieblingssessel, vielleicht Familie drum herum. Nicht zu kalt, nicht zu warm, mit offenen Augen und geschlossenem Mund. Schön sterben oder gar nicht, so müsste es sein.

Sie schüttelt sich kurz und macht auf dem Absatz kehrt. Nicht jeder Tag ist ein guter Tag für Tränen. Dieser Tag hier zum Beispiel, beschließt Katja, ist ein viel besserer Tag für Pizza oder Gin Tonic oder Risotto, Lammkoteletts und rote Grütze mit Portwein oder Trüffeltagliatelle oder ein unverschämt großes gemischtes Eis: Sesam-Honig, Malaga und noch irgendwas und Sahne. Ja, dieser Mittwoch, der sich vor ihr ausbreitet wie ein dicker, alter Teppich, der einigem standhalten kann, ist verdammt gut für einen feisten Klecks von fluffiger Sahne – die muss man genießen mit einem Lächeln, so breit, dass einem die Mundwinkel noch vor den Zahnhälsen weh tun.

Zum Deich wird sie nachher fahren, sich mit groß gemischten Kugeln auf den kühlsten Stein am Ufer hocken, wo mit jeder Welle die Gischt auf ihren Stiefelspitzen landet. Sie wird den Kopf in den Wind halten, die Tide im Blick.

Unverwüstlich. Flussaufwärts.

Anmerkungen

Dies ist ein Roman und Tallstedt fiktiv. Eventuelle Ähnlichkeiten mit realen Personen sind nicht vom Autor beabsichtigt.

Das Zitat in Kapitel 11 stammt aus Vladimir Sorokins Roman *Telluria*, erschienen bei Kiepenheuer & Witsch, übersetzt von Sabine Grebing, Christiane Körner, Barbara Lehmann, Gabriele Leupold, Olga Radetzkaja, Andreas Tretner, Dorothea Trottenberg und Thomas Wiedling.

Ein robustes Dankeschön

an die großartige Susanne und das gesamte Fischer-Team,

Silke, Christoph,

die Buchhändlerinnen und Buchhändler, Bloggerinnen und Blogger, die *Sieben Richtige* weiterempfohlen haben,

alle Leserinnen und Leser, deren Feedback zu meinem ersten Roman so motivierend war während der Arbeit am zweiten,

und – zuerst und zuletzt und mit ganz viel Liebe – Sonja.

Otterndorf, im Herbst 2021

Liebe Leserin, lieber Leser,

ich freue mich, wenn Sie meine Homepage volkerjarck.de beziehungsweise meine Instagram-Seite besuchen oder Ihr Feedback zu diesem Roman mailen an

news.volkerjarck@fischerverlage.de

Weitere Informationen und gegebenenfalls Veranstaltungstermine finden Sie unter

fischerverlage.de

Vielen Dank für Ihre Lesezeit und, wie man in Tallstedt sagen würde: Man sieht sich.

Herzlich

Ihr Volker Jarck